GUANGZHOU YANJIU

广州研究

·2014·

郭凡　蔡国萱　主编

中山大学出版社
SUN YAT-SEN UNIVERSITY PRESS
·广州·

版权所有 翻印必究

图书在版编目（CIP）数据

广州研究.2014/郭凡，蔡国萱主编.—广州：中山大学出版社，2016.7
ISBN 978－7－306－05696－2

Ⅰ.①广… Ⅱ.①郭…②蔡… Ⅲ.①广州市—概况—2014
Ⅳ.①K926.51

中国版本图书馆 CIP 数据核字（2016）第 103299 号

出 版 人：	徐 劲
策划编辑：	金继伟
责任编辑：	林彩云
封面设计：	林绵华
责任校对：	刘学谦
责任技编：	何雅涛
出版发行：	中山大学出版社
电　　话：	编辑部 020－84110771，84110283，84111997，84110779
	发行部 020－84111998，84111981，84111160
地　　址：	广州市新港西路 135 号
邮　　编：	510275　　　传　真：020－84036565
网　　址：	http://www.zsup.com.cn　　E-mail:zdcbs@mail.sysu.edu.cn
印 刷 者：	虎彩印艺股份有限公司
规　　格：	787mm×1092mm　1/16　17.75 印张　425 千字
版次印次：	2016 年 7 月第 1 版　2016 年 7 月第 1 次印刷
定　　价：	45.00 元

如发现本书因印装质量影响阅读，请与出版社发行部联系调换

前　言

为地方党委、政府提供高质量的决策咨询服务，为地方社会经济发展提出有效的对策建议，推进民主决策、科学决策和依法决策，是地方社会科学院的重要工作内容。

2014年广州市政府工作报告部署的总体工作要求是："坚持稳中求进、改革创新的核心要求，以推进新型城市化发展为引领，增创发展新优势，抢占经济制高点，全力以赴稳增长、调结构、促转型、惠民生、增后劲。"围绕党委和政府提出的中心工作，广州市社会科学院完成了一系列省、市领导交办的课题，同时主动追踪广州发展动态，主动策划设计决策咨询课题，在充分调研的基础上提出建设性的对策建议，近30项研究成果获得了省、市主要领导的批示。这些报告以理论创新为基础，以服务科学决策为目的，以前瞻性研究为重点，以成果应用转化为标准，力图为党委政府科学决策提供科学依据，为广州实现"更加注重改善生态环境，更加注重创新社会治理，更加注重办好民生实事"[①]的目标提供有力的智力支持。

在社会发展进程中，社会科学往往是制度变革和创新的理论先导。本书分专题收录了广州市社会科学院2014年度部分决策咨询研究优秀成果。这些成果是我院科研工作者对广州发展的一些重要问题的认识和解决路径的思考，当中所涵盖的问题不一定全面，所主张的观点不一定系统，但这些议题和观点都是在当时曾引起决策部门热切关注的。把这些成果整理编辑成册并公开出版，既是广州城市决策发展

---

① 见2014年广州市政府工作报告。

脉络的记录，也为了进一步扩大该成果的社会影响，供关心广州发展的各界人士参考。

我们祈盼读者对我们的研究成果有更多补充，提出商榷甚至批评的意见；如此我们相信这将是广州思想开放、学术繁荣的很好佐证！

编者

目　录

经济篇

广州创新型城市发展的对策建议 / 2
促进广州大数据产业发展的对策建议 / 19
发挥比较优势，构建特色鲜明的广州高端服务业体系 / 29
实施食品安全战略，扶持壮大广州本土乳业的政策建议 / 56
广州市各区发展不平衡状况分析与对策思考 / 88

社会篇

广州市番禺区城镇化进程中"村改居"治理体系及路径选择调研报告 / 128
广州既有住宅增设电梯集资分摊费用参考标准 / 153
广州深化农村改革的思路与建议 / 195
停车政策的国际经验对广州的启示 / 215
广州市农村住宅建设与管理的思路与建议 / 227

文化篇

21世纪海上丝绸之路建设中的广州文化产业走出去研究 / 242
做好广州海上丝路文物保护，促进21世纪海上丝路建设 / 264

经 济 篇

广州创新型城市发展的对策建议

创新型城市是知识经济和城市经济融合的城市演变形态,是以创新为核心驱动力的发展模式。创新型城市有着完善的城市创新体系、突出的创新型产业结构,在集聚和配置区域创新资源中发挥着核心作用,是城市经济走向集约发展的路径选择。广州分别于 2009 年和 2010 年被批准为国家创新型城市试点及国家创新型试点城市,并于 2011 年出台《广州市建设国家创新型城市试点工作实施方案》《广州国家创新型城市建设总体规划(2011—2015 年)》,明确提出率先建成国家创新型城市。建设创新型城市已成为广州增强自主创新能力、转变经济发展方式的重要途径。

一、基本特征

(一)创新型产业快速发展

随着大数据处理、云计算服务、移动互联网服务等新兴业态的出现,2013年广州工业设计与广告、信息技术与服务、科技研发与服务、商品检验检测、金融业、文化创意、网游动漫、影视出版等知识密集型服务业稳步发展,知识密集型服务业[①]固定资产投资 411.3 亿元,同比增长 8%,占全社会固定资产投资的 9.2%。工业高新技术产品产值 7443.4 亿元,同比增长 14.6%,占规模以上工业总产值的比重达 43%。2013 年广州有 25 家重点企业和 25 个重点项目被纳入国家战略性新兴产业集聚试点实施方案,新认定战略性新兴产业基地 11 个,战略性新兴产业实现增加值约 1400 亿元,预计增长 16%左右,占全市 GDP 的比重达 9.6%,比 2012 年提高 0.1 个百分点。可见,创新型产业正成为广州经济发展的主要动力。

---

① 本文的知识密集型服务业主要包括以下六类行业:金融业;信息传输、计算机服务和软件业;租赁和商务服务业;科学研究、技术服务和地质勘查行业;教育行业;文化体育及娱乐业。

（二）创新驱动产业转型升级

2013年开展"广州市制造业转型升级示范企业"认定工作，在家用电器、纺织服装、建筑材料、食品饮料、金属制品、轻工制品、医药制造、化工橡胶、设备制造、电气电子产品等领域有31家企业被认定为制造业转型升级示范企业。贯彻落实国家有关扶持企业技术改造投资的减免税政策，鼓励企业引进新工艺、新设备，以提升企业技术水平，产生了汽车制造等6个产值超千亿元的产业集群，制造业质量竞争力指数达到90.02，位居全国大城市前列。

（三）企业创新创业势头强劲

2013年广州新增组织机构数量达到81374家，增长16.1%，高于北京（6.8%）、上海（13.1%）和天津（12.4%）的增速。新增商事主体6724家，是2012年的2.5倍。其中第三产业新增组织机构70012家，占新增组织机构的比重达到86%，成为主要增长点。完成民间投资1512.9亿元，同比增长31.6%。2013年，广州有59家企业入选广东省大型骨干企业，培育出南方电网等6家主营业务收入超1000亿元的企业，留学人员创业企业超过2000家，广州正成为企业创新创业的沃土。

（四）创新发展布局更趋优化

至2013年底，广州累计拥有各级工程中心430家，其中国家级18家，国家重点实验室17家。研发平台布局优化，为广州创新发展提供了有力支持。2013年，广州新增国家级企业孵化器5家，省级企业孵化器19家，市级企业孵化器23家。累计建成企业孵化器66家，其中，国家级科技企业孵化器13家、国家级大学科技园2家，孵化总面积近410万平方米。[①] 以国家级孵化器为龙头、省市级孵化器为主体、涵盖全市、涉及软件、生物医药、环保、工业设计、光机电、动漫、文化创意等多个技术领域的科技企业孵化器网络初步形成，为城市创新发展提供有力支撑。2013年广州获批建设全国首个国家检验检测高技术服务业集聚区（以下简称"集聚区"），该集聚区将在番禺、南沙和萝岗分别建设面向传统优势产业、粤港澳合作和现代高端制造业的检验检测与认证服务集聚区。

---

① 《广州：科技创新引领转型升级》，广州市科技部网站，http://www.most.gov.cn/ztzl/qgkjgzhy/2014/2014df/201401/t20140108_111272.htm。

2013年广州开发区实现生产总值2110亿元，同比增长12.1%，固定资产投资559.8亿元，同比增长22.2%。南沙开发区908亿元，同比增长12.5%，固定资产投资250.7亿元，增长31%。以广州开发区、南沙开发区、增城开发区3大国家级经济技术开发区为标志，产业园区聚集效应明显，形成以先进制造业为主导、现代服务业为支撑、战略性新兴产业为先导的产业发展新格局，成为全市经济发展的重要增长极。

（五）创新基础条件日趋坚实

至2013年底，广州有两院院士40人，国家"万人计划"9人，国家"千人计划"80人，"南粤百杰培养工程"培养对象22名，珠江科技新星300名；拥有广东省创新团队20个、领军人才40名，广州拥有博士后流动站、工作站、分站78个；拥有留学人员超过4.3万人，显示创新人才正加速向广州集聚。从专利总量来看，2013年专利申请量达39751项，专利授权量达26156项，分别比上年增长18.9%、18.6%，其中发明专利申请量达12156项，比上年增长23.8%。同期，广州PCT国际专利申请量达463件，同比增长43.3%。截至2013年底，广州拥有的有效发明专利15554件，专利密度1211件/百万人，高于全国的402件和全省的901件。① 在2013年的广东省专利奖中，广州共有7项成果获金奖，15个项目获优秀奖，金奖数量和获奖数量均位列全省第一。② 可见，专利创造的数量和质量均有提升，为创新型城市发展奠定了较好基础。

二、主要不足及原因

（一）主要不足

1. 知识密集型服务业需提升竞争力

虽然近年来广州知识密集型服务业稳步发展，但总的来看，发展潜力未能得到充分释放，产业规模仍然偏小，竞争力还有较大提升空间。以2012年为例，广州知识密集型服务业创造的增加值为3527.4亿元，占全市GDP比重为26%，低于北京（43.8%）、上海（27.4%）；从从业人员来看，占全社会就业人员比

---

① 数据来自于广州知识产权局网站，http://www.gzipo.gov.cn/web/html/index/contents/5821.html。
② 《2013年广东专利奖揭晓　广州获7金奖15优秀奖》，见广州市知识产权局网站。

重为11.3%，不及北京（32.2%）、深圳（18.5%）、上海（17.2%）。以创意产业为例，广州虽然有很多的创意团体，但是一些创意园交通条件不佳，招商宣传不够，创意氛围不足，产业竞争力还有较大的提升空间。

2. 缺乏核心技术制约产业升级

2012年广州大中型工业企业新产品销售收入为6013亿元，低于北京（12271亿元）、上海（31144亿元）、深圳（22684亿元）。2013年广州发明专利授权量仅增长0.5%，占专利授权量的比重仅为15.5%，远远低于深圳（22%）；广州PCT国际专利受理量不到北京的1/6、上海的1/2，不到深圳的1/20；而从国内有效发明专利来看，广州仅为北京的1/5、上海的1/3、深圳的1/4。从产业技术来看，以汽车产业为例，虽然广州目前已成为国内三大汽车生产基地之一，广汽初步具备了生产普通发动机、变速箱的能力，但汽车电喷系统、发动机管理系统、变速箱等关键零部件制造等核心环节仍然被本田、丰田等跨国公司所把持。而广汽旗下的日系车的所有技术研发活动基本在日本本土，广汽本田研发中心的研发活动基本不涉及技术环节，而是针对中国市场对消费者习惯、爱好等开展市场需求调查。自主品牌传祺基本上沿用了来自菲亚特阿尔法·罗密欧的技术，然后进行了部分二次开发，为此，广汽还要向菲亚特方面支付一定比例的车型技术费用。可见，广州产业核心技术相对缺乏，自主创新能力依然偏弱，一些核心技术和设备仍严重依赖进口，重要制造业的关键技术及核心零部件的设计、研发和制造仍然依靠国外，这些都严重制约着产业向高端化方向发展。

3. 知名的创新型企业相对偏少

中国企业评价网发布了2013年中国企业自主创新TOP100系列评价名单，根据企业在创新投入能力、创新研发能力、创新价值实现能力、创新资源整合能力、创新组织能力及创新绩效等指标的表现，在高端制造业、能源业、电子信息业、生物业和节能环保业五大产业评选出自主创新企业TOP100，共500家。从企业总数来看，广州仅有17家上榜，低于北京（80家）、上海（35家）、深圳（31家）。从行业排位看，除了节能环保业中广州市鼎安交通科技有限公司排在第10位外，其他上榜企业均未能进入行业前10名。此外，在中华网等媒体发布的2013年度"中国软件创新企业100强"名单中，广州仅有5家企业上榜，而北京则有29家、杭州有10家、南京有8家、深圳有7家，广州排名最高的广电运通也仅排在第54位。总体来看，广州缺乏像中国兵器工业集团公司、中国石油化工股份有限公司、华为技术有限公司、天津天士力制药股份有限公司以及中国节能环保集团公司等创新能力突出的行业领军企业。

（二）原因分析

1. 体制机制的约束十分明显

创新型城市建设是个系统工程，需要经济、科技、文化等各部门各行业通力合作，共同推进。一方面，目前广州虽然设立了国家创新型城市建设工作领导小组，统筹全市的创新型城市建设工作，但由于国家层面的体制机制的约束，不同程度地造成了资金分散、项目重复、平台同质等问题。另一方面，到目前为止，广州尚未建立一套完善的政策评估制度。政策出台既没有事前的成本收益分析，也没有事后的评估评价。在这种机制下，往往造成政府部门有出台新政策的冲动，导致政出多门，影响广州创新发展。

2. 财政科技投入明显偏低

2013 年，广州市本级科学技术总支出 24.3 亿元，不足北京（179.2 亿元）的 1/5、上海（131.5 亿元）的 1/4、深圳（120.5 亿元）的 1/4。从相对水平来看，市本级科技支出占财政支出的比例为 2.1%，远低于北京（10%）、上海（8.3%）、深圳（12.8%）。可见，广州市级财政对科技及创新的支持力度太小，而创新发展是城市转型升级的核心驱动力，需要长期稳定的高投入，尤其是在制度环境远未成熟的今天，政府对创新的支持与投入是创新型城市建设的重要保证。

3. 企业创新动力不足

2012 年，广州规模以上工业企业研发支出仅为 158.06 亿元，相当于北京（197.34 亿元）的 80%、上海（371.51 亿元）的 43%、深圳（461.87 亿元）的 34%。广州大中型工业企业研发支出占工业产值比重为 1.07%，低于深圳的 2.05%、上海的 1.52%。而全球跨国公司的 R&D 投入一般都在 5%~15%，有的企业甚至达到 40%。2012 年华为研发支出为 300.9 亿元，占销售收入的 13.7%，也就是说，华为一家企业的研发支出就超过了广州规模以上工业企业研发支出的总和。这意味着，尽管广州的创新资源已经加速向企业集聚，但与上海、深圳等城市相比，企业尤其是工业企业的创新动力明显偏弱。

4. 对各级各类平台缺乏总体规划

广州的工程中心、研究中心、技术中心及各级实验室等平台，由于隶属不同部门管理，存在资源分散、共享度低、同质化高等问题。各级各类平台多处在单打独斗的状态，平台之间的技术协作及技术溢出明显不够。即使是同类平台之间，也存在衔接不够等问题。比如，市级工程技术研究中心的建设与国家和省衔接存在问题，2009年广州发布的市级工程技术研究中心只面向企业申报，但省级、国家级工程技术研究中心则对高校和科研院所也予以认定，而且要求必须取得市级工程技术研究中心认可才能向上申报，影响了高校和科研院所建立省级及国家级研究中心。由于在市的层面上缺乏对平台布局进行总体规划，平台之间的协同发展受到制约，难以形成强大的创新合力。

三、发展展望

（一）外部环境分析

1. 新技术新业态融合发展，给广州创新带来机遇与挑战

展望未来，信息、生物、新能源、智能制造领域将不断突破融合，并成为产业变革最重要的方向；以移动互联、大数据、云计算、智能终端、高端芯片为特征的新一代信息技术的深度应用，将成为催生产业变革的重要引擎；以机器人、数字化、新材料、网络设计服务相结合为特征的现代制造技术，将推进全球制造向智能化、服务化、绿色化发展；以传统能源清洁利用、可再生能源开发和智能电网为核心的新能源技术，将引发以能源为基础的产业体系变革；以生命科学、生物育种、工业生物为代表的生物技术，将推动健康、农业、资源环境等领域持续发展。与此同时，各国正加大新兴技术和产业的部署。如美国等发达国家在新能源、信息、先进制造、新材料、生物等领域已拥有技术积累优势，通过出台专项计划、增加经费投入、搭建研发平台等手段支持技术创新与产业发展；而新兴市场国家为实现后发优势，正集中在个别领域实现重点突破和跨越。如印度在2012年发布电动汽车路线图，计划为发电、充电基础设施、车辆补贴、汽车金融等注入2300亿卢比资金。在上述发展态势下，一方面给正在转型发展的广州带来巨大的机遇；另一方面，由于各国竞争激烈，对于在全球产业分工体系中仍处于劣势的广州来说，不能不说是一次前所未有的挑战。

2. 发达国家增加科技投入开展前瞻研究，将给广州创新带来新机遇

2014年，以美国为首的发达国家纷纷实施创新驱动战略，增加研发投入，开展大型科研项目，创造新的需求，带动经济发展。美国在2014财政年度安排了1428亿美元的研发投入，比2013财政年度研发投入预算增加了20亿美元，同比增长1.4%。同时，美国将采取强化创新要素、激励创新创业、催生重大突破等多项举措保持在创新能力、教育和基础设施等方面的竞争力。美国将为开展

脑科学研究计划（探索人类大脑工作机制、绘制脑活动全图、针对目前无法治愈的大脑疾病开发新疗法，简称"脑计划"）项目拨款1.1亿美元，该计划将带动美国的医疗卫生、信息技术等产业的发展。日本在2014财政年度科学技术方面准备投入1.34万亿日元，同比增长2.8%。2014年欧盟委员会将推进欧盟未来10年的"新兴旗舰技术项目"——"人脑工程"，将在巨型计算机上对人脑进行建模，而建模数据则可能来自于美国的"脑计划"。法国将推进"法国-欧洲2020：研究、技术转移和创新的战略议程"，将通过创新加强科学技术在法国复苏中的决定性贡献。发达国家增加科技投入，开展前瞻研究，将有利于解决相关领域的技术难题，给本国新一轮的创新发展带来新机遇。广州是国家中心城市，国际合作与国际联系比较广泛，经济外向度较高，并且输送众多海外留学生，发达国家的创新发展意味着向广州进行技术溢出与扩散的可能性增大，从长期来看，这将给广州创新发展带来新机遇。

3. 体制机制改革提速，广州的创新环境将持续改善

党的十八届三中全会强调市场在资源配置中起决定性作用，并清晰地界定了政府职能和作用，要求更加公平地对待各种所有制经济。2014年改革将不断深化，各地也将随之深入推进制度创新。我国将在激励企业开展原始创新、在竞争性领域支持战略前瞻性研究、鼓励微创新、开展创新治理等方面进行探索；将开展创新驱动战略的顶层设计，完善相关政策体系；将推进《促进科技成果转化法》的修订，在成果处置权与收益权等方面进行深入改革；将建立与完善科技报告制度、国家创新调查制度等。可见，体制机制的束缚将得到较大缓解，创新环境更趋优化，将有利于加速推进大学及科研机构创造和转让更多的技术成果。

4. 珠三角产业转型趋势明显，扩大广州创新需求

2013年，珠三角地区"双转移"和淘汰落后产能、建设现代产业体系步伐加快，1万多家企业被转出或淘汰关停，全年新增节能建筑面积约8882万平方米。现代服务业增加值占服务业比重达61.5%，先进制造业增加值占规模以上工业比重达52.3%。珠三角地区研发经费支出占地区生产总值比重达2.5%，PCT国际专利申请受理量占全国申请量的54.5%。2014年，广东将积极推进现代产业体系建设，加快广州南沙、深圳前海、珠海横琴等开发区以及中新（广州）知识城、广东金融高新技术服务区、佛山中德工业服务区、中以（东莞）产业园等重大平台建设，预计到2014年，珠三角地区现代服务业和先进制造业的比重将进一步增加，产业转型升级趋势进一步加快。而广州作为珠三角地区的龙头城市，科技资源十分丰富，装备制造业、现代服务业比较发达，珠三角地区

产业转型无疑给广州带来持续的创新需求，有利于广州发展研发产业及创新集群，推进创新型城市建设。

（二）内部因素分析

1. "保三"压力加大，倒逼广州创新发展

从经济地位来看，广州目前仍然处于国内"第三城"的地位，但与领先的北京、上海相比，因为工业化进程不充分、战略性资源不够、区域腹地支撑力不足等原因，广州在金融实力、创新能力、制造业水平、文化实力、交通功能、经济效率、福利水平等方面与北京和上海仍然存在着差距，经济总量与领先的上海、北京相比有较大差距；同时，与深圳、天津等"追兵"相比，广州经济的领先水平进一步缩小。在这种竞争态势下，2014年广州将进一步深化体制机制改革，改革科技服务与管理体制机制，发挥校地协同创新联盟的作用，建设一批协同创新平台；通过改善政务环境和营商环境，出台鼓励新兴产业发展的政策措施等方法来扩大内需、激发市场主体活力；将大力推动产业转型升级，全面促进创新发展。

2. 行政区划调整，提升广州创新空间

2014年，广州的黄埔、萝岗合并为新的黄埔区，增城、从化撤市设区。区划调整以后，广州市辖区面积由3843.43平方公里增加到7434.4平方公里，市辖区总面积超过上海，将逐步形成"大广州"的新格局。原黄埔和萝岗的产业、城市功能互补性比较强，两区合并将使得新黄埔区的城市功能和产业结构得以优化提升；而增城、从化撤市建区之后，广州除了获得发展空间外，还将加快城乡一体化的发展进程。可见，广州的城市承载能力、辐射带动能力、核心竞争力都将得到全面提升。

3. 加快推进"三旧"改造，缓解土地要素制约

2014年，广州将充分调动改造各方的积极性，进一步梳理"三旧"改造政策，进一步完善配套政策和措施，并做好规划衔接，切实解决"三旧"改造过程中存在的问题和困难，用足、用好、用活"三旧"改造政策。这将促进城市更新，有效缓解土地要素对广州创新发展的制约。

4. 重大平台稳步推进，支撑广州创新发展

2014年，广州将稳步推进重大平台建设，广州国际金融城、天河智慧城、广州国际健康产业城、广州国际创新城等将成为资本、技术、人才、知识产权等高端要素的集聚地。不仅如此，2014年，广州还将按照"以城促城、以港促城、

以产促城"的发展思路,全面加速提效推进南沙新区开发建设,努力打造南沙国家级战略新区。中新(广州)知识城的基础设施建设和产业发展将进一步加速推进,广州国际核心创新区将加快基础设施建设,积极培育创新产业发展。

(三) 发展态势展望

1. 创新投入

2014年,广州将深化科技体制改革,探索建立科技创新宏观管理、以市场导向的科技创新资源配置和经费分配、以市场决定技术创新项目的成果评价、多渠道的科技经费投入、科技计划管理等五项新机制;将创新科技投入方式,以政府引导资金等方式推动引进或设立天使投资、创业投资和产业投资,带动社会资本投向高新技术产业;联合银行、保险等金融机构,建立科技贷款风险分担机制,建立和逐步扩大科技贷款风险补偿、贷款贴息、科技保险补贴等专项资金;支持商业银行设立科技支行,积极发展科技信用贷款、知识产权质押贷款等金融创新产品,引导银行机构加大对科技创新、成果转化、科技创业的信贷支持;推动科技创新链条与金融创新链条的有机融合,形成多元化、多层次、多渠道的科技投融资体系,从而带动全社会创新投入平稳增长。

2. 技术创新

广州将结合市场需求和重点产业布局,科学合理地设置科技重大专项,支持应用基础和前沿技术研究,增强提升原始创新能力和可持续发展后劲。支持和培育国家级重点实验室和工程技术中心建设。组建广州超级计算中心运营机构,推进二期系统研制,推动一批重点应用,规划建设一批科技企业孵化器,进一步推进广州中科院工研院、中山大学南沙科技产业基地、广州现代产业技术研究院、北航新兴产业研究院、工信部电子第五研究所总部项目、军事医学科学院华南干细胞与再生医学研究中心、中科院广州生物医药与健康研究院、华南新药创制中心等重大创新平台建设,争取在1~2个重大关键技术上有所突破。

3. 企业创新

2014年,广州将发挥市场在资源配置中的决定性作用,在投资领域探索设立负面清单,向社会资本全面开放;落实加快民营经济发展"1+9"政策文件,建立中小企业服务分中心或代办机构,遴选一批高成长性中小微企业并纳入重点库,政务环境和营商环境将得以改善;将支持以企业为主体承接国家、省部级重大科技项目,继续做好企业研发费税前加计扣除政策落实,组织做好高新技术企业的认定推荐和技术先进型服务企业的认定工作;支持企业建设工程技术研发机构,实施引进、消化、吸收、再创新,实施创新型企业培育工程,科技小巨人、创新型企业、高新技术企业将快速发展,一批模式创新、服务创新企业将脱颖而出。

4. 产业创新

广州将全力发展汽车、精细化工、重大装备、新一代信息技术、生物医药、新材料、新能源与节能环保、商贸会展、金融、现代物流等十大重点产业;将抓好第8.5代液晶面板、多用途计算机系统芯片等重大产业项目,推动创维广州研究院服务平台、京信 TD-LTE 网络基站天线等重大产业化项目建设;引进和培育一批3D打印设计和设备厂商,培育产业集群。继续抓好北大冠昊干细胞与健康研究院项目共建及落户,促进干细胞临床应用及产业化;重点推进汽车、石化、电子信息、装备制造等制造业转型升级,同时大力发展并形成新一代信息技术、新能源汽车、轨道交通、环保装备、生物医药等战略性新兴产业和高技术产业集群,实现产业价值链由低端向高端攀升。

四、发展对策及建议

(一)改革制约创新发展的体制机制

党的十八届三中全会提出了未来制度创新的方向,包括发挥市场在资源配置中的决定作用;完善产权保护制度;积极发展混合所有制经济;允许混合所有制经济实行企业员工持股,形成资本所有者和劳动者利益共同体;建立职业经理人制度,更好地发挥企业家作用;实行统一的(相对宽松便利化)市场准入制度;扩大金融业对内对外开放及利率市场化;健全城乡发展一体化体制机制;赋予农民对承包的土地占有、使用、收益、流转及承包经营抵押权、担保权;健全自然资源资产产权制度和用途管制制度,实行资源有偿使用制度和生态补偿制度等,为广州未来制度创新提供了指引。

1. 构建新型的创新政策体系

创新驱动作为一种新的发展模式,需要城市经济和社会方方面面的共同参与,广州要打破部门分割,提高创新的协同性。在政策制定和资源配置上要加强配合,形成合力。要着力改善目前创新政策碎片化的倾向,从顶层设计着手,形成有利于创新的政策体系;要强化财政投入对自主创新的导向作用,建立财政科技投入稳定增长机制;要健全技术创新市场导向机制,发挥市场对各类创新要素配置的导向作用，强化企业在技术创新、成果转化中的主体地位，充分调动企业的积极性和主动性；要积极探索和逐步建立主要由市场来决定科技项目设立、经费配置、成果评价的机制；要将财政支持产业发展资金由项目补助转向创业投资、股权投资、引导基金等新型财政支持机制。

2. 营造宽松的市场经济环境

广州要深化国有企业改革，增强企业活力，推动国有企业投资主体的多元化，支持国有企业引进战略投资和风险投资；鼓励国有企业、集体企业、非公有企业相互融合，发展混合所有制经济；对非公有企业要营造公平的竞争环境，扩大民间资本投资的范围，鼓励民间资本投向基础设施、市政公共事业、社会事业；推进企业投资体制的改革，除了一些关系到国家安全和生态安全、重大公共利益等的项目外，建立以备案制为主的管理机制；积极探索融资体制改革，可以在城市轨道交通等领域试点探索BT、BOT、PPP等合作模式；出台广州市社会信用体系建设规划，加快建设广州个人和企业的诚信体系；全面推进商事制度改革，推进工商注册制度的便利化。

3. 重视创新调查制度

从全国来看，当前权威的创新调查制度是全国R&D资源清查，2000年开展了第一次，2010年开展了第二次，10年一次的这种调查显然难以满足当前日新月异的创新需求。为改变这种状况，科技部将从2014年开始每两年一次开展全国性的创新调查。建议广州高度重视这项调查，定期摸清各行业尤其是服务业的创新要素、创新模式、创新成果与创新产出等，形成专业的创新报告，服务于广州的产业转型升级及创新发展。

（二）充分发挥技术市场的配置作用

当前要充分认识技术市场的资源配置、价格发现、信息揭示、风险管理、产权激励、成本降低等功能，发挥其在技术转移与成果转化中的重要作用。广州立足珠三角、服务全国、面向世界，通过对技术市场进行引导、培育、规范与促进，不断推进其市场化、规模化、专业化、国际化进程，以全面提升自主创新能力，成为亚太地区重要的技术集散中心与成果转化基地。

1. 健全技术市场法规体系

广州应争取通过立法明确规定市场主体的权利和义务，需加快建立和完善相关政策，规范技术交易行为，保护交易双方权益，并着重在以下几个方面有所突破：一是进一步明确市属及相关高校、研究机构及其研究人员负有技术转移的责任；二是明确财政拨款资助的科研项目（除基础研究项目外）均应对其研究成果的应用做出明确要求，如应用规模、应用时限、产业化程度等，同时还应明确规定研发经费的一定比例要用于技术转移，并在项目结题验收时严格考核；三是明确各类技术转移机构的发展目标、市场地位、法律地位、权利义务和功能定位，确定其组织制度和发展模式，理顺其与政府的相互关系。

2. 加强科技计划与技术市场衔接

应改变当前科技计划项目与技术市场结合不紧密的现象，更加注重科技计划项目与技术市场之间的对接，科技计划项目设置应来源于技术市场的需求，科技计划完成成果应流向技术市场，成为技术市场的供给源，使技术市场成为科技计划项目来源与扩散的主渠道。要建立科技计划信息披露制度，进一步疏通技术转移通道。在权威的技术信息平台上及时发布科技计划立项信息、计划项目成果完成信息、技术招标信息等。要通过相关计划，促使企业早期介入大学和研究院所的研究过程，促进技术转移，加快技术成果的产业化和市场化。

3. 推动技术要素与资本要素的互动融合

现代市场体系是各类要素市场密切结合的有机整体，技术市场功能的充分发挥，需要其他要素市场的配合，体现较为明显的是金融市场、产权市场等，要大力促进它们之间的互动与衔接，建立和完善科技投融资体系和风险投资机制，完善无形资产评估制度。根据科技创新活动从研发到产业化不同阶段和不同性质的资金要求，积极引入和利用社会资金、风险投资、金融信贷等。探索和鼓励开展具有广州特色的金融创新产品和服务，满足技术市场发展需求，尝试对重大科技专项实行证券化融资；允许企业把专利知识产权和非专利技术作为反质押担保的融资工具，降低企业贷款成本；积极探索技术期货交易等技术交易新方式。

4. 建立健全技术经纪制度

要充分认识技术经纪在完善技术市场功能、推动技术转移及成果转化中的重要地位，加强对技术经纪政策的引导和扶持，促进技术经纪健康发展。要借鉴上海等城市的做法，尽快制定广州市技术经纪人管理办法，出台促进技术经纪发展的实施细则，建立技术经纪人及机构的市场准入制度，明确其权利和责任，建立资质认证与培训制度等；要借鉴国外发展技术经纪的经验，在技术引进、技术合作、引进外资等方面，政府优先购买技术经纪服务；要借鉴上海和苏州的经验，出台相关奖励办法，鼓励企业使用技术经纪服务，鼓励技术经纪人服务各级孵化器、风险投资机构、行业协会等；要建立技术经纪人补偿基金等。

（三）全力打造创新型产业集群

1. 培育掌握核心技术的产业链

美国学者布雷兹尼茨认为,"中国政府对自主创新太过痴迷,通常会将大量资源倾注于前景不明的高端创新产业,反而会对其他企业产生'挤出效应'";"如果最终发现自己无法成为下一个'硅谷',在产品创新和流程创新方面又失去原有的优势,其他国家以更廉价的劳动力取代中国的地位,那将更得不偿失"。对于广州来说,应该专注于把能够做到最好的领域做到最好,然后向更多领域拓展,逐步往价值链上端爬升。因而,必须前瞻性地整合资源,对广州的重点和支柱产业的技术领域进行由终端产品加工、关键设备制造及核心元件生产组成的核心产业链的完整构建。确切地说,广州应该尽快在极大规模集成电路制造装备及成套工艺、新医药、重大疾病防治、核心电子器件、高端通用芯片及基础软件产品等国家重大科技专项中,重点研发一批达到国家乃至国际先进水平的重大战略核心产品,培育出一批掌握核心技术的产业链及产业集群,从而顺利实现经济发展方式的转变。

2. 构建服务创新与技术创新并重的现代产业体系

完整的现代产业体系构建,不仅要以产业创新的思路积极引导新产业形态的出现,并催生这种新业态成长,及至产业规模化;同时也要重视原有支柱及优势产业的技术创新,使其稳步有序地升级,并保持最佳的市场竞争能力。为此,广州具体可以采取这些措施:一是要重点支持大数据处理、云计算服务、移动互联网、手机运营商的多功能服务等新业态的发展;二是要对广州产业高端发展起重要引领作用的高端电子信息、生物医药、新材料、新能源汽车、新能源与节能环保、海洋产业等战略性新兴产业重点扶持;三是在产业技术升级中,大力提升电子信息制造、石化、汽车及装备制造、纺织等传统支柱产业的技术创新水平;四是大力推进创意研发产业、影视和多媒体制作、动漫游戏产业、演艺娱乐产业、出版媒体产业等集群式发展。这样,通过逐步打造体系完整、结构合理、技术领先的产业体系,进而建立广州的现代产业体系,并使其更具创新力和竞争力。

3. 建立有特色的专业化产业园区

在产业园区布局中,要逐步加强对各产业园区的规划和政策引导,明确各自的功能定位,强化分工协作,实行错位发展。这样,通过政府规划和政策引导,促使各产业园区逐步向专业化、特色化和集群化的方向发展。明确各个园区的主导产业,改变多数园区多业并存且产业链关联度不高的状况,要求各园区至少应培育一两条在全国具有竞争力的主导优势产业链，以形成自己的特色。可以借鉴北京中关村的经验，积极打造类似于北京中关村软件园孵化服务有限公司一样的专业孵化服务机构，使创新型孵化器成为各类园区核心创业孵化体系的新生力量，为区域战略新兴产业发展提供强有力的支撑。要突破目前园区建设普遍存在的机制体制瓶颈，加快公共服务平台建设，努力发展类似广州番禺节能科技园的"生态、创意、科技"相融合的生态型园区。

（四）倾力培育一批创新领军企业

1. 合理引导科技人才向企业集聚

充分发挥广州市人才工作局在理顺关系、整合资源、破除条块分割、形成人才工作合力方面的体制机制优势，加快高端人才引进步伐，全力实施"百人计划"拓展项目，重点引进能够突破关键技术、带动新兴学科和战略性新兴产业发展的创业领军人才、创新科研团队。加快培育符合企业技术创新需求的高层次、复合型科技人才队伍。进一步完善企业科技人员的收入分配和激励机制，支持企业吸引和凝聚创新人才，完善对科技人员成果转化的股权激励等相关政策制度。允许高校和科研院所研究人员在公司兼职、创办科技公司，允许其创新成果向公司或企业转移。借鉴江苏模式，实施"企业博士集聚计划"，开展教授、博士进企业活动，对到企业工作的博士研究生给予专项资助。依托国家"千人计划"、市"科技创新人才行动计划"以及"中国留学人员广州科技交流会"等政策和平台，吸引海外高层次人才到企业创新创业，提升企业人才国际化水平。鼓励企业以项目为纽带，采取咨询、兼职、项目聘用、技术合作、人才租赁等"柔性"引才方式，引进高层次急需紧缺人才；鼓励和支持企业与高等院校、科研院所等社会组织建立人才发展基金，多形式投资人才资源开发；鼓励有条件的企业设立人才发展资金，用于企业人才的引进、培养和开发；支持和鼓励企业开展研究生实习计划，提前物色和招揽符合企业创新发展需要的、有潜力的科技人才。

2. 加大政府采购力度

就目前世界各国政府的产业政策看，支持科技型中小企业发展的通行做法是退税与政府采购。退税是帮助创业者度过创业期，以免半途而废；而政府采购，则是加速高新技术企业产品商品化、实现盈利的有效途径。就目前的产业政策看，通过需求诱导企业技术研发和创新方向，为一些前瞻性、战略性产业提供前导性市场，从而推进社会创新资源有效配置，应成为广州制定相关产业发展政策的依据。换句话说,要充分发挥政府对潜在的战略性产业的产品及服务的公共采购作用,更好地推进相关新技术企业和潜力产业的发展。广州应该在现有基础上,加大政府采购自主创新产品力度,制定采购创新产品的方式和措施,建立激励自主创新的长效机制。

3. 扩大创新型企业用地供给

在目前要素资源趋紧、粗放型增长方式难以为继的背景下,广州经济发展与土地制约之间的矛盾越来越突出,必须进一步梳理相关政策,切实解决当前广州科技研发型企业用地问题。第一,进一步明确企业研发用地性质归类。由于生产与企业研发的密切联系,所以企业研发性质要做出更明确的规定,除了科研院所用地外,应该进一步明确其他企业研发用地的性质为工业生产用地。建议对企业研发用地面积不作限制,与行政及生活服务设施合建形式的研发用地,可按照相应面积进行折算。第二,优先保障研发项目的用地需求。要优先保障自主创新项目建设用地,在不改变工业用地性质前提下,允许国家级创新型企业按照规定在企业工作用地范围内建研发大楼,优先安排各类研发机构的用地指标。为加快高新技术企业和科研机构集聚,在区域规划中,应集中规划一定数量的研发用地区块,集中建设研发用房以吸引高新技术企业及研发机构落户,形成研发集聚中心。第三,加强对土地项目的后续监管。一方面,要确保研发项目用地最终落实,加快项目审批复核验收工作,确保建设与审批内容一致,确保研发用地指标的落实;另一方面,要防止企业用地性质的随意更改,防止研发大楼变相为商业写字楼甚至住宅楼的情况出现。

4. 加大对创新型企业的宣传

在政府激励企业创新的各种方式中,宣传是一个重要而容易被忽视的方式。广州市政府应重视媒体的宣传扩散功能,通过各种媒体的立体、综合的宣传报道,一方面给优秀企业、机构、人才,树立良好的品牌形象,帮助他们开拓市场,并以更大的热情开展创新活动;另一方面给其他企业树立学习标杆,起到示范作用,引导更多企业参与创新。

(五)着力构建专业化创新网络

1. 集聚高端研发机构

第一,加强研发平台的顶层设计,立足广州的中长期发展,制定广州研发平台总体发展规划,梳理产业关键技术需求及技术供给,将各类平台统一纳入总体规划中,加强平台之间的协作与交流,使之成为驱动广州创新发展的内核。

第二，积极吸引更多的跨国公司特别是世界500强的总部和研发中心落地，鼓励更多的外资企业在穗设立研发机构。设立专项国际科技研发合作发展资金，用于资助本土机构的对外研发合作；探索国际研发合作新模式，吸引国际一流研发机构以技术成果入股、高端人才"项目经理制"等形式展开各类合同研发活动。

第三，抓住新一轮国家科技体制改革、国级和省级科研机构转制的契机，吸引高层次科研机构、研发平台到广州落户或建立分支机构，促进高度科技资源集聚广州。

第四，在相关产业园区建立研发园区，集聚"技术先进型"专业研发机构，引导软件、生物医药、新能源汽车、高端制造等研发机构分类入园，对进入研发园区的研发机构，经认定符合条件的可优先购买研发用房、优先租住人才公寓，对其科研用地建设、科研办公用房、购买仪器设备等给予资金资助和相关政策支持；重点支持软件和生物医药研发等新兴战略性行业中的研发外包领跑者，使其成为广州相关产业科技创新的主体，并成长为行业内一流企业。

2. 完善科技金融体系

首先，发展服务于创新的非银行金融机构和组织。支持符合条件的大型科技企业集团公司按规定设立财务公司，鼓励金融租赁公司等开展为科技研发和技术改造提供大型设备、精密器材等的租赁服务，支持发展科技小额贷款公司向小微科技企业提供贷款服务，鼓励符合条件的小额贷款公司、金融租赁公司以开展资产证券化、发行债券等方式融资。

其次，促进创业投资发展。广州可以考虑借鉴美国的经验，政府出资2/3、受益10%的特殊投资收益分配机制，鼓励通过在公开市场募集资金，组建小企业投资公司，支持其向科技型小企业进行风险投资。可以考虑借鉴上海的做法，对符合政府政策导向的，投资于符合产业政策、科技政策的创业投资企业，对其正常的投资损失按照一定比例给予风险补偿，以激励创投企业投资科技中小企业。

3. 发展技术中介网络

首先，发展专业的技术中介机构。按技术门类和专业领域建立技术经纪机构。借鉴以色列的科研机构技术中介公司的经验，按照广州技术创新及技术市场发展要求，进一步细分新一代电子信息、新能源汽车、先进制造、生物工程、新医药等专业技术领域，借助各专业行业协会、各专业技术协会的力量，尽快组建和发展专业的技术中介机构。同时，要充分调动华南农业大学、省市农业科研单位的积极性，加快农业前沿技术和先进适用技术成果的转移，增强具有岭南特色的农业领域的技术创新能力。

其次，培育知名的技术中介机构。依托广州的国家技术转移示范机构，围绕着广州及珠三角地区产业发展迫切需要的关键技术，构建一批能够联系技术输出方（高校、科研院所、技术输出型企业）和市场需求方的高水平的技术中介机构，重点培育一批基础好、设备设施先进的具有技术集成、技术孵化、技术交易等功能的名牌服务机构，提高技术交易服务主体跨区域技术服务能力，配置区域创新资源，加快区域产业技术升级。

注：部分内容刊载于《城市观察》（2015年第1期）

（课题组成员：张赛飞　周兆钿　邓强　易卫华　隆宏贤）

促进广州大数据产业发展的对策建议

一、大数据产业发展的前景

大数据产业是基于数据专业化处理技术、数据挖掘与运用而形成的新兴产业，是建立在对互联网、物联网等渠道广泛、大量数据资源收集基础上的融数据存储、价值提炼、智能处理与分发、数据决策服务等于一体的现代信息服务业。大数据产业将助推商业、金融、制造业、能源、医疗服务等各行各业产生根本性的变革，促进社会生产取得全面进步[1]。大数据产业前景广阔，应用广泛，商机无限。

（一）大数据产业市场前景广阔

大数据具有数据体量巨大（Volume）、数据种类繁多（Variety）、数据价值密度低（Value）、处理速度快（Velocity）等（4个"V"）特征[2]，是与自然资源、人力资源一样重要的战略资源，潜在价值巨大。通过数据再利用、数据重组、数据开放等方式，处于信息链各个环节的单位和企业可获取巨大的效益。美国大数据产业发展步入大规模商业化阶段，已广泛渗透到经济、社会、军事等众多领域；欧盟认为，随着数据资源的全面开放，每年将会给欧盟带来400亿欧元的经济增长；英国经济与商业研究中心（CEBR）预计2017年英国私营企业和公共部门的数据资产价值将达407亿英镑；韩国认为，公共数据已成为具有社会和经济价值的重要国家资产。大数据应用也发展迅猛。麦肯锡研究报告指出，大数据为美国的医疗服务业每年节省3000亿美元，为欧洲的公共部门管理每年节省2500亿欧元，为全球个人位置数据服务提供商贡献1000亿美元。据市场研究公司预测，2013年至2018年，全球大数据市场的年复合增长率为26%，市场规

---

[1] 吴文彪、王平：《将大数据发展列入国家战略，抢占"大数据浪潮"先机》，载于《人民政协报》2014年3月6日。
[2] 牛禄青：《构建大数据产业环境》，载于《新经济导刊》2012年第12期，第37-42页。

模将从 148.7 亿美元增长至 463.4 亿美元①。大数据行业发展既可以提升生产效率，创造新的价值，也可以提高社会服务水平和政府管理效率。

（二）大数据产业是战略性新兴产业

基于数据专业化处理技术、数据挖掘与运用而形成的大数据产业，正成为引领经济发展和生产方式变革的关键因素。大数据产业以数据收集为基础，以数据挖掘分析服务为核心，以数据运用服务为目的，包含基础设施服务、信息服务、相关电子产品制造、数据运用服务、数据研发等产业领域，既是世界各国及地区未来竞相重点发展的战略性新兴产业，也是促进传统产业转型升级、推动经济增长和加强创新能力的重要动力。IBM 开展的数据挖掘和数据分析企业的收购，甲骨文（Oracle）收购石油、电气等公司推动大数据深入应用，微软（Microsoft）、谷歌（Google）、英特尔（Intel）等信息类跨国公司转型为大数据公司，传统企业积极探索利用大数据创新业务模式，尤其是"脸谱""网飞"项目的成功等，表明了大数据是企业创新发展的重要引擎及资源。麦肯锡研究报告指出，大数据的使用将成为未来提高竞争力、生产力、创新能力以及创造消费者盈余的关键要素，成为领军企业与其他企业之间最显著的差别。

（三）大数据产业是国内外争相发展的高端产业

大数据正在成为国家竞争的前沿、产业竞争力和商业模式创新的源泉，大数据产业已经得到了国内外的广泛关注并积极行动。联合国"数据脉动"计划、美国"大数据"战略、英国"数据权"运动、日本"面向2020年的ICT综合战略"、韩国"大数据中心战略"、新加坡"五大系统大数据建设"等先后拉开了国际大数据战略的国家行动②，有效加快了大数据产业化、市场化进程。国内也展开了大数据产业发展的角逐，争抢大数据产业发展的先机及"蛋糕"。北京市中关村出台了《加快培育大数据产业集群推动产业转型升级的意见》，设立大数据产业联盟和投资基金，聚集整合国内外大数据创新资源，构建大数据完整产业链；上海市出台了《上海推进大数据研究与发展三年行动计划（2013—2015年）》，计划培育数据技术链、产业链、价值链及支撑智慧城市建设；重庆市提出建设国内大数据产业示范园区，打造国内重要大数据产业基地；陕西省西咸新

---

① 王晓明：《发达国家推行大数据的战略经验》，载于《中国经济时报》2014年3月6日。
② 王晓明：《发达国家推行大数据的战略经验》，载于《中国经济时报》2014年3月6日。

区规划建设国内首家大数据处理与服务专业园区，打造国际知名、国内领先的国家级信息产业园区和大数据处理中心；贵州省出台了《贵州省大数据产业发展应用规划纲要（2014—2020年）》，快速面向国内外招商引资及引智；广东省也积极推行大数据战略，出台了《广东省实施大数据战略工作方案》，并组建省大数据局，力促大数据产业发展，等等。

二、美国发展大数据产业做法及主要经验

美国认为，大数据的战略地位堪比工业时代的石油[1]，并采取行之有效的举措推进大数据产业迅猛发展，促进美国成为全球大数据产业的发祥地和世界大数据产业的中心，其做法及经验值得广州学习借鉴。

（一）政府高度重视

美国已充分认识到大数据的战略价值，把大数据看成是与自然资源、人力资源一样重要的战略资源，认为其重要性堪比"信息高速公路"计划，将其置于国家战略高度加以推动。2012年3月29日，奥巴马政府宣布启动大数据研究和发展计划，旨在加强政府和学术界的大数据应用能力，最终目的是加强大数据时代的科研、教育、国家安全和社会管理能力。同时组建"大数据高级指导小组"，涉及美国国家科学基金、国家卫生研究院、能源部、国防部等6个联邦政府部门，启动2亿美元的重点投入资助计划，提高从大量数据中访问、组织、收集发现信息的工具和技术水平。[2] 这使得美国成为全球首个将大数据从商业行为上升到国家意志和国家战略的国家。

（二）构建完整的产业链

从大数据产业的特性看，大数据产业生态系统划分为纵向的两个层次、横向的三个方面，纵横交错形成完整的大数据产业链。美国政府、大数据行业、企业对把握大数据产业核心、构建完整的产业链体系非常重视，并取得一定成效。按美国大数据企业的数量分布，其产业体系建设为：一是促进开源领域企业发展及

---

[1] 王晓明：《发达国家推大数据的战略经验》，载于《中国经济时报》2014年3月6日。
[2] 罗涛：《大数据产业的美国经验与中国对策》，载于《高科技与产业化》2013年第5期，第54－57页。

基础技术多元化；二是促进基础架构和证析两大领域的大数据企业发展，形成成熟的产业基础技术及实现产业重心上移；三是大力推进应用和数据源两个领域的企业成长。随着谷歌、英特尔、IBM、甲骨文等信息技术行业巨头纷纷转型，以及一大批大数据初创企业如雨后春笋般地涌现，美国大数据产业生态系统已经形成。

（三）加强数据资源整合及平台建设

政府适度公开、有效地整合数据，建立公共基础平台，是美国大数据战略的重要内容。美国政府率先于2009年正式上线美国Data.gov网站，按原始、地理数据和数据工具三个门类开放数据。到2014年4月，Data.gov共开放原始数据集和地理数据集共计90925个，涵盖了农业、气象、金融、就业、人口统计、教育、医疗、交通、能源等大约50个门类，汇集了"从家庭和企业能耗趋势分析到全球实时地震通知等，甚至还可以通过查询从好奇号火星漫步者发回来的数据得知火星的天气情况"①。为进一步完善Data.gov平台的功能，政府还在其中加入了数据的分级评定、高级搜索、用户交流以及和社交网站互动等新功能。同时还构建了"平源政府平台"（Open Government Platform，OGPL）平台，提供开源的政府平台代码并允许任何城市、组织或者政府机构创建开放站点。

（四）推动应用力促产业发展

美国政府高度重视，企业与民间积极跟进，共同推动大数据的应用，创造需求，加快了大数据产业化和市场化进程。美国政府在公共政策、舆情监控、犯罪预测、反恐等领域已开始依据大数据分析辅助决策。人口、交通、医疗等公共事业部门通过大数据的挖掘，实现了对人口流动、交通拥堵、传染病蔓延等情况的实时分析，以大数据应用增强社会服务能力。国防部确定了"从数据到决策、网络科技、电子战与电子防护、工程化弹性系统、大规模杀伤性武器防御、自主系统和人机互动"等7个重点研究领域，计划通过推进大数据辅助决策，实现由数据优势向决策优势的转化。大数据在美国的政府、企业、民间应用越来越广泛，进一步加快了大数据的产业化进程。

---

① 参见赛迪智库软件所 [EB/OL]. （2013年9月5日）[2014年6月23日]. http://bigdata.cnw.com.cn/bigcata-newinformation/htm2013/20130906_282581.shtml.

（五）集中资源促进重点领域

美国发展大数据产业坚持"有所为有所不为"的原则，集中优势资源，以技术研发优势为基础，以市场为导向，突出重点地推进技术创新和大数据产业发展。作为大数据的领跑者，美国政府有选择地对大数据进行重点投入，重点资助大数据研究、教育以及大数据在医疗、天气、国防等领域的应用，现已取得一定效果，并在这些领域形成了明显的技术、产品和产业优势及国际竞争力；推动其大数据产业和企业占据产业的高端领域。企业重视对大数据价值的深入分析与挖掘，推动企业的决策模式、运营模式和竞争模式的创新，构建由"业务驱动"向"数据驱动"的新盈利模式，促进了一批知名的大数据企业加快发展。

（六）重视培育大数据人才

大数据人才培养是美国促进大数据产业发展的重要抓手。如今，美国不仅是全球首个将大数据从商业行为上升为国家战略的国家，也是数据科学家和面向未来的大数据人才储备启动最早的国家。美国大数据人才的培养体现在几方面：一是大学计算机学科为大数据产业界输送和培养数据科学家。二是大学经济系、商学院等社会学科为大数据产业提供经济学分析和管理人才。三是科学研究领域大力吸纳国内外的大数据人才。如 2012 年斯坦福大学医学院遗传学系集聚国内外人才运用临床和基因大数据进行科学研究。[①] 四是企业非常重视大数据人才的培养，除了通过企业研发中心培养人才，还通过与科研院校合作培养大数据综合人才。大数据人才队伍不断成长壮大是美国大数据产业的一个重要推动力。

三、广州发展大数据产业的优势与不足

广州作为国家中心城市及华南息信息中心，发展大数据产业既有优势，也有不足。

---

① 罗涛：《大数据产业的美国经验与中国对策》，载于《高科技与产业化》2013 年第 5 期，第 54 - 57 页。

(一) 优势

1. 基础设施条件较完善

广州是全国三大通信和互联网枢纽之一，拥有最大的国际出口带宽容量和国家超级计算中心，信息化达到中等发达国家水平，信息化综合发展指数（IDI）为0.946[①]。目前，广州正在发挥国家信息通信枢纽优势，推进光网城市、下一代广电网、第四代移动通信网、传感网络及智慧城市建设，建设高效、节能、低碳的云计算基础设施，促进信息通信基础设施升级，加快整合信息服务资源，促进电信运营商、软件服务商、内容服务商和信息服务商转型升级，发展云计算资源和平台服务，将为广州发展大数据产业创造完备的基础设施条件。

2. 信息产业发展快速

近年来，广州按照创新引领、市场驱动的原则，抓住广州建设国家中心城市的战略机遇期，加快电子信息产业转型升级和创新发展，助力智慧广州建设。2013年，规模以上电子信息产业产值达2201亿元，同比增长16.6%，连续多年高于全国和全省平均水平，成为保证广州工业及经济增长的重要动力。同时，广州还涌现了一批数据资源整合、数据技术开发、数据应用服务等新型企业，已聚集产值超亿元的移动互联网企业达52家，成功创建国家电子商务示范城市，电商企业交易额超万亿元，为广州大数据产业发展奠定了较好的产业基础。

3. 数据资源丰富

广州是华南地区的经济、商贸、金融、交通、信息、文化、科教、医疗、体育、国际交往中心及国家中心城市，汇聚了海量的人流、物流、资金流和信息流。在新型城市化发展过程中，广州的信息公共服务设施在不断完善，各行业信息化建设加快推进，已经积累并将继续产生庞大的数据资源，在众多领域的重要作用越来越凸显。广州的港口、海关、商检、物流、航运、航空、金融等领域数据量位居全国前列；智慧广州建设所带动的电子商务、智慧金融、智慧医疗、智慧交通、智慧校园、智慧社区、智慧城管、网上广交会等信息化、数字化进程也将积累一批行业数据，为广州大数据产业发展创造良好的条件。

4. 科研实力较雄厚

广州是华南地区科技和教育中心，拥有中山大学、华南理工大学、中科院广

[①] 参见广州市电子政务中心［EB/OL］.（2011年2月24日）［2014年6月23日］. http://www.gov.cn/publicfiles/business/htmlfiles/gzjgwl/xxyd/201103/776576.html.

东分院、中国电子科技集团第七研究所等科研院所，在电子信息基础理论及应用研究方面有较强的研究实力。广州有一批面向产业的研究机构和企业研发中心，包括移动通信、数字家庭等国家级工程中心，光电材料与技术、发光物理与化学等国家重点实验室，数字音频编解码技术、数字家庭互动应用等国家工程实验室，广州无线电集团、京信通信（广州）、广州数控设备等也成立有国家级企业技术中心，成为加快大数据产业发展的重要引擎。部、省、市合作共建国家数字家庭产业基地、国家电子音响产业基地、运算速度世界第一的"天河二号"等，为大数据产业及相关中小企业发展提供了比较强大的技术支持、优良的孵化载体和良好的发展环境。

（二）不足

1. 数据资源条块分割严重

广州虽然拥有海量的数据资源，但受政策体制、条块分割、利益分配等因素的影响，广州与国内其他地区都存在数据资源开发利用不充分等问题。信息资源市场不完善，拥有数据资源的单位与企业视数据资源为在该行业或领域的"垄断资本"，数据公开和共享动力明显不足，大量信息系统中的历史数据长期闲置，给广州数据资源整合利用及大数据产业发展带来阻碍。

2. 关键技术基本未掌握

斯诺登事件说明，大数据技术发展滞后，未来的制脑权就会全面受制于人，国家及区域的技术发展也将受制于人。大数据作为高科技新兴产业，核心关键技术被美国等发达国家所掌控。广州的研究机构对大数据技术的研究大多处于起步阶段，已有技术和产品的原创性、通用性不足，在国内外有影响的技术很少，系统级、架构级的大数据产品缺少，使广州大数据产业发展受到制约。

3. 产业链尚处于起步阶段

大数据产业在国内刚刚兴起，虽然广州之前在电子信息产业有较好的基础，但缺少具有较大规模、能够带动数据产业发展的行业龙头企业，大数据产业链条不完善，各环节尚未形成明显的上下游企业协作发展模式，加上大数据产业的盈利模式、应用模式、服务方式、创新机制等尚不明晰，使广州大数据产业发展面临不少挑战。

四、促进广州大数据产业发展的对策建议

大数据是重要的战略资源和企业发展的巨大引擎。基于海量数据资源的挖掘和应用催生的大数据产业,是新一代信息技术产业的新增长点。加快发展大数据产业,有利于广州培育壮大战略性新兴产业,推动产业向价值链高端发展及产业转型升级,有利于加快智慧广州建设,抢占新一轮竞争的制高点及强化广州国家中心城市功能。为此提出以下对策建议:

(一)将大数据产业列为"十三五"发展的战略性新兴产业

被誉为"大数据时代的预言家"的舍恩伯格在《大数据时代》一书中写道,大数据开启了一次重大的时代转型,大数据正在改变我们的生活以及理解世界的方式,成为新发明和新服务的源泉,而更多的改变正蓄势待发。[1] 大数据时代已经来临。在大数据产业竞相发展的环境下,广州应高度重视大数据产业发展,把大数据产业确定为"十三五"规划发展的重点战略性新兴产业,明确发展方向,确立发展定位与目标、发展重点领域、主要举措和行动计划,以此加快广州大数据产业发展,建设国家大数据产业发展的重要基地。

(二)以"大数据"运作理念指导设立大数据局

设立大数据局有助于整合各方面资源及统筹推进各领域的信息采集、整理、共享、应用和挖掘。建议以"大数据"的理念作为指引,结合大数据产业的实际需要,从收集、管理、挖掘、应用等多角度入手,在市科信局建立"数据型、智慧化"的大数据管理服务机构即大数据局,其主要职能是围绕大数据战略管理、标准规范制定与管理、大数据资源统筹与平台构建、产业促进与协调、应用推广、数据信息安全保障等方面来设立相应的业务部门。

(三)加强数据资源统筹整合

数据如果处于各单位及企业分散的掌控下,其巨大的引擎价值就无法体现。只有全面统筹好各单位的数据源,才能将数据充分整合,为数据挖掘与利用打好基础。为此,应充分发挥拟组建大数据局的统筹协调功能,建设公共基础平台,

---

[1] 维克托·万克-舍恩伯格、肯尼思·库克耶:《大数据时代》,浙江人民出版社2012年版。

有效整合数据资源。一是建立有效的大数据采集机制,通过政务数据公开共享,引导企业、行业协会、科研机构、公共组织等主动采集并开放数据,形成数据的开放与共享。二是推进制定大数据采集、管理、交换等标准,明确收集数据的范围和格式、数据管理的权限和程序以及开放数据的内容、格式和访问方式等。三是建立数据资产登记制度,对全市范围的数据资产进行登记管理,探索建立社会数据资产登记制度和交易规则,建设大数据交换平台和数据交易市场,加快数据资源流通及共享、共用。

(四)加快大数据技术创新

《华尔街日报》将大数据时代、智能化生产和无线网络革命称为引领未来繁荣的三大技术变革。但大数据的核心关键技术大多掌握在美国等发达国家,国内掌握的核心关键技术很少,广州也不例外。广州应抓住产业高端环节,加大投入力度,支持大数据技术创新及研发核心关键技术。应结合大数据产业特征,制定一系列适合大数据技术研发创新的鼓励政策。引导在穗高等院校、科研机构和大数据产业联盟、行业协会等相关组织及成员企业,加快大数据产业共性、关键或前瞻性技术的研发。推动大数据产业的要素整合,支持和鼓励企业开展大数据产业公共研发技术服务平台建设。支持建立和引进链接国内外的国家大数据研发中心、工程技术(研究)中心等技术创新和产业化枢纽机构。组织实施大数据关键技术产品产业化项目,支持用于整合、处理、管理和分析大数据的关键技术产品产业化。

(五)构建大数据产业体系

大数据产业包含研发设计、终端制造、平台构建、应用服务等多个方面,广州应依托现有基础,联动周边区域和加强国内外合作,大力引资引智及聚集大数据产业高端资源,共同构建区域大数据产业体系。应围绕大数据产业的关键环节,大力发展数据撷取、管理、处理、挖掘、应用和研发设计,针对基础设施、内容及应用、终端产品制造以及产业辐射,构建一条优势突出的大数据产业链。应通过引进大数据领先企业与培育本地企业相结合的模式,拓展大数据产业链,支持软硬件企业和服务企业垂直整合,与信息内容服务相结合,提供软硬件一体化的大数据解决方案;举办国际大数据产业博览会和论坛,延伸发展相关产业。同时,应积极推动大数据的应用,建设大数据政府及依据大数据分析辅助决策,挖掘好人口、交通、医疗等公共事业部门的大数据,以大数据应用增强社会服务能力,加快大数据产业化和市场化进程,形成全方位的产品和服务供应体系。

（六）打造国家级大数据产业园区

应按照突出特色、错位发展的原则，建立不同特色的大数据产业园区，以此为广州大数据产业发展提供良好的环境，打造国家级大数据产业基地。如可以天河智慧城为依托，建设大数据产业集聚区；以中金数据、华南数据中心等为核心，建设以数据中心和金融外包服务为重点的大数据产业园；以科学城、中新知识城为依托，建设面向高新技术研发和金融保险等重点行业的大数据产业园；以南沙新区毗邻港澳的优势，发展面向港澳和国际的大数据服务业，建设国际大数据特区；以菜鸟网华南枢纽、东风日产数据中心等为带动，在花都建设面向特色产业的大数据服务基地。也可在越秀、番禺等区，建设基于区域特色的大数据产业基地。

（七）积极引进和培育大数据高端人才

集创新与应用大数据的高端人才是广州的稀缺资源，也是各地争夺的宝贵资源。一方面，广州应加强对高素质大数据产业领军人才的引进，多渠道、多方式物色国内外大数据产业领军人才，采取特殊政策加以引进；加强对知名、品牌大数据企业的合作和引进，实现大数据产业人才的群体引进；畅通人才聚集渠道，促成国内外大数据产业人才向广州聚集。另一方面，鼓励在穗高等院校设立大数据专业及开设相关课程，培养新一代大数据人才；加强与大专院校和社会上各种教育培训机构的合作，建立长效的大数据产业专业人才教育培训机制；鼓励和支持企业培养大数据产业发展的人才，以保证广州大数据产业发展对人才的需要。

（八）做好数据安全保护

大数据产业发展不可避免地会带来网络信息安全问题，各界都越来越意识到数据安全保护的重要性。广州应建立集中统一的区域信息安全保障体系，加强本地区大数据信息安全基础性和技术性工作；在广州地方立法权限范围内，探索制定面向政府信息采集和管控、敏感数据管理、数据交换标准和规则、个人隐私等方面法规及政府规章，注重管理制度安全性；应鼓励和支持企业开展安全测评、电子认证、应急防范、数据加密、容灾备份等数据安全技术及安全服务，保护公民和国家的信息安全。

注：部分内容刊载于《城市观察》（2012 年第 8 期）

（课题组成员：杨再高　罗谷松）

发挥比较优势，构建特色鲜明的广州高端服务业体系

一、高端服务业的内涵、特征、格局

（一）高端服务业的内涵、特征

目前有一个事实是，发达国家尚未系统地明确界定高端服务业，但他们在政策导向中给予了高度重视，如《新北美产业分类》（1997年版）、《欧盟产业分类》（2001年版）新增内容基本都是高端服务业。各国对高端服务业的统计口径大相径庭，没有一个准确的定义，对高端服务业的解释稍有区别。相对统一的意见是：高端服务业已成为经济发展中的皇冠、发展的动力源和火车头，并且具有"五高"的特征：高效（率）、高资（本）、高智（能）、高收（益）、高时（尚）。高端服务业在各国逐渐得到重视，国内学界和政界对高端服务业投入了极大的关注。国内学者从表现方式和实施手段也对高端服务业展开了研究。

在严峻的产业结构升级压力下，不断变化的中国服务业发展战略思路在高端服务业概念形成与发展中得到了很好的反映。经济新常态下，中国已经进入了产业转型发展和结构升级的关键时期，无论哪个层次的产业升级，都要依托服务行业为企业提供战略性生产要素。发达国家的经验已经表明，高端服务业的"高端"所在，不仅指其本身处于产业价值链的高端，更指其能向其他相关行业释放出强大外溢效应，高端服务业的本质功能是通过产业关联效应，带动产业升级，提高地区经济竞争力。

综上，本研究将基于功能视角给出高端服务业的初步定义：高端服务业是集智能化、资本化、专业化、效率化和国际化为一体，能够有效促进制造业和服务业升级，提高经济综合竞争力，增强国际影响力，具有较强的外溢效应的服务行业集合体。高端服务业不以单独的一个行业存在，而是分布在各行业，在农业、工业、服务业的各环节中。具体见表1。

表1　高端服务业在三次产业中的行业构成①

产业	高端服务业具体分布
农业	在农业整个产业链环节中，有10%~30%属于高端服务业，这主要集中在研发、流通、展贸、订单信息等环节
工业	在工业整个产业链"制造——设计——采购——储运——订单处理——批发零售"的各环节中，有50%~60%属于高端服务业，这主要集中在技术研发、仓储物流和订单信息等环节
服务业	商业利润中，有80%是由三四方物流、商务活动、订单采购、企业服务业（智力、资本、商务活动）、信息服务创造；商业环节中，可分为这样几类：采购、仓储、运输、销售、金融、信息，高端服务业占80%左右。金融业是高端服务业"支柱"，占25%~35%。文化产业50%以上是高端服务业，在教育事业和教育产业中，80%~90%是智力和专业性活动（高端服务业）。此外，总部经济、咨询信息、创意设计、休闲旅游业、医疗保健、节庆、展会、IT资讯更是高端服务业的典型代表，有70%~80%属于高端服务业

参考资料：政府公文和期刊文献。

（二）高端服务业的发展格局

纵观高端服务业发展历程，我们大致可划分为三个阶段（见表2）：第一阶段（"二战"前），以科技、职业教育、营销、部分专业服务为主。第二阶段（"二战"至20世纪80年代），各类总部快速发展，全球大约3万个区际性政治、社会总部，代表处约10万个，而有几十万个经济性总部，其中企业总部最多。在这一时期，总部经济、金融、通信服务、商贸、海运、旅游等高端服务业快速发展。第三阶段（20世纪90年代至今），这是高端服务业快速发展的时期，在高端服务业各个方面得到全面发展。高端服务业各发展阶段呈现明显的不同重点：从第一时期的科技、营销、职业教育和专业服务，到第二时期的总部经济、金融、物流、商贸、海运，再到第三时期的金融、商贸、物流、旅游、教育、资讯、创意及服务外包环节。从发达地区的国际经验来看，各个城市在发展高端服务业过程中，应该顺应时代发展潮流，结合自身比较优势或特色，选择发展能体

---

① 王廉：《高端服务业经济研究》[J]，载于《经济师》2009年第3期。

现自身特色的、具有比较优势的高端服务业，在此基础上形成各大城市自己特有的高端服务业体系。

表2　全球高端服务业发展阶段

发展阶段	发展重点
第一阶段（"二战"前）	以科技、职业教育、营销、部分专业服务为主
第二阶段（"二战"至20世纪80年代）	总部经济、金融、物流、商贸、海运等
第三阶段（20世纪90年代至今）	总部经济、金融、商贸、物流、旅游、教育、资讯、创意及企业服务业环节外包

从20世纪90年代起，高端服务业被许多国家和城市当作服务经济的基本目标和动力源泉，高端服务业在全球GDP的占比不断提高[1]。据不完全统计，高端服务业仅占发展中国家GDP的20%左右，而全球已高达50%左右，特大城市通常占60%以上[2]。根据发达国家发展的情况和趋势统计，高端服务业逐渐成为经济发展的引擎，它比一般商业服务业对经济的带动作用高20倍左右，高端服务业对服务业的贡献比高达70%。在这一时期，高端服务业发展以金融、物流、商贸、旅游、资讯、教育、文化等为重点。从长期发展趋势来看，高端服务业的发展前景具有广阔的空间，高端服务业市场在几十个方面都大有作为。全球主要高端服务业发展概况的比较，如表3所示。

表3　广州与国内外城市高端服务业发展比较一览[3]

城市	占GDP比重（%）	主要表现行业	贡献最大的行业产品
广州	约30	金融、设计、展会、咨询	金融、高端物流、会展信息、创意

---

[1] 见百度百科"高端服业". http://baike.baidu.com/link?url=tYSx3y7WTgNVqtlrwPFlpbpBfhAfbg80dT8NW0Gb6jEDCgoW3DhD6I8fAnbp9CQqBXuVET3XQq0t2oGbM4X8Kq.

[2] 王廉、桂华莲、柯华林：《高端服务业经济》[M]，暨南大学出版社2008年版。

[3] 由各城市统计年鉴、统计公报及行业资料整理所得。

续上表

城市	占GDP比重（%）	主要表现行业	贡献最大的行业产品
上海	约35	总部、金融、设计、文化、创意	金融、高端物流、会展信息、创意
北京	约40	总部、文化、金融、信息	金融、文化信息、会展、高端物流
成都	约20	文化、现代服务业	文化、现代物流
新加坡	约60	金融、现代物流等	金融、现代物流
东京	约60	金融、工业设计、总部经济	金融、高端物流、旅游、展会
首尔	约62	金融、动漫、现代服务业	金融、动漫、物流
纽约	大于66	金融、文娱、总部经济	金融、会展、高端物流
伦敦	约70	金融、设计、总部经济	金融、会展、高端物流、设计
苏黎世	大于70	金融、工业设计	金融、工业设计
法兰克福	约70	金融、高端物流	金融、高端物流、会展

二、走特色路线，是高端服务业发展的必然选择

高端服务业涉及多个领域。由于中国区域广阔，地区差异和资源禀赋迥异，以及激烈的高端服务业竞争格局，决定了我们要结合本地实际，不能搞"全面开花"，而是重点扶持最有利于发挥比较优势与城市特色的高端服务领域，形成核心竞争力。以此，通过发展高端服务业带动城市产业结构优化升级，促进城市核心竞争力的提升，有效实现城市战略定位。

（一）特色化路线是基于比较优势和要素禀赋的"全面考量"

比较优势的不同、要素禀赋的不均决定了城市现代服务业发展方向必然存在差异。18世纪古典经济学创始人亚当·斯密的绝对优势理论是比较优势理论的源头，19世纪古典学派代表人物大卫·李嘉图提出了比较成本理论，为比较优势理论的发展提供了基础，20世纪新古典学派和克歇尔·俄林又提出要素禀赋理论，进一步丰富了比较优势理论。比较优势理论在高端服务业中的运用与要素禀赋理论的观点相通，即强调资源禀赋条件。从比较优势理论角度出发，不同城市服务业的自然和社会禀赋条件（包括经济基础、产业基础、人力资源、自然

资源、知识资源、资本资源等)存在差异性,而这种差异性的存在决定了城市各类产业的发展方向,促使城市发挥比较优势走特色化路线,进而加快发展特色鲜明的、具有比较优势的高端服务业部门,从而保持和提升城市现代服务业竞争力。

(二) 特色化路线是服务城市定位和发展战略的"内在要求"

特色是一个城市区别于其他城市的魅力所在,反映出城市间的异质性,可以说这也是城市建设和产业发展需要考虑的核心因素。城市独具特色,须拥有独特的城市定位,进而形成其他城市所没有的竞争力,从而提升自身的向心力和影响力。以下两大定位有助于城市的特色化发展:一是城市功能定位,找到最佳的经济社会平衡点;二是产业调整定位,寻找最佳的产业契合点。城市特色化的发展、战略定位的形成,与特色产业体系的培育是相辅相成的。特定的城市战略定位需要特色化的产业结构体系支撑,服务总量的简单扩张,不能满足城市高端服务业的聚散变化需求,城市的现代服务结构不断优化升级,是城市扬长避短、错位发展的嬗变过程。

(三) 特色化路线是利用核心资源培育核心竞争力的"战略路径"

独特的核心竞争力一般是基于核心资源的比较优势获得,是高端服务业特色化发展的伊始。历史发展的长期积累铸就了核心资源,它表现为时间的某种函数,其他地区在短期内很难追赶,没有核心服务业资源,高端服务竞争力就成为"无米之炊"。拥有有价值且稀缺的服务业资源,城市就获得了提升服务业核心竞争力的基础,这种基础将持续到其竞争对手成功地模仿或替代了这种资源[1]。因此,提升城市核心竞争力,关键在于拥有有价值、稀缺且难以替代模仿的服务资源。特色和优势一直都是现代服务业特色化发展的重要前提;更重要的是,高端服务业的特色化发展、核心竞争力提升的深层次因素,在于其拥有隐藏在各种资源背后的开发、配置、使用和保护资源的能力。因此,城市某项服务业核心资源及其整合能力构成城市服务业的核心竞争力,高端服务业的特色化发展决定了一个城市未来的发展潜力。

---

[1] 孙月平:《促进城市现代服务业的特色化发展》[J],载于《现代经济探讨》2008年第2期。

三、高端服务业发展的国际经验启示

为了分析国际主要城市高端服务业的特色化发展历程,我们选取了纽约、伦敦、新加坡和香港4个代表性城市进行研究。

(一)高端服务业发展的国际经验

1. 纽约

特色化路线——以生产服务业为主导。纽约的服务业发展水平高于美国其他城市。2009年,纽约都市区的GDP为12103.87亿美元,其中,由私人服务提供的增加值最高,为10052.71亿美元,占比高达GDP的83.05%。而同期,纽约私人服务提供占比高于美国平均水平(68.7%)的15个百分点,可见服务业对于纽约的重要性更为突出。纽约作为美国第一大城市,依托美元的世界货币地位、美国强大的文化软实力及研发制造能力,生产性服务业的主导地位突出,重点发展金融服务业、专业服务业、文化传媒业和零售业,打造成为世界金融与贸易中心、文化和信息中心。

高端服务业具备的优势资源和要素禀赋。

(1)区位优势。纽约具有3个明显的区位优势,哈德逊河能更容易连接内陆地区,距离英国及南部农业原料产区更近,深水不冻港,纽约现代物流业发展中,独特的地理位置发挥了重要的作用。

(2)人才优势。纽约拥有诸如哥伦比亚大学、纽约大学等全球知名学府,每年吸引了一大批来自全球顶尖人才进入,培养出来一大批高端人才,这些专业人才有力地推动了纽约金融、信息服务以及专业技术服务业快速发展。

(3)产业聚焦优势。纽约的产业聚焦优势体现方面。在金融、文化创意产业纽约是纳斯达克、纽约证券交易所等大股票、商品交易所的大本营,是美国大众传媒、新闻和出版最重要的中心之一,电视和影片产业在全美排名第二,仅次于好莱坞。

(4)经济基础优势。第二次世界大战以后,纽约在整个世界的经济地位迅速上升。2000年,纽约市的总人口为801万人,个人总收益为3008.3亿美元,高收入、高学历和高层次的消费群成为高端服务业特定的服务对象。见表4。

表4 纽约的主要高端服务业及其比较优势

比较优势行业	优势资源和要素
金融业	①纽约是纳斯达克、纽约证券交易所等股票、商品交易所的大本营。纽约证券交易所按交易金额和股市总值在世界分别排名第一，纳斯达克排名第二； ②联邦储备银行纽约分行负责公开市场操作
信息服务业	①地处跨大西洋光导纤维干线的终点，具有容量为430Gbit/s 的国际互联网终端，是主要国际互联网关口（GATEWAY）； ②软件开发、游戏设计和网络服务等高科技产业成长迅速
专业和技术服务业	①纽约拥有众多专业技术人士，在专业服务领域也有重要的竞争力； ②纽约云集了众多的会计、法律等事务所，以及信用评级公司和管理咨询公司等专业和技术服务企业
文化创意业	①纽约也有哥伦比亚大学、纽约大学等知名学府； ②纽约是美国新闻出版、大众传媒最重要的中心之一，超过350家消费者杂志、200家报纸在该市有办事处； ③电视和影片产业仅次于好莱坞，在全美排名第二；媒体市场排名第一，拥有四大音乐制作公司之中三家的总部所在以及全国7%观看电视的家庭数量。此外，纽约大苹果（BIGAPPLE）制作了1/3 的独立电影
现代物流业	①纽约铁路和公路运输也十分发达，有肯尼迪、拉瓜地和纽瓦克三家国际机场，拥有高效快捷的快递服务（FedEx 和 UPS 等）； ②拥有优良深水港，以及通过运河和哈德逊河可连接大湖区的水运

2. 伦敦

特色化路线——金融服务业为主导，商务服务业、文化创意业等新兴服务业融合发展。伦敦的服务业在经济结构中占据非常重要的地位，伦敦的经济主要来自于金融业、商务活动和房地产，以此成为英国经济的最大贡献者。伦敦是英国的金融和商业中心，是全球CBD集聚效应最为显著的地区，也是世界上最大的金融和贸易中心之一。2008年，伦敦第三产业增加值2449亿英镑，占GDP的90.4%。目前，伦敦的高端服务业已形成了以金融服务业为主导，商务服务业、现代物流业、文化创意业、房地产、旅游业和教育业等服务业多元化发展的格局。

高端服务业具备的优势资源和要素禀赋。①区位优势。伦敦同样拥有良好的区位优势,拥有最繁忙的机场和港口、完善的铁路和公路网络等,其造就了伦敦高水准的现代物流业。②人才优势。伦敦是欧洲高等教育最集中的地区,目前拥有43所大学,这为伦敦创意产业的发展提供了重要的人力资源。③产业聚焦优势。在金融业方面,伦敦是英格兰银行、伦敦证券交易所所在地,是全球最大的外汇交易市场,还是世界主要的商务服务中心,许多世界著名的商务服务企业均把总部设在伦敦。④文化创意资源优势。伦敦不仅聚集着众多全球知名的传媒公司,而且还有许多文化展览设施。见表5。

表5 伦敦的主要高端服务业

比较优势行业	优势资源和要素
金融业	①全球最大的外汇交易市场,2007年伦敦的交易量高达1.36万亿美元,占全球总交易量的34%; ②是伦敦证券交易所、英格兰银行和劳埃德保险市场所在地; ③英镑是全球排名第三的储备货币,交易量排名全球第四
商务服务业	①超过100家欧洲最大的公司与英国100大上市公司(FTSE100)有1/2以上把总部设在伦敦中心区,是世界主要的商务服务中心; ②数量众多的世界著名的律师事务所,如Clifford Chance,Allen & Overy等均将总部设立在伦敦
文化创意业	①有众多文化展览设施,包括大英博物馆、泰特现代美术馆、国家美术馆、自然博物馆等; ②BBC和其他广播电视台等传媒公司巨头云集,许多国家级报纸在伦敦编辑出版; ③是欧洲高等教育最集中的地区,目前拥有43所大学,这为伦敦创意产业的发展提供了重要的人力资源
现代物流业	①坐拥泰晤士河上的贸易港口,是目前世界主要金融和国际商贸中心; ②伦敦希斯罗国际机场是世界上最繁忙的机场之一; ③拥有英国第二大港口伦敦港,年货物吞吐量达4500万吨; ④通过完善的公路和铁路网络连接英国其他主要的城市

3. 新加坡

战略重点的调整均基于自身特色和优势资源。高端服务业自20世纪80年代在新加坡正式被确立为经济发展的重要引擎,取得了举世瞩目的成就,服务经济已成为新加坡经济发展主体。目前,新加坡是全球著名的国际航运中心、国际贸易中心、国际金融中心以及国际旅游会议中心。我们可以将新加坡分为4个特色鲜明的发展阶段,各发展阶段的重点调整均基于自身特色和优势资源的考虑:

第一个阶段(20世纪五六十年代):凭借其独特的地理优势,主要发展以转口贸易为重点的传统服务经济,相配套的交通运输业也进入快速发展阶段。

第二阶段(20世纪60—80年代):开始实施出口导向的工业化经济发展战略,围绕出口制造业的贸易、航运等服务业也得到相应发展。

第三阶段(20世纪80—90年代):大力发展资本密集和技术密集型产业,同时转向优先发展物流、金融、商贸、交通通讯等现代服务业。

第四阶段(2000年至今):实施高端服务业发展战略,通过知识化和信息化来彻底改造和重新定位贸易、金融、物流、资讯、旅游等高端服务业,借助语言等优势,高标准建设健康保健、教育培训和法律服务等新兴服务业。

4. 香港

特色化路线——以商贸流通、金融、商务服务和文化创意业等为主导。近20年来,香港总体上经历了从工业经济向服务经济的大转型。数据资料显示,2009年,香港服务业增加值总额为1823亿美元,从1990—2009年期间,香港服务业的平均年增长率为6.4%,占GDP的比例高达92%。香港服务业快速发展的同时,其高端服务业也取得了长足进展,主要有现代商贸流通业、现代金融业、商务服务业和文化创意业等,其中现代商贸业成为规模最大的服务行业。

高端服务业具备的优势资源和要素禀赋如下:

(1)重要的国际转口城市。香港是中国内地进出口商品的最大转口港,也是东南亚国家的重要转口港,1999年转口贸易在香港进出口贸易总额中的比重高达43%。

(2)依托珠三角。香港把价值链高端环节,例如市场推广、产品设计、贸易服务的活动留在香港,而把资源、劳动及土地密集型的工序迁往珠三角,服务业在20世纪90年代已经占香港GDP八成以上,实现从制造业基地转型为以服务业为主导的经济体系。

(3)商贸基础深厚。香港是全球贸易主要平台,包括批发、零售、进口与出口贸易、餐饮、酒店在内的商贸业是规模最大的服务行业,其中,进出口贸易

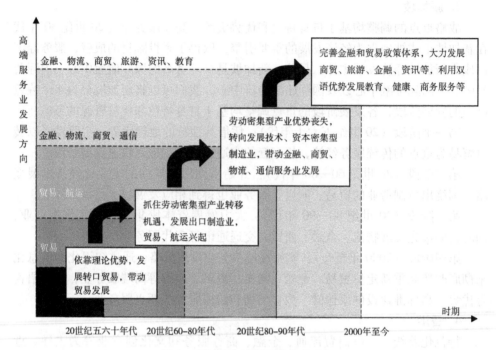

图1　新加坡高端服务业发展历程

在商贸业产值中的比重最大，其次是零售业。

（4）完善的法治环境加快了区域金融中心建设步伐，构建以开放优势为特征的金融产业体系，以有吸引力的政策和专业优质的服务大力引进外资金融机构和国际金融人才。

（二）启示：发挥比较优势，走特色化道路

根据对纽约、伦敦、香港等国际先进城市的经验分析可发现，不同城市均依据自身在独特区位、产业和设施基础、技术和人才储备、支撑政策和法治环境等方面的优势和特色资源，选择适合自身的高端服务业。纽约和伦敦利用其自身独特的区域优势，香港利用其背靠祖国大陆的理论优势，发展现代贸易和物流业；新加坡特色鲜明的发展重点调整均基于其自身特色和优势资源考虑；纽约凭借纽约证券交易所、纳斯达克和联邦储备银行使其金融服务业"誉满全球"；伦敦证券交易所、英格兰银行、伦敦外汇交易市场等成就了伦敦全球金融中心的地位。

它们共同向我们展示了国际大都市是如何顺应时代潮流，依据自身特色和比较优势，选择了合适自身的高端服务业，从而跻身全球高端服务业发达区域，这些经验启示值得广州在发展高端服务业过程中充分借鉴。

四、广州高端服务业发展的特色与优势分析

综上分析表明，高端服务业发展应根据自身的要素禀赋和城市发展特点来选择具有比较优势和体现自身特色的高端服务业，并以此形成具有特色的高端服务业体系[①]。有鉴于此，要构建适合广州特色的高端服务业体系，我们就需要深入分析广州独具城市特色、具有比较优势的资源和要素。

（一）穗深京沪高端服务业比较

通过综合比较穗深京沪四大城市的高端服务业发展状况，广州应审时度势，突出特色，发挥优势，发展具有广州特色的高端服务业产业体系。

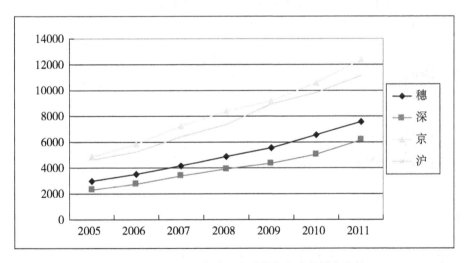

图2　2005—2011年穗深京沪服务业产值横向比较

---

① 魏颖、欧开培、向鸿雁：《广州高端服务业竞争压力分析及战略选择》[J]，载于《商业时代》2011年第9期。

1. 穗深京沪四地服务业总产值比较

通过2005—2011年穗深京沪四地高端服务业产值横向比较（见图2），可以知道，广州服务业（第三产业）产值逐年增加，从2005年的2978.8亿元增长到2011年的7567.5亿元。2011年，广州市实现GDP为12303亿元，比上年增长11%。其中，第三产业增加值为7568亿元，比上年（6557.5亿元）增长15.4%，占广州经济总量的61.51%，对经济增长的贡献率为60.7%。四地数据比较显示，广州服务业与深圳相比较有优势，但跟北京和上海还是有一定的差距。如何找到突破口以缩短差距，是广州服务业高端化发展过程中急需解决的问题。

2. 穗深京沪四地服务业细分行业比较

由于第一、第二产业部分涉及的高端服务业产业和相关指标难以选取和进行定量刻画，所以我们研究时主要选取第三产业及其相关指标，主要对穗深京沪第三产业中的金融业、信息服务业、现代物流业、批发零售业、住宿和餐饮业进行了比较分析。

（1）金融业。通过比较2010年穗深京沪四地金融业（见图3）可以知道，广州2010年金融业产值较上年增长13.3%，为670.5亿元，明显低于深圳，远低于北京和上海，而且存在较大的差距。

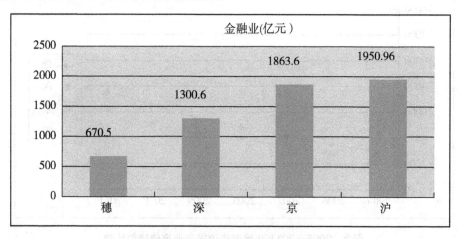

图3　2010年穗深京沪金融业产值比较

（2）信息服务业。再看穗深京沪四地的信息服务业，我们选取了2010年穗深京沪信息传输、计算机服务和软件业产值。通过比较可发现北京信息服务业

"一枝独秀"的局面,年产值达到1214.1亿元,这主要是因为北京市政府政策的扶植、完善的基础设施、配套的科学规划,以及国际化的人才。广州产值为433.3亿元,略高于深圳(415.8亿元),低于上海(675.98亿元),但广州增长趋势明显,较上年增长15.3%。见图4。

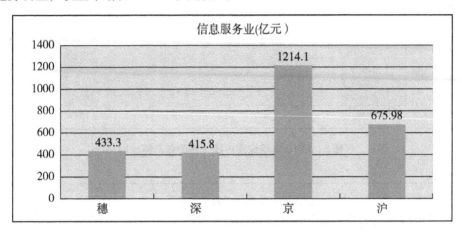

图4　2010年穗深京沪信息服务业产值比较

(3) 现代物流业。比较穗深京沪的现代物流业,选取了四地交通运输、仓储和邮政业产值作为指标(见图5),广州产值达到746.7亿元,较去年增长12%。广州现代物流业的发展与北京(712亿元)、上海(834.3亿元)的规模几乎相当,与深圳相比有较大的优势。

(4) 会展业。广州产业集群优势非常明显,催生了中国(广州)国际汽车展览会、中国国际通信及数码生活产品展、中国(广州)电子元器件与电子生产设备展览会等著名展会。通过比较穗深京沪会展场馆总面积,可知广州的会展场馆总面积大于北京、上海和深圳,表现出较大的优势。见图6。

(5) 专业服务业。广州在规模和增速上与北京、上海不相上下,但明显高于深圳。单从穗深京沪四地专业服务业增速来看,四地增速交替排位,其中2008年和2010年广州专业服务业增速排在首位。广州单位从业人员产值明显高于京沪深三地,说明广州在专业服务业存在质的优势。见图7。

(6) 批发零售业。就穗深京沪的批发零售业产值来看(见图8),上海的批发零售业排在首位,产值高达2594.34亿元,北京(1888.5亿元)屈居第二;而广州紧跟其后,年产值也达到1354.2亿元,但广州年增长率达到23.2%,体

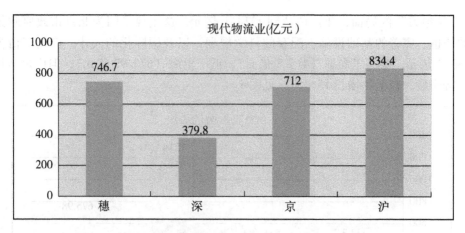

图5 2010年穗深京沪现代物流业产值比较

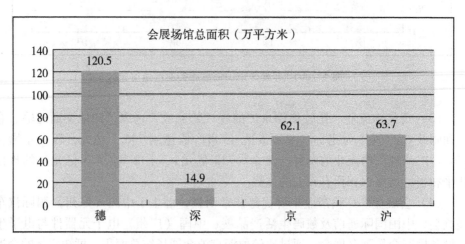

图6 2010年穗深京沪会展场馆总面积比较

现出广州批发零售业的高速增长态势和巨大发展潜力。

通过对穗深京沪高端服务业发展的比较可以看出，广州服务业的规模和深圳的水平比较接近，与北京和上海还有一定差距。广州市金融业、信息服务业不占优势，构成商贸服务业主体的批发零售、专业服务、物流、会展等服务业具有一定的比较优势。虽然广州商贸服务业总量低于上海、北京，然而就业比重、产值比重、经济增长贡献率均居全国之首。从产业规模和发展基础来看，广州经济的第一支柱和最大优势是以批发零售、商务会展、现代物流、专业服务等为主体的

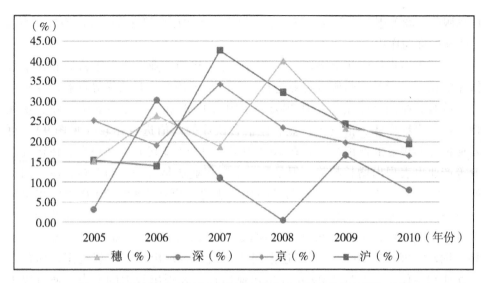

图7 2004—2010年穗深京沪四地专业商业服务业增速横向比较

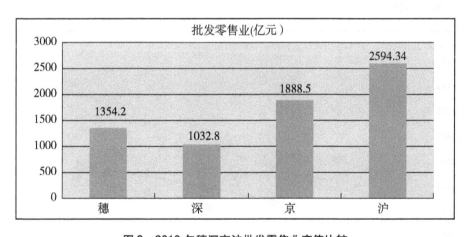

图8 2010年穗深京沪批发零售业产值比较

商贸服务业。

(二)广州高端服务业细分行业比较

近年来,广州高端服务业发展迅速,产业规模和产业层次不断提升,软件和信息服务、商务服务、总部经济、金融租赁、文化创意等在促进经济增长方面起到明显的推动作用。

下面我们将从广州金融业、现代物流业、房地产业、批发零售业和住宿餐饮业的相关指标对广州服务行业进行比较，从中挖掘广州的优势行业，寻求发展高端服务业的有效路径。对2005—2010年广州第三产业中的金融业、现代物流业、房地产业、批发零售业、住宿餐饮业的产值进行比较（见图9），可发现批发零售业的产值最高，在2010年高达1354.2亿元，房地产、住宿餐饮业等产业也表现出增长趋势，但是与批发零售业还是有一定的差距，体现出广州批发零售业在服务业中具有明显的比较优势。再从2005—2010年广州第三产业中的金融业、现代物流业、房地产业、批发零售业、住宿餐饮业的增长率来看（见图10），可知金融业增长率波动较大，而房地产业有走下坡路的趋势，批发零售业从2006年开始逐渐稳步增长，表现出良好扩展势态，而住宿餐饮业和现代物流业从2009年开始快速增长，表现出较大的潜力。通过以上分析可发现，构成商贸服务业为主体的批发、零售、物流、餐饮等服务业表现出了较大的优势或潜力。

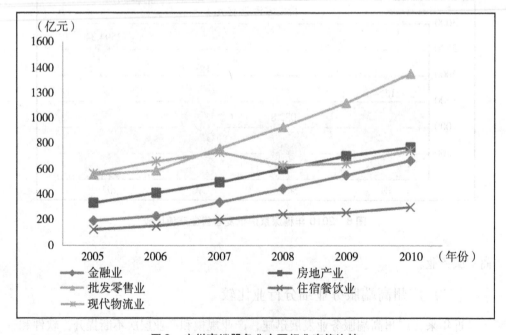

图9 广州高端服务业主要行业产值比较

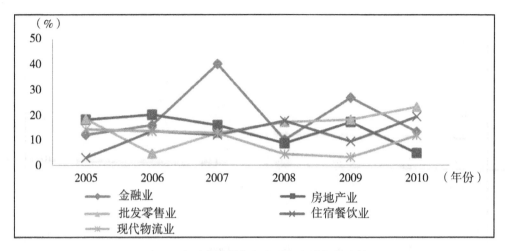

图10 广州高端服务业主要行业增长率比较

为了更清晰和具体地了解广州商贸服务业的具体情况,我们将批发零售业、住宿餐饮业、现代物流业和商务会展业细分进行综合分析。

批发零售业。2010年广州全年实现社会消费品零售总额4476.38亿元,增长24.2%。从2005—2010年广州批发零售业产值和增长率与其他服务业的横向比较可以看出,广州的批发零售业持续稳定增长,而且在各行业中,批发零售业的产值最高。2010年全年批发零售业商品销售总额21204.27亿元,增长40.0%;全年批发零售业产值高达1354亿元,增长23.2%,体现出广州批发零售业的巨大发展潜力和明显的比较优势。见图11。

现代物流业。从广州2005—2010年的客运量和货运量比较来看,从2009年开始,广州现代物流业表现了良好的增长势头,2010年的客运量和货运量分别约为62.6千万人次和57.5千万吨,增长率分别达到9.8%和9.4%。见表6。

表6 2010年广州市旅客、货物完成运输量

指标	单位	绝对数	比上年增减(%)
客运量	万人次	62638.52	9.8
旅客周转量	亿人千米	1693.47	16.5
货运量	万吨	57460.98	9.4
货物周转量	亿吨千米	2450.26	12.6

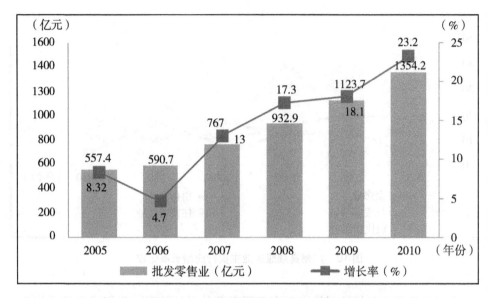

图11 2005—2010年批发零售业产值和增长率横向比较

商务会展业。从2005—2010年广州会展场馆总面积的纵向比较，广州会展业呈现逐年增长趋势，2010年会展场馆总面积高达120.5万平方米，增长率保持20%以上，表现出广州会展业的比较优势。这主要因为广州作为兼具传统制造业与现代制造业集群竞争优势的工业中心，培育了众多知名的展会，吸引了众多国内外商家前来参展。见图12。

专业服务业。2007年以来，广州专业服务业增速（36.12%）明显高于同期金融服务业和房地产业。专业服务业在生产性服务业中占比也不断上升，2010年这一占比达到21.19%，位居生产性服务业第一位，专业服务业人均产值平稳上升。根据区位商[①]计算得知，2004—2010年广州专业商业服务业区位商超过1.6＞1，且明显高于金融、房地产、科研、技术和地质勘查业，说明广州专业服务业专门化程度较高，就业吸纳能力较强，具有较强的竞争力和发展势头。见图13。

---

① 区位商又称专门化率，在衡量某一区域要素的空间分布情况，反映某一产业部门的专业化程度，以及某一区域在高层次区域的地位和作用等方面。其计算公式为：$LQ_{ij} = (E_{ij}/E_j) / (E_i/E)$。式中，$LQ_{ij}$为j城市i部门的区位商，$E_{ij}$为j城市i部门的就业人数，$E_j$为j城市总就业人数，$E_i$为全国i部门就业总人数；E为全国就业总人数。若区位商大于1则属于优势部门，小于1则属于劣势部门。区位商增加则发展势头上升，属于"朝阳"产业；区位商减少则发展势头下降，属于"夕阳"产业。

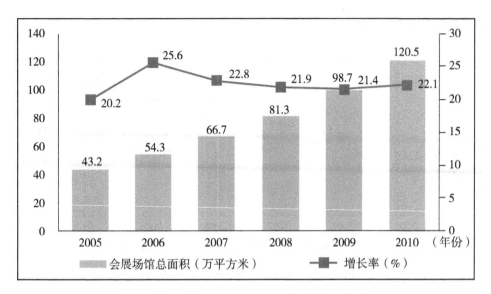

图12　2005—2010年会展场馆总面积横向比较

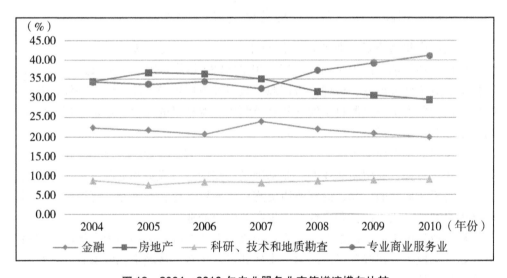

图13　2004—2010年专业服务业产值增速横向比较

住宿餐饮业。通过2005—2010年广州住宿餐饮业产值和增长率纵向比较，从2005年的126.3亿元到2010年的304.9亿元，虽然增长率略有波动，但其增长持续快速发展，2010年增长率达到19.3%。可见广州消费需求比较旺盛，住宿餐饮业存在着一定的比较优势。见图14。

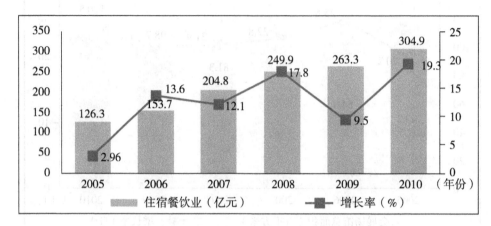

图14　2005—2010年住宿餐饮业产值和增长率横向比较

（三）广州高端服务业的比较优势与竞争优势

寻找出广州高端服务业的比较优势十分关键，不要"摊大饼"面面俱到，要突出优势和特色，以点带面促发展。20世纪80年代美国经济学家迈克尔·波特提出了竞争优势理论，该理论将资源禀赋以及发展资源的能力融为一体，并且明确指出竞争力主要是源自于发展和有效利用资源禀赋的能力。这也为提升城市高端服务业竞争力提供了路径与空间。

从经典的钻石模型来看，根据上述国内城市高端服务业比较以及广州高端服务行业比较可知，商贸服务业的产业基础是广州的自身优势和资源禀赋所在。同时，作为千年商都的广州，商贸业历史悠久，商贸文化积淀深厚，可以说，广州的城市灵魂、本质、性格和个性都体现在商贸流通业。

从产业规模来看，以批发、零售、物流、专业服务、会展等为主体的商贸服务业始终构成了广州服务经济的第一支柱和最大优势；从城市比较来看，广州的经济总量远低于上海、北京，但其商贸业规模几乎与这两个城市相当，且无论是产值比重、就业比重还是经济增长贡献率，广州商贸服务业均居全国之首。[1]

---

[1] 魏颖、欧开培、向鸿雁：《广州高端服务业竞争压力分析及战略选择》[J]，载于《商业时代》2011年第9期。

发挥比较优势，凸显自身特色，扬长避短，构建以高端商贸业为核心竞争力的高端服务业体系，有利于广州与北京、上海等国家其他中心城市形成差异化发展，是广州高端服务业发展化解激烈竞争压力的必然选择，对确立广州城市鲜明特色的国际地位具有举足轻重的作用。特别是在区域内竞争中，鲜明特色的高端服务业体系能有效避免珠三角兄弟城市间同质高端资源争夺，有利于实现与港澳深等城市的高端资源优势互补，形成区域合作共享、互联互通、共赢发展。

五、构建以商贸为核心特色的高端服务业体系

城市特色塑造了比较优势，孕育着潜在优势，随着城市经济职能不断分化，专业化职能持续得到加强。一个城市可以构筑多种现代服务业功能，但只能形成一两项现代服务业的核心特色产业和主要功能。广州要建设成世界大都市和国家中心城市，必须立足千年商都优势，突出商贸特长，避免与北上深等城市同质竞争，实现错位发展，抢占现代服务业战略高点。广州高端服务业发展的总体思路是：以国际商贸中心战略为引领，通过确立国际商贸中心的地位和品牌形象，构筑商贸流通资源和要素聚集的高地，构建以高端商贸业为主要特色和核心竞争力的高端服务业产业体系，全面增强对整个高端服务资源和要素聚集的吸引力，通过实施"提升""联动""垒实"三大发展战略，搭建系统科学的"核心层、紧密层、支撑层"三个层级的战略性框架，从而形成具有广州特色的高端服务业体系。

（一）核心层——实施"提升"战略

核心层是基于广州比较优势和城市商贸特色，发挥广州千年商都优势的理性选择，是实现广州建设国际商贸中心的战略需要。广州高端商贸服务业核心层主要涵括商贸总部经济、商务会展、电子商务、高端采购（依托期货交易所、大宗商品交易中心、商品结算和交割中心等发展起来并具有远程控制力和辐射力的高端采购）以及高端零售（具有先进业态和商业模式，面对高端消费人群的高端零售）等[①]。

打造全国高端商贸总部经济。商贸总部主要是指国内外商贸公司总部、相关

---

① 魏颖、欧开培、向鸿雁：《广州高端服务业竞争压力分析及战略选择》[J]，载于《商业时代》2011年第9期。

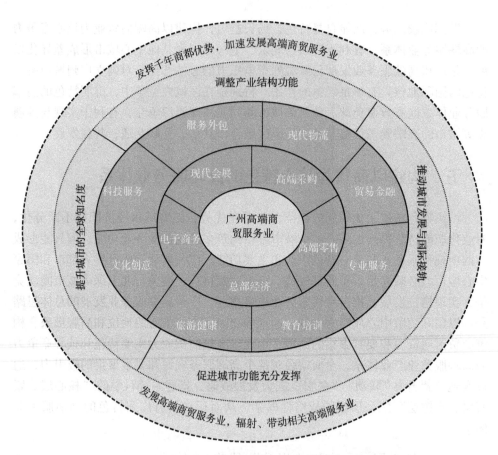

图15 广州高端商贸服务业对相关高端服务业的传导示意

商贸服务公司总部、各种商贸服务活动营运控制中心（含区域总部）等，广州应大力做细高端服务产业链，做精高端服务价值链，积极建设全国商贸总部高地及世界级商贸服务总部基地。进一步加大规划引导、资源倾斜、政策扶持的力度，坚持市场主导和政府引导相结合，不断优化商贸总部的发展环境。坚持大力引进和重点培育相结合，服务好现有商贸企业总部，大力引进跨国商贸公司和国内大型商贸企业集团总部落户广州，着力培育本市优势商贸企业总部。坚持错位发展和协调发展相结合，根据不同区域的商贸发展条件及产业基础，引导商贸总部企业集聚发展，实现广州商贸总部经济与香港、深圳等周边城市错位发展，与上海、北京等内陆城市的协调发展。

大力发展现代会展服务业。一是以品牌专业展会为重点，大力发展广州乃至珠三角优势行业题材的品牌专业展会，着力汇集世界各具特色的国际专业展会。二是以体制机制创新为重点，以市场化、国际化、法制化为导向，着力创新会展行业管理方式，逐步放宽展会审批手续。三是以营销模式创新为重点，构建遍布全球的会展营销网络，形成与国际接轨的高水平、专业化会展营销体系。四是以集聚高端资源为重点，依托广州市五大专业场馆为基础，科学规划建设功能先进、特色鲜明的国际专业展馆，尽快完善会展设施和其他相关基础设施，促进会展高端要素资源集聚发展。

大力发展电子商务产业。以建设亚太地区重要的电子商务中心为目标，以创建国家电子商务示范城市为契机，以移动电子商务为突破口，培育服务品牌，强化支撑能力，构建应用广泛、融合深度、业态齐全、服务完善、结构合理的电子商务产业体系，推动千年商都和网络商都融合发展。重点实施广货网售促进工程，鼓励老字号和名优企业利用网络拓展市场，推进广货上网。着力引导跨境电子商务发展，引导生产企业借助网络平台开拓海外市场，鼓励商贸服务企业通过电子商务拓展进出口代理业务。

大力发展高端零售与采购。一是创新先进业态和商业模式，发展面对高端消费人群的高端零售。综合运用政府行政与服务资源，对知名零售品牌企业的引进和培育给予重点扶持和倾斜，政府相关部门为品牌零售企业办展提供优惠政策、优质服务。通过采取定向补贴、税收减免、协助组织买家、提供办公地点等办法，以合资、合作、独资等方式，引进国际零售品牌企业。二是依托期货交易所、大宗商品交易中心、商品结算和交割中心等，发展具有远程控制力和辐射力的高端采购。积极筹建、设立和完善期货交易所、大宗商品交易中心、商品结算和交割中心功能，不断提升广州商贸服务业对全国乃至全球商贸服务业以及生产服务业的辐射带动作用。

（二）紧密层——实施"联动"战略

"联动"战略，即以高端商贸业作为广州高端服务业的核心，促进其他相关高端服务业与高端商贸业联动发展、融合发展。高端商贸业通过高端商贸业的衍生、联动和辐射机制，促进带动与商贸业具有高度紧密联系的紧密层（商贸金融、专业服务、现代物流、文化创意、科技服务、旅游健康、教育培训等）快速协同发展。以商贸服务为核心的高端服务产业体系不仅是广州在短时间内扩大高端服务业的比较优势，形成高端服务业发展的竞争优势，也是广州高端服务业体系各行业联动发展的有效途径。

贸易金融。贸易金融是银行为商品（服务）贸易提供的贯穿价值链的全面金融服务，包括基础服务（贸易融资、贸易结算等）及增值服务（保值避险、信用担保、财务管理等）。通过贸易结算，为企业提供国内和跨境的交易结算，促使广州与其他国家和地区的企业借助于银行的中介作用而发展成为交易对手。以贸易融资作为贸易金融的核心，加快贸易融资产品的研发、创新、推广，包括福费廷、保理、订单融资、货押融资、风险参与、信保融资、贸易融资等。同时，尽量多地为贸易参与方提供增值金融服务，发展避险保值、财务管理、信用担保，进一步丰富贸易金融服务体系。

专业服务。广州发展专业服务业应根植于珠三角发达的生产加工制造业和广州浓厚的商贸流通氛围，重点为珠三角及华南地区的生产制造业和商贸服务业发展提供完善的服务环境和解决方案。力争创造多元化、国际化政务环境，吸引来自全球（特别是港澳地区）专业商业服务业最顶尖资源；实施品牌战略，加强国际专业商业服务中心品牌营销和品牌培育。加快建立特别中外（港澳）合作区，在广州先行探索推行与香港、澳门互认专业资格的政策，建立先行先试措施的通报磋商监督机制，以加快推动穗港澳专业商业服务业融合的步伐，突破性推动专业商业服务业合作。

服务外包。以建设中国服务外包基地城市广州示范区为契机，积极承接国际服务外包产业转移，积极引进国外有实力的服务外包企业。建设广东（粤港澳）离岸数据特区，面向国外客户，数据来去自由，实现真正无缝的国际链接，探索解决制约我国离岸服务外包发展的瓶颈问题，共同发展以离岸数据产业为突破口的现代信息服务业，抢占战略性新兴产业制高点。结合实际，应针对BPO、ITO、KPO业务的特点进行分类认定和扶持，制定离岸和在岸外包的税收优惠政策。

现代城市物流。广州应通过构建以供应链管理为基础、共同配送制为支撑、共同配送基地为载体的现代城市物流配送体系，集聚发展第三方物流，推行共同配送模式，以社会化、专业化、现代化的城市物流配送格局来替代"自我配送为主"的传统城市物流配送格局，促使物流配送业务集成，全面地、综合地提高广州商贸经济及其物流配送的效益和效率。构建两个层次的城市配送网络，在广州市规划建设四个总配送中心，在各城区建设若干个配送中心和仓储中心，同时建立若干个专业分销配送基地，为广州商贸经济的聚集发展提供平台、创造条件。

文化创意与教育培训。广州是华南地区教育文化中心，正在打造世界文化名城、区域"网游动漫之都"和文化教育中心，港澳地区拥有发达的文化创意产业和具有世界先进水平的高等院校及完善的国际教育培训体系，广州可以抓住粤港澳三地合作的空间和机遇，通过创新合作模式，大力发展文化创意及教育培训产业。以岭南文化和商贸底蕴为基础，大力发展文化创意、数字与动漫、文化会展、影视制作、文化产品流通等特色文化产业，规划建设国家级文化产品博览交易中心等项目。瞄准大珠三角旺盛的教育培训市场，借助港澳地区具有世界先进水平的教育培训资源和模式，利用广州现有的文化教育优势和高端人才优势，联手港澳搭建国际教育培训平台。

旅游健康。粤港澳丰富的医疗资源（其中仅广州就有30多家三甲公立医院）和优美的生态环境，完全满足了广州发展高端旅游健康产业所需要的条件（依托区域级中心城市、对外交通条件优越、拥有良好的自然生态环境等）。实行重点突破，根据区域医疗资源优势和高端医疗需求实际，有针对性地对高收入人群提供具有特色的专科医疗服务。建立合作机制，形成庞大的医疗专家资源库，努力打造成集医疗、康复、养生保健、健康旅游等为一体的高端医疗服务区。大力发展生态游、文化游、工业游，积极拓展自驾车旅游、亲水出海旅游、会展商务旅游等新的旅游形式和业态。

（三）支撑层——实施"垒实"战略

根据广东省现代产业体系建设八大载体之一的"流通大商圈"的建设精神，广州应依托比较优势，重点构筑五大支撑体系：以中心城区为核心的多层次区域流通辐射体系；以内外贸一体化为基础的国际通商体系；以新兴零售业态、连锁经营、电子商务、第三方物流为手段的龙头企业主导型流通网络体系；以物流和信息技术为基础的现代经销体系；以商贸流通为核心，以商务、金融服务等为组合的服务支撑体系。实施"垒实"战略，通过构建以高端商贸业为主要特色和核心竞争力的高端服务业产业体系，调整产业结构功能，促进城市功能提升，提升城市全球知名度，最终引领城市实现国际商贸中心和世界大都市的战略目标。

六、加快广州高端商贸业发展的主要举措

(一) 着力完善、优化国际营商环境

新加坡及中国香港等地区的发展经验表明,制度和规则不断向国际标准靠拢成为发达经济体的必由之路,广州应努力创造多元化国际环境,吸引全球高端商贸商务顶尖资源。为加快建立与国际性商贸商务业协会交流的沟通平台,急需完善行业协会职能,建立商务服务自律监管体制。加快形成与国际接轨的管理制度和行事法则,加快涉外经济管理体制改革,加速构建和完善开放型经济服务体系。消除国际合作面临的实际障碍,突破高端商贸商务发展的市场瓶颈和人才瓶颈。深入推进行政审批制度改革,在放开投资领域、推进项目落地等方面尽可能提速提效。

(二) 切实加快商贸服务业发展转型

广州商贸服务业总量规模大,产业体系完整,企业数量众多,但传统形态商贸业比重高,现代形态商贸业比重低,具有全国知名商贸品牌的企业更少,具有国际性影响力的商贸企业几乎为零,全国性和国际性聚集辐射影响力不够强。因此,要构建高端商贸体系,打造国际商贸中心,须切实加快商贸服务业发展的"五个转型",即加快传统商贸向现代商贸转型,服务区域向服务全国和服务世界转型,重"商"为主向重"贸"为主转型,实体商贸向实体与电子商贸相结合转型,小商人向大商家和国际商家转型,从而全面提升广州商贸服务业的现代化和国际化水平,提高商贸服务业的国内外聚集辐射影响力,进一步增强商贸服务业的竞争能力和发展后劲。

(三) 进一步健全现代商贸框架蓝图

目前,把商贸流通业列为优先发展的支柱性产业,是30多个一线城市的共同选择,其中,广州最有条件和理由将商贸流通业列为基础性支柱产业和战略性主导产业。广州应从国际商业大都市、国家中心城市的战略高度重新提升商贸流通业的发展定位,出台有关高端商贸振兴规划或实施意见,加快编制广州建设国际商贸中心城市的统一规划。要从商贸自身"强核"、促进产业"联动"及增强对外"辐射"三个层面进行发展谋划,形成清晰的战略性布局框

架及实施步骤①,注意与轨道交通、旧城改造和新城建设等相结合,体现中心城区和郊区新城的差异化发展。

(四) 积极发展高端服务经济新业态

发展高端服务新业态对广州及珠三角地区战略性新兴产业的发展、现代服务业的繁荣提升和经济转型升级具有重要的引领和支撑作用,现代服务新业态作为产业的"新型中间人",是产品差异、增值的主要来源,是服务业中增长最快的一个领域。广州应以高端商贸业作为高端服务业的核心,借助高端服务业的衍生、联动和辐射机制,通过优化发展环境,扩大招商引资,拓展新领域,打造新亮点,支持和带动一批新型企业、新型组织、新型业态,加快建设高端服务业新型示范区、聚集区和功能区。加强宏观规划与引导,促进服务业新业态健康发展;增强科技支撑作用,提升服务业新业态自主创新能力;完善服务业新业态产业链,推动产业集群发展,全力打造业态高端、内涵丰富的新兴高端服务产业。

(五) 努力强化核心集群与功能平台

高端商贸业的发展必须形成商贸活动有机协作及互为价值链的合力,打造有效吸纳商流、物流的多个功能平台。广州应重点打造以下富有特色的高端商贸功能及平台:加快完善电子商务基础支撑体系,推动传统千年商都向现代网络商都转型;形成各具特色又互为关联协作的会展平台体系,着力构建会展之都;扩大国际商流规模,增强商品集散能力,全力打造国际采购中心;全面提升购物环境、品牌、价格、服务、载体等要素竞争力,精心营造购物天堂;依托六大类大宗商品交易中心,大力培育多层次结合有序的广州价格体系。

(课题组成员:欧开培 赖长强 罗谷松 魏颖 李雪琪)

---

① 张强、李江涛:《以国际商贸中心引领广州国家中心城市建设的战略研究》[J],载于《城市观察》2011年第11期。

实施食品安全战略，扶持壮大广州本土乳业的政策建议

一、广州食品安全战略应重点突破乳业的发展

（一）广州食品安全战略的提出及意义

国内食品安全事件的频繁爆发、农产品价格的巨幅波动以及"非典"、雪灾等突发事件给食品供应带来重大威胁，国家、地方及社会各界对食品安全的关注度显著提高。"十二五"之后，为保障食品供应及质量安全，中央明确提出要求各地区切实落实"米袋子"省长负责制和"菜篮子"市长负责制，由此将食品安全置于地方施政的最高战略层次。在此背景下，2012年，中共广州市委十届三次全会郑重提出"要狠抓'菜篮子'工程和食品安全工程，力争实现肉、菜、鸡、鱼、蛋、奶六项农产品自给率达到70%的目标"，同时，将食品安全体系建设列入市"两建"工作的十大重点之一；2013年，市政府审议通过了《广州市"菜篮子"产品安全供给工作意见》（穗府办【2013】21号），再次调整细化了相关目标和措施，正式确立了全市食品安全战略，并落实到具有约束力的量化指标上。此后，在市委十届四次全会及随后的政府工作报告中，广州先后将蔬菜生产基地、设施渔业基地、现代化奶牛场等一批市内"菜篮子"基地项目列入当年重点产业项目计划中。由此，按照中央、省及特大城市保障民生安全的要求，广州食品安全战略框架开始形成并稳步推进。

食品安全战略的确立对广州大都市建设具有重大意义。首先，这一战略有利于深化农村城市化。目前，广州仍有200多万农村居民，将他们一次性转为市民既无可能，也无必要，这其中有相当一部分人口仍需主要从事农业生产。因此，实施食品安全战略，提高主要农产品自给率，可有效带动农村就业增长，并通过"公司+农户""公司+基地+农户"等多种方式，不断增加农民参与现代农业的机会，提高农民的生产技能，在提升城市化质量的同时，推动农民职业化、专业化。其次，食品安全战略事关民生幸福。在广州新型城市化战略中，"幸福"是三大核心理念之一，也是政府施政的最终落脚点。食品品种单一或者价高质

次，缺乏安全食物供给，食品安全事件频发，必然降低民众幸福度。由于食品是居民每日所必不可少，关乎生活质量，关乎健康，因此，充分、安全的食品供应直接关系到民众幸福指数的高低。最后，食品安全战略体现居民消费升级的需求。过去，广大市民更多关注的是"吃得饱"；而现在，随着居民收入水平的提高，他们更多地关注食品品质及结构，也就是"吃得好"的问题。从前面论述看，广州食品安全战略的重点是侧重于"菜篮子"工程，这无疑顺应了民众消费从"吃得饱"向"吃得好"升级的趋势与要求。

（二）广州食品安全战略应重点突破乳业

广州新食品战略提出主要大类农产品自给率都要求达到70%以上。目前，在五大农产品当中，蔬菜、鸡等产品的自给率已达100%以上，实现了供应有余；塘鱼自给率也接近80%；而生猪经过近3年在增城等地开展大规模清理整治，其自给率已下降到35%左右。近期，为治理生猪养殖带来的环境污染，全市部分地区已逐步实施限养和禁养，大量散小乱、无序落后的养猪场被强行撤掉。由此，在穗府办【2013】21号文中也相应将生猪自给率目标调低至50%，在这种情况下，通过加快新建一批现代化大型养殖场和改扩建一批标准化规模养殖场，广州实现生猪自给率目标虽有一定难度，但不是太大。比较而言，生鲜奶目前的自给率仅为29%，在五大品类中最低，与我市确定的目标相距甚远（见表1）。

表1 广州主要农产品自给率比较

指标 品种	每天人均消费量 （克）	年消费总量	2012年本市产量	自给率 （%）
蔬菜	500	292万吨	342万吨	117
猪肉	100	650万头	230万头	35
鸡	25	0.55亿只	0.55亿只	100
塘鱼	60	46.7万吨	36.6万吨	79
生鲜奶	35	21万吨	6.1万吨	29

注：以上数据均按照1600万人口测算，引自广州市农业局数据。其中，生鲜奶自给率依据国家农业部奶业管理办公室和中国奶业协会编印的《中国奶业统计摘要2013》计算而得。

综上比较可见，广州食品安全战略突出的五大农产品中，蔬菜、鸡、塘鱼等三类产品的自给率均已达标，且部分供应有余，生猪自给率与预定目标的差距也相差不大，唯有牛奶自给率水平最低，与70%的预定目标相差最大。需要强调指出的是，牛奶在国际上被公认为营养价值最接近于完善的食物，人均乳制品消费量已成为衡量一国国民生活水平和健康状况的主要指标之一。世界许多国家或地区都对奶品消费给予高度重视，日本就曾提出"一杯牛奶，强健一个民族"的口号，并将之作为基本国策；欧美发达国家国民体质强健，主要源于其人均奶品消费远高于其他国家，尤其是喝鲜奶的比例普遍达90%以上[①]。在我国，随着消费结构的升级，乳品逐渐成为人民生活的必需品。改革开放特别是近几年以来，我国奶牛养殖业和乳制品工业发展迅速，奶牛存栏、奶品种类及乳制品产量均成倍增长（见表2），居民乳品消费量稳步提高。

表2　改革开放以来中国牛奶生产与消费增长状况

指标 年份	牛奶产量 （万吨）	奶牛存栏 （万头）	城镇居民人均乳品 消费量（千克）
1980	114	64	1.4
1990	416	269	8.9
2000	827	489	14.5
2010	3748	1420	27.0
1980—2010 增长倍数	33	22	19

资料来源：《中国奶业统计摘要2013》《中国奶业史》（专史卷）。

与之形成鲜明对比的是，广州受饮食习惯及奶源不足的影响，市民喝鲜奶比例（2012年为58%）虽有所提升，但与世界主要国家尤其是发达国家相比仍严重偏低，而人均液态奶（不含酸奶，主要为巴氏奶）消费量水平则更是相差甚远。我们注意到，广州人均液态奶消费量不仅大大低于澳大利亚、美国等发达国家，甚至明显低于印度、墨西哥等发展中国家，也明显低于与广州处于同一纬度的中国台湾地区（见图1）。

---

① 魏荣禄：《中国乳业发展应该向贵阳学习》[N]，载于《贵州都市报》2013年12月16日，第A16版。

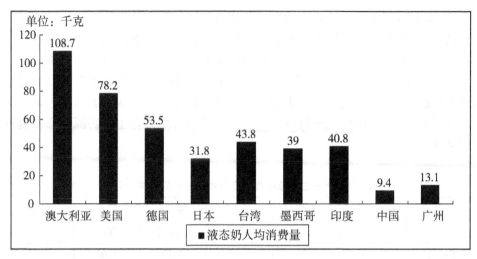

注：上述液态奶包括鲜奶、常温奶和功能乳饮料，但不包括酸奶。

图1 2011年世界主要国家、地区液态奶人均消费量比较

国内比较，在全国36个大城市中，广州人均鲜奶消费量水平位于倒数位置，仅排在第30位[①]。而进一步与四大中心城市比较，广州人均鲜奶消费量也是最低的，其中，城镇居民人均鲜奶消费量仅为京、沪、渝等市的1/2，而农村居民的消费水平差距更大（见图2和图3）。

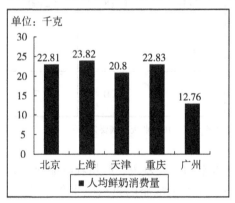

图2 2012年五大城市城镇居民家庭
人均鲜奶消费量比较

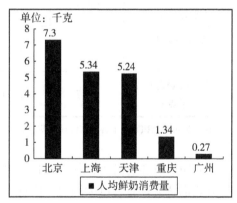

图3 2011年五大城市农村居民家庭
人均鲜奶消费量比较

---

① 农业部奶业管理办公室、中国奶业协会：《中国奶业统计摘要2013》。

广州人均鲜奶消费量明显偏低，与其城市地位及消费水平不相称，这里固然有饮食习惯的原因，但本土奶源不足引致奶价偏高从而抑制消费意愿不能不说是一个根本性因素。我们看到，与国内主要城市相比，广州生鲜奶价大约高出15%~30%（见表3），而奶价畸高的背后凸显的就是本地乳业发展相对落后的状况，特别是作为产业源头的奶牛养殖业较薄弱。与四大国家中心城市比较，广州现有奶牛存栏规模是最小的，由此导致人均占有生鲜奶源也严重偏低（见表4）。

表3 全国主要城市规模定点牧场生鲜奶价格统计　　　　　　单位：元/千克

	北京	上海	天津	重庆	广州	全国平均
定点牧场	义鹏	庆华	大老李	天友两江	珠江	—
2012年	3.63	4.31	3.59	4.10	4.60	3.85
2013年	4.16	4.90	4.09	4.71	5.40	4.27

资源来源：荷斯坦奶农俱乐部提供。注：以上奶价为当年年均收购价。

表4 五大国家中心城市牛奶养殖业比较（2012年）

	北京	上海	广州	天津	重庆
城市总面积（平方公里）	16808	6341	7434	11920	82400
奶牛存栏数（万头）	15.1	6.9	1.9	15.6	2.9
人均生鲜奶占有量（千克）	31.7	12.4	3.8	51.0	2.7

注：城市总面积来源于各城市统计年鉴；奶牛存栏数来源于《中国奶业统计摘要2013》。

差距即意味着潜力，伴随着目前自给率水平的巨大差距，广州乳制品业尤其是鲜奶消费无疑有着巨大潜力。因此，广州食品安全战略的重点应聚焦于乳业，着力突破乳业发展的瓶颈，使乳业成为"幸福广州"建设的重要支撑，也成为现代都市农业发展的重要增长点。

二、广州实现牛奶自给率目标必须以国有龙头企业为主导

广州欲实现食品安全战略的目标,首要的是突破乳业的发展瓶颈,而这必须依靠以国有企业为主导的发展思路及模式,这是因为:

(一) 国企主导的模式能够更好地保障奶品稳定供应

从发达国家的实践看,随着居民消费水平的提高,乳制品特别是鲜奶日益由稀缺的保健品转变为寻常的生活必需品,由此纳入社会基本民生物品之列,其所属产业也具有了半公益性质。根据国有经济有关理论界定,国有企业一般应在所谓"三安全"(即国防安全、经济安全、社会安全)和"一公益"(即社会公益,包括医疗、教育、公交、邮政等)领域占据主导地位。而牛奶作为事关社会安全的重大食品品类之一,属典型的社会基本民生物品,加之其产业弱质性突出,前期投入大,生产周期长,养殖风险高。基于这类产业属性,唯有实行以大型国企为主导的发展模式,才能更有效地保障和稳定供应。也就是说,无论市场或价格如何波动,大型国企一般会比民营企业具有更强的保障供给的意愿和能力,相应地,也就能够更好地履行保障基本民生品供应的责任。

(二) 国企主导的模式能够更好地确保奶品质量可控

保障供应主要是从量的角度考虑,事实上,食品安全战略更重要的是对质量的要求。特别是牛奶业,容易掺假制假,稍有不慎即会酿成重大食品公共安全事故,造成全行业信任危机。在这种情况下,由少数几家大型企业尤其是国企主导奶品生产与供应,就能更有效地保障奶品质量可控。这是因为:第一,国企经营者造假可能性较小。虽然国有、民营企业都有造假的可能,但比较而言,大型国企的社会责任与信用、技术力量更强一些。对于国企经营者,造假的非法收益大部分不会归自己,但出了事责任肯定全归自己,其造假得不偿失,因此,国有体制能保障对奶品质量具有更强的责任约束力。第二,相关法律对大企业违法经营的威慑力更大。《中华人民共和国食品安全法》第84条、85条、86条按违法经营货值规模大小规定了不同的处罚办法,从这些处罚条款可以看出,食品安全法对大企业更有震慑效力,大企业根本禁不起停产、罚款、品牌信用的损失,一旦被查实,足以让企业破产及经营者倾家荡产。第三,由为数不多的大型国企主导

生产，监督成本低，政府只要管住了几个规模化养殖场，就等于管住了质量安全。总之，依赖和打造安全的国有大型食品企业，严厉监管大企业，对于保证食品质量安全至关重要，且监督成本最低。

（三）国有龙头主导有利于迅速改变以常温奶为主的市场格局

目前，在发达国家和地区，具有丰富营养价值的巴氏鲜奶普遍占液态奶市场的90%以上，而在中国大陆却不足20%，与国际消费主流形成巨大反差（见表5）。众所周知，在液态奶市场中，主要包括巴氏鲜奶和常温奶。巴氏鲜奶采用巴氏低温杀菌工艺，对奶源要求高，必须采用新鲜无污染的就近奶源，牛奶从挤出到生产必须在24小时内完成，需全程冷藏，并经低温处理保持活性，其优点是营养破坏少，多喝有利于增强人体免疫力，缺点是不利于储存和运输；而常温奶（纯牛奶）的特点正好相反，由于采用超高温灭菌工艺，使之适合在常温下长期储存，有利于扩大销售半径，但牛奶的大部分营养流失。因此，要形成以鲜奶为主体的市场格局，必须让企业就近投资更多养殖场。然而，由于投资大型奶源基地建设周期长、回报低、风险大，中小乳企的奶源大多依赖农户的"个体饲养"，但个体饲养不利于管理，容易给人为的掺杂造假创造条件，从而导致上游奶源质量失控。从国内乳业发展的实际看，一般只有那些大型国企才拥有较多的就近奶源，也才有生产巴氏鲜奶的条件和技术，而中小乳企主要依靠还原奶生产常温奶。由此可见，只有实行大型国企为主导的模式，通过大型农场运作的方式，才能逐步化解小农经济分散、效率低下、标准不一的痼疾，也才能提供更多高品质的巴氏鲜奶，以改变国内以常温奶为主体的市场格局。

表5　2012年中国与主要国家或地区液态奶消费市场的构成

国家或地区	美国	日本	中国台湾	澳大利亚	中国大陆
新鲜奶（巴氏奶）	99.7%	99.3%	97.6%	92.6%	20%
常温奶（纯牛奶）	0.3%	0.7%	2.4%	7.4%	80%

资料来源：参见魏荣禄《中国乳业发展应该向贵阳学习》，载于《贵州都市报》2013年12月16日，第A16版。注：这里液态奶不包括酸奶。

（四）国有龙头企业能够承担更多公共责任和政策性风险

牛奶消费涉及国民健康工程，涉及民生领域的食品安全，有时，政府为了公共利益可能会进行政策干预或实施特别工程（如价格管制、学生奶计划等），或者在突发性自然灾害期间仍要求企业以低成本甚至无偿方式保障供应，由此造成企业损失甚至亏损。此时，也只有国有企业才更适合担当这份社会责任，即使发生政策性亏损也在所不辞，这是国有企业存在的价值。

（五）当前国内特大城市的乳业龙头企业均是国有性质

对于中小城市而言，其食品安全保障也许可以依靠多元渠道甚至外供来解决，但对于一个上千万人口的特大城市而言，其自主性食品保障要求就大为提高。特别是对于事关公共健康工程的牛奶业而言，国内许多大城市都提出了牛奶产品的自给率目标，且均由本地国有企业来担当主导供给，具有较高的垄断度。从国内实践看，五大国家中心城市中，北京牛奶业的龙头是首农集团，上海牛奶业的龙头是光明食品，天津牛奶业的龙头是海河乳业，重庆牛奶业的龙头是天友乳业，这些城市奶业龙头虽有不同的历史沿革、经营模式及产业链构成，但它们都无一例外的是国有体制。其中，光明食品和首农集团在本市鲜奶市场上的占有率均高达80%以上，有效保障了这两个城市的乳品安全。

综合以上可以看出，无论从经济理论上的属性定位，还是国内的实践经验看，对于特大城市而言，乳业的稳定发展及奶品的安全供给，应该而且必须依靠以国有龙头企业为主导的发展模式，这是牛奶作为社会民生公共品及农业弱质性产业的二重属性所决定的。

当然，确立国有企业在牛奶业发展上的主导地位，绝不是说民营企业就无作为或其生产的奶品就一定不安全。一般而言，国有企业在体制机制上有效率低的问题，但同时信用度又相对较高，并能承担较多的社会公益责任，经得起政策性损失甚至亏损，国有体制的特点更适合牛奶这一民生性产业的长期稳定发展，并确保奶品质量可控。弊和利往往是相辅相成的。事实上，保障食品安全最适宜的企业体制是以国有资本为主导、多种资本融合的国有控股型或混合所有制企业，从而可以将两种体制的优势有机融合。

三、广州实施牛奶安全战略应立足于做大做强风行发展集团

根据以上分析可以看出，对广州而言，实施食品安全战略，推动乳业的跨越式大发展，必须立足于做大做强本土的国有乳业龙头——风行发展集团。我

们需深刻认识到,扶持风行发展集团,其最终目标并不是将一个国企做大做强,而是要通过扶持这一龙头企业,实现全市食品安全战略的目标,从而解决牛奶充分自给和奶品质量可控的问题,特别是在婴儿奶粉供给上,要彻底扭转国人形成的进口奶粉质量优于国产奶粉的印象,只有国有乳业龙头才能真正成为支撑我市牛奶安全战略的重要支柱。

(一)风行发展集团的发展地位

广州风行发展集团有限公司前身为广州市国营农工商联合总公司、广州市农工商集团有限公司,成立于1949年。改革开放以来,随着国企改革的不断深化,农工商先后经历了四次重大的资产重组,到2009年,公司正式更名为"广州风行发展集团有限公司"(以下简称"风行发展集团"),成为一家以乳业为主导产业的农业现代化国有龙头企业。到2012年底,风行发展集团资产总额为15.41亿元,负债7.44亿元,实现年主营业务收入7.8亿元。其中,现拥有1家乳品加工厂,3个现代化奶牛养殖场;拥有约7000头良种荷斯坦奶牛,年生产鲜奶3.3万吨,乳制品加工产能5万吨,销售收入近5亿元,初具行业龙头企业的实力。

根据省牛奶协会和市农业局提供的资料,到2013年底,广州市奶牛存栏总量约为1.9万头,其中风行发展集团占比1/3强;全市自产生鲜奶合共6.1万吨,其中风行占比超过1/2;全市牛奶乳制品市场总销量62.5万吨,其中风行发展集团市场占有率约为8%,而风行巴氏奶市场占有率为20%左右(见表6)。总体上看,作为广州奶业"双雄"之一,风行牛奶在本地市场上具有一定地位和实力,但与北京、上海的乳业龙头相比,风行牛奶的龙头地位仍差距较大(见表7),远未形成对本地市场的决定性影响力。

表6 风行发展集团乳业在广州市的地位(2013年)

指标\主体	广州全市	风行发展集团	风行发展集团占全市的比重
奶牛存栏数(万头)	1.9	0.7	36.8%
生鲜奶生产量(万吨)	6.1	3.3	54.1%
巴氏奶总销量(万吨)	9.85	1.97	20%
乳制品总销量(万吨)	62.5	5.0	8%

表7　京、沪、穗国有乳业龙头企业在当地的市场地位对比（2013年）

	首农集团	光明食品集团	风行发展集团
当地生鲜奶市场占有率（%）	85	95	54
当地巴氏奶市场占有率（%）	60	80	20
当地乳制品市场占有率（%）	40	-	8
奶牛存栏数占全市比重（%）	48	86	37

资料来源：赴北京首农、上海光明食品集团调研所得。

从省内从事乳业发展的企业格局看，目前，全省主营乳业生产的企业共28家，其中，燕塘、晨光两家公司是高居年销售额达10亿元以上的"第一集团"，风行发展集团虽位居全省奶品业前三甲之列，但仅处于年销售额的"第二集团"，与省内两大龙头企业有一定差距。其他25家企业均处于销售收入低于5亿元以下的规模区间上（见表8）。

表8　风行发展集团在全省乳业企业发展格局中的地位

指标	企业主营销售收入区间	企业分布
全省从事乳品生产企业共28家	10亿元以上	广东燕塘、深圳晨光
	5亿~10亿元	风行发展集团
	5亿元以下	广州光明、香满楼、QQ星等

综上可见，作为广州乃至全省乳业的龙头之一，风行发展集团具有一定的市场地位和实力，特别是在奶源掌控、技术水平和产品质量上优势突出，从集团当前的资产负债率、经济效益等情况看，风行乳业也还有较大的规模扩张潜力。然而，与国内其他一线城市比较，风行集团与北京、上海的同业龙头仍有巨大差距，与广州作为中国"第三城"的地位不相称。因此，未来广州要实现牛奶自给率的战略目标，必须进一步扶持壮大和依托风行发展集团。

（二）扶持壮大风行集团符合国家及广州的一系列重大战略

从现阶段我市食品安全战略的需要看，大力扶持本土乳业龙头可谓刻不容缓。而扶持壮大风行发展集团，充分体现了国家及广州当前的一系列重大战略。

1. 体现"海丝之路"建设的要求

2013年，国家主要领导人在出访中正式提出构建21世纪海上丝绸之路的战略构想，以适应我国构建开放型经济体制的新要求，增强我国对区域经济一体化进程的主导影响，促进形成以我国为龙头的区域经济合作体系，形成面向全球的高标准自贸区网络。"海丝之路"战略现阶段主要是更多地进入东盟、南亚、大洋洲，下一步会延伸到西亚、非洲、南美等地。在这一战略背景下，扶持做大农业龙头企业风行发展集团，鼓励引导集团按照"造福广州、立足广东、服务华南、辐射东南亚"的梯级推进战略积极"走出去"，利用集团的资本技术优势加快在"海丝之路"沿线国家的投资布点，不仅有利于迅速做大集团自身的实力，也将有助于贯彻和推动"海丝之路"建设战略的实现，为我国扩大辐射东南亚地区，促进中国奶牛业走向世界打下坚实基础。

2. 实施"造血式"扶贫战略

在我国现阶段，现代农业的发展大多采取"公司+农户""公司+基地+农户"或"公司+协会+农户"等形式加以推进。在这种产业组织模式中，作为核心驱动的农业龙头企业越强大，其对农户的经济带动力就越强大。因此，扶持做强风行发展集团，有利于公司向外扩张以发挥辐射带动作用，特别是向成本较低的贫困地区的辐射，通过在当地建设养殖基地、委托饲养奶牛或创办乳品加工厂等途径，拉动当地农民的就业和增收，盘活当地闲置的林地资源，从而达到"造血"式扶贫的功效。

3. 贯彻国家稳港惠港战略

保持香港的繁荣和稳定，是国家的战略目标和基本国策。牛奶是民生必需品，对于已没有牧场资源的香港来说，外供成为唯一的选择。由于生鲜奶具有一定的有效运输半径（一般在300公里范围内），而香港正处于这一半径内，因此，自20世纪80年代以来，风行发展集团就一直承担着向香港不间断提供生鲜奶的责任，每年供港3000～5000吨，约占当地消费总量的1/5。因此，扶持做大风行发展集团，进一步将之作为向香港供应生鲜奶的主要基地，将有效减少奶品市场的波动，满足当地对鲜奶的需求，进而有助于保障香港的社会安定与民生安全。

4. "北上广"保位战的需要

北京、上海、广州是中国三大经济圈的龙头城市，是综合实力最强的三个一线城市。广州要保持"北上广"的卓越地位，除了金融、商贸、交通、创新、总部等高端引领型服务功能外，也应在事关食品安全的农业基础保障功能上向北京、上海看齐，尤其在农业龙头企业的发展上要体现一线城市的水平和能级。然而，恰恰是在农业龙头企业的发展上，广州与北京、上海的差距极大，难以体现一线城市应有的保障功能。有鉴于此，扶持做强风行发展集团，发展与北京首农、上海光明相比肩的农业龙头企业，有助于广州在食品安全保障功能上体现一线城市的地位。

5. 落实打造"广州标准"

对牛奶这样一个细分行业来说，"龙头强，则行业强，龙头弱，则行业弱"，强大的龙头企业往往能起到带动全行业发展的作用，并成为行业标准的制定者。作为广州地区乳业龙头之一，风行发展集团具有一定的技术管理实力，是城市型乳业发展的典范，是优良奶品的代表。在此条件下，扶持做强风行发展集团，有助于发挥龙头企业的示范与引领效应，贯彻广州标准化战略，在品种改良上，培育适合亚热带地区养殖的良种奶牛和胚胎，使之成为适于南方养殖的优良品种。在产品质量上，坚持菌落指标的高要求，将风行乳业严格的质量标准上升为行业标准，着力打造中国乳业的"广州标准"。

（三）风行发展集团本身具有一系列核心发展优势

通过与全国及省内外企业的比较看，作为广州乳业发展的龙头企业，风行发展集团主要具有如下核心优势：

1. 养殖技术优势

公司拥有3个现代化高水平奶牛养殖场，其中有2个被授予国家畜禽标准化示范场，1个被授予国家级良种奶牛场。公司是全国首家从美国（1984年，610头）和澳大利亚（2000年，230头）成规模引进良好荷斯坦奶牛的乳品企业，采用目前世界上最先进的全混合日粮饲养技术，拥有自主研发的饲料配方。同时，公司长期与美国、澳大利亚等国农业部及有关乳企开展技术合作，也是国内最早使用计算机技术对奶牛饲养进行管理的乳企之一，公司开发引入的"奶业之星"管理系统从冻精购进、配种、检胎、产犊、标识、饲养到进入后测产奶周期等一系列工序均能进行有效管理、检测与监控。先进的养殖技术使风行的单位饲养效率达到华南最高，奶品质量全国最好。据统计，广东省成年母牛平均单产为4.8吨，而经由风行发展集团饲养的成年母牛平均单产达7.3吨，其中下属珠江奶牛场平均单产高达8.8吨。由此，在2013年，风行以占全市37%的奶牛资源生产了占全市54%以上的生鲜奶，其饲养水平领跑广东乃至整个华南地区（见图4）。

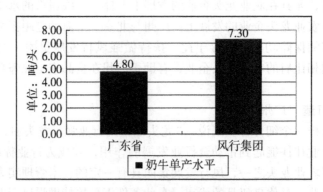

图4　广东省与风行集团奶牛单产水平的比较

2. 加工水平优势

风行乳业是一家牧工商一体化的乳品企业,在加工水平上与广东燕塘、深圳晨光等同处于第一梯队。目前,公司乳品加工工艺成熟,设备先进,不仅拥有稳定优质的奶源优势,而且品种齐全,拥有多达80多个乳品种类,公司正在增城石滩投资建设一个占地160亩、乳品年加工能力达20万吨的集生产、科研于一体的生产研发基地。更为重要的是,风行乳业还建立了全市最完善的乳品质量监控体系,拥有南方最大的乳品技术检测实验室,这使得公司销售的奶品质量投诉率达到全市最低。

3. 销售网络优势

截至2013年底,广州市区拥有风行牛奶专卖门店达400家(作为广州奶业"双雄"的燕塘牛奶仅有100多家),居全市之首,这为市民低成本饮用优质鲜奶提供了便利。目前,公司销售门店仍在不断向郊区甚至外地延伸扩张,计划到2015年拥有门店600个,实现2万人口范围内就有一个专营门店的目标,力争到2017年,门店数量达到1200个,实现1万人口范围内就有一个专营门店的目标,真正做到使居民"奶在身边"。

4. 经济效益优势

通过与同期北京、上海及省内奶业龙头企业的主要指标对比分析可以看出,2012年,风行发展集团资产负债率不足50%,净资产收益率高达9.9%,均优于首农集团和光明食品(见表9)。同时,在主营业务乳业板块上,风行发展集团的销售利润率达9%,也远远高于光明食品和首农集团,显示出风行乳业具有较好的产品定价能力和盈利能力,企业发展后劲充足,未来具有进一步产能扩张的潜力。

表9 京、沪、穗乳业龙头企业主要经济指标比较（2012年）

指标＼企业名称	光明食品集团	首农集团	风行发展集团
资产总额（亿元）	1256	381	15
营业收入（亿元）	1393	198	8
乳业销售收入（亿元）	138	43	5
资产负债率（%）	67.98	74.10	48.24
乳业销售利润率（%）	2.17	0.7	9.30
净资产收益率（%）	7.10	2.72	9.90

5. 品牌优势

风行牛奶始创于1952年，是我国历史最悠久的牛奶品牌之一。改革开放以来，经过几代农垦人的悉心经营，风行牛奶的质量与品牌效应进一步凸显。目前，风行牛奶的质量标准远高于国家标准甚至欧盟标准（以菌落总数衡量，国家标准不高于200万cfu/毫升，欧盟标准不高于20万cfu/毫升，而风行的内控标准不高于2万cfu/毫升）；同时，经第三方国际权威机构检测，风行成为全国第一家获得碳足迹认证的乳企。过硬的奶品质量为企业赢得了品牌优势，自1984年至今，风行生鲜奶连续供应香港30年，深受港人欢迎；"三聚氰胺事件"期间，风行一度被指定为供港生鲜奶的唯一品牌；2008年奥运会期间，风行更被主办方指定为奥运中心场馆南方的唯一奶源供应牧场。可见，风行牛奶"优质、安全、食得放心"的品牌形象已扎根于消费者心中。

（四）风行发展集团的主要劣势是规模偏小、资源不足

在看到优势的同时，我们也不讳言风行发展集团存在的短板与不足，这种不足主要体现在三个方面：

一是规模偏小。我们注意到，企业健康的财务指标是以牺牲规模为代价的，与京、沪等地的乳业龙头相比，风行乳业板块规模微不足道，其乳业销售收入不到光明食品的1/20和首农集团的1/8（见上表7），这不仅使其自身抗风险能力相对较弱，而且对全市牛奶达成70%的自给率目标难以形成有效的支撑作用。

企业规模狭小的背后是资本运作和资产经营的相对"短板",这又与政府管理国企的理念、方式及政策扶持力度不足密切相关。从长远发展看,风行发展集团在保持现有低资产负债率和强盈利能力的前提下,未来需尽快扩大企业资本与生产规模,以强化其区域性优势地位。

二是牧场资源不足。乳企的发展,除了资本这一瓶颈外,受奶源的制约也越来越大。由于乳制品生产规模的扩大主要依靠生鲜奶原料的充足供应,因此,国内乳企对奶源的竞争越演越烈,尤其是地区乳业龙头更加依靠生鲜奶的自供。北方的伊利、蒙牛、首农、光明为何能做成几十亿甚至几百亿的乳业规模,这与其庞大的牧场资源和充沛的奶源供应是紧密相关的。目前,风行发展集团虽拥有3个现代化养殖场,但其占地面积总共200多公顷,这对支撑一个未来鲜奶产能上10万吨、销售规模上百亿元的乳业龙头是远远不够的。

三是产业构成单一。牛奶属弱质性产业,抵御经济风险的能力相对较弱,因此,作为乳业集团,混业经营是必然的选择,这已为国内外多数乳业龙头的发展实践所验证。从首农集团和光明食品看,虽然它们在主导行业属性上都被归为乳业企业,但其作为核心主业的乳业收入仅分别占集团总收入的1/5和1/10,其他大部分收入来自相关的现代农业、食品加工、连锁零售、农产品批发、物流配送以及盈利能力较强的房地产、酒店业等。反观风行,虽名为集团,却只有乳业及少量的物业租赁,产业构成单一,主业占比超过集团六成以上,副业不足四成,很难对稳定乳业发展形成有力保障。

综上可见,风行发展集团目前虽然乳业规模不大,但养殖技术、产品质量和管理监控手段均处于全国行业领先水平,具有"小而专""小而精"的发展特征。广州确立的新食品安全战略,既要有"量",更要有"质"。目前,广州固然在牛奶的"量"上缺口很大,但"质"的安全更不容忽视。而风行牛奶代表了品质和信誉,选择风行乳业进行扶持做大也就意味着在质量安全可控的前提下去达成全市牛奶的自给率目标。

四、广州实现牛奶战略目标的差距、条件和路径

(一)达到预定目标的差距分析——兼从"北上广"角度比较

根据广州市食品安全战略的要求,广州确定牛奶的发展目标是自给率达到70%,我们需要了解和把握这一目标的内涵及现存差距的状况。

1. **生鲜奶自给率现状：仅接近30%**

穗府办【2013】21号文确定的目标是到2016年奶品自给率达到70%，这里的"奶品"从文件主题"菜篮子"可以看出应该是属于第一产业或农产品的概念，应该是指"鲜乳品"或"生鲜奶"。从北京、上海的情况看，由于首农集团和光明食品集团在当地乳业市场的绝对龙头地位，两市早已实现了乳品安全所必要的自给率目标。

那么，广州现状生鲜奶自给率与预定目标还有多大差距呢？我们知道，广州2012年自产生鲜奶约6.1万吨；同时，我们从中国奶业协会发布的《中国奶业统计摘要2013》可以查到，广州2012年人均鲜奶消费量为12.76千克，按照1600万实际管理人口计，年需求总量约为21万吨。这样，我们可计算出广州现状生鲜奶自给率为29%，这与70%的自给率目标尚有40个百分点的差距。

2. **动态总需求量：供需缺口达19万吨**

要达到预定自给率目标，未来究竟需要新增多少生鲜奶产量，这需要从动态发展的趋势加以估算。由于未来3～5年广州的实际管理人口还会增加，而人均鲜奶消费量也会进一步提升，因此，未来总需求量及供需缺口的估算还必须考虑以下两大因素的变动。

一是实际管理总人口。根据市公安局统计，2012年，广州实际管理总人口约为1600万人，其中常住人口1300万，暂住登记及流动人口300多万。根据广州城市扩展的规划（即2+3+9）和近几年人口增长的趋势，我们预计2020年广州实际管理总人口将达1800万左右。

二是人均鲜奶消费量。随着居民收入的不断提高和城市化的进一步推进，人均鲜奶消费量水平必然进一步提升。此外，生产规模扩大，也将引致奶价回落从而刺激更多的购奶消费。2012年，广州年人均鲜奶消费量仅为12.76千克，在全国36个大中城市中居于后列，这固然与地域饮食习惯有关，但更大程度上是与牛奶生产供应量不足有关。其实，与广州大致处于同纬度的福州年人均鲜奶消费量为20.6千克、南宁为15.79千克、昆明为20.36千克，即使同纬度的台湾、香港均超过30千克，而北京、上海均超过20千克，经济收入水平较低的重庆也达到了18千克。可以认为，广州人均鲜奶消费量偏低，主要与本地牛奶产量偏低从而导致人均占有量较低、奶价偏高有关。我们看到，与国内主要城市相比，广州人均鲜奶消费量与人均生鲜奶占有量的比值是最高的（见表10），这表明其供求缺口是最大的。因此，比照全国主要城市的标准并考虑饮食习惯、经济水平等因素，在保障供应的情况下，未来广州年人均鲜奶需求达 20 千克应是一个保守估计的水平。

据此，按全市远期 1800 万实际管理人口和人均 20 千克鲜奶消费量计，广州届时全年生鲜奶需求总量应达 36 万吨，若按照 70% 的自给率要求，广州应自产 25 万吨左右，而目前本市实际自产量仅为 6.1 万吨，供需缺口约 19 万吨，这就是广州本土国有乳业龙头未来的使命和潜力所在。

表10 京、沪、穗人均鲜奶占有量与消费量比较

	北京	上海	广州
人均鲜奶消费量（千克）	22.81	23.82	12.76
人均生鲜奶占有量（千克）	31.70	12.40	3.81
消费量/占有量	0.72	1.92	3.35

3. 奶牛存栏量：需增加存栏 4 万头

目前，广州辖区范围内奶牛存栏总数约为 1.9 万头，可提供生鲜奶 6.1 万吨/年。我国南方是奶牛养殖集约化程度最高的地区，约有 90% 的牧场为存栏 100 头以上的规模化牧场，散养奶牛主要为奶水牛。因华南地区处于高温、高湿的热带、亚热带地区，奶牛热应激较为严重，因此，平均单产水平处于较低水平，仅为 4.8 吨/年。自 1985 年投产以来，风行发展集团的养殖水平一直处于华南地区的领先地位，迄今为止，风行发展集团仍是广州辖区内养殖效率最高的企业，同时在华南地区仍保持着最高养殖水平。先进的饲养技术及管理模式，使其成年母牛单产平均达到 7.3 吨/年。2013 年，该公司 7000 头奶牛（一般情况下，自繁自养牧场成年母牛存栏比例占总存栏的 50%~60%，该司成年母牛占总存栏的 55%）生产了 3.3 万吨生鲜奶，其中，2.7 万吨为自产，0.6 万吨源于其带动管理的牧场。若按广东省奶牛平均单产为 4.8 吨/年的生产水平计算，每万吨生鲜奶约需 2100 头成年母牛，按照 55% 的成年母牛存栏比例，每万吨奶牛需要增加奶牛存栏 3800 多头，那么，广州市 19 万吨的生鲜奶缺口将需要增加奶牛存栏 7 万多头，由于新建牧场生产水平一般相对较低，每万吨生鲜奶所需奶牛将会更多。

但是，经该司多年的积累和总结，下属珠江牧场已达 8.8 吨/年和全司奶牛平均单产达 7.3 吨/年的高单产水平，并且养殖技术水平仍在不断提升，奶牛单

产仍在逐年提高，未来其全部新建牧场投产之初单产即可维持4.5吨/年以上生鲜奶。因风行发展集团已具备了快速提高奶牛单产的养殖技术，新建牧场奶牛平均单产水平可在几年内突破7吨/年，并可达到8吨/年的单产水平，同时也可将成年母牛存栏比例提高到60%，届时，广州市19万吨的生鲜奶缺口可在风行发展集团增加奶牛存栏4万头的基础上得以填补。

从北京、上海的经验看，两地政府虽没有确定一个自给率目标（因为这一目标早已实现，已无意义），但却在牛奶存栏上都确定了一个最低保有量标准，然后在这个底线范围内，让国有乳业龙头作为主要支撑，全力保障市内生鲜奶供应的安全。如上海市确定的奶牛存栏最低保有量是6万头。其中光明食品集团一家即承担6万头，北京市确定的最低保有量是7万头，首农集团也基本全数承担，以此保障全市生鲜奶供应。这一做法值得广州借鉴。

4. 小结

综合以上，我们可以总结一下广州乳业现状水平与预定目标之间的差距状况（见表11）。

表11 广州乳业现状发展水平与预定目标之间的差距

	现状水平	预定目标	存在差距
生鲜奶自给率（%）	29	70	41
本地生鲜奶生产量（万吨）	6.1	25	19
年人均鲜奶消费量（千克）	12.76	20	7.24
需奶牛存栏数（万头）	1.9	5.9	4

注：以上估算均假定未来新增产能完全按风行乳业的生产率标准加以实施。

（二）实施条件与路径

从牛奶安全战略看，广州最终要稳妥顺利地完成生鲜奶自给率70%的战略目标，结合现状基础及行业发展趋势看，我们认为可以分两步实施（见表12）。

第一步：2016年生鲜奶自给率达50%。欲达此目标，需本地企业提供生鲜奶总产量达14万吨，即新增生鲜奶产量8万吨，若按照风行发展集团奶牛平均单产7.3吨/年的生产力水平，这需要全市养殖存栏总数达3.9万头左右，新增2万头。

第二步：2020年生鲜奶自给率达70%。欲达此目标，需本地企业提供生鲜奶总产量达25万吨，即新增生鲜奶产量19万吨。若按照风行发展集团的生产力水平，这需要全市养殖存栏总数达5.9万头左右，在2016年奶牛存栏数的基础上再增加2万头。

表12 广州实现生鲜奶70%自给率目标规划

时间（年）	全市生鲜奶自给率（％）	年全市生鲜奶产量（万吨）	需全市奶牛存栏量（万头）	需新增产能（万吨）	需全市新增奶牛存栏量（万头）
2013	30	6	约1.9	——	——
2016	50	14	约3.9	8	约2
2020	70	25	约5.9	19	约4

注：以上规划假定到2016年人均鲜奶消费量上升到15千克，实际管理人口1700万人；到2020年上升到20千克，实际管理人口1800万人。

从前面的分析论证看，广州要完成牛奶安全战略的目标，必须依赖国有龙头企业的强大支撑力和执行力，这是大的战略思路。而具体到上述"两步走"规划目标能否顺利实现，关键还要看广州乳业面临的外部环境、资源支撑力以及本地乳业龙头是否具有承担实施的基础及能力。

首先，从牛奶业面临的外部环境看，广州实施牛奶战略及扩大产能可谓恰逢其时：一是国内一连串乳品安全事件后掀起了全国范围内的并购浪潮，这给拥有品牌、质量、技术管理优势的广州乳业龙头向外扩张并购提供了绝佳的发展机遇。二是广州人均GDP已接近2万美元，呈现出较明显的消费升级趋势，包括对高品质鲜奶产品的需求剧增。然而，由于本地产能不足、价格偏高等因素的制约，广州人均鲜奶消费量严重偏低，这反过来给本土乳品业的发展提供了有力的市场支撑。三是政府从最高施政层面确立了以"菜篮子"为重点的食品安全战略，对乳业的发展予以政策上的明确支持。

其次，从养殖场地资源的支撑力看，广州地区养牛容量充足。牛奶自给率必须主要依赖在本市或其附近地区进行奶牛养殖，因为这涉及生鲜奶运输的有效半径。根据我们赴省奶协和市农业局调研的结果看，广州地处热带雨林地区，拥有天然良好的林业条件，林地、草坡、农用地资源相对丰裕，加之现代养殖技术和模式日益成熟，环境污染控制技术不断提高。在此情况下，经省权威专家陈三有教授估算，以广州现有适用林地资源及生态环境承载力状况，广州地区奶牛养殖存栏总量可达5万头，而极限值是8万头。也就是说，在不影响生态环境或在环境污染可控的条件下，广州地区在现有存栏1.9万头基础上再增加养牛3万头是不会有太大问题的，关键是合理的选址。这增加的3万头奶牛若在规模化养殖模式下将很大程度上弥补19万吨的自产缺口。

最后，从本地乳业龙头的基础和能力看，依靠风行发展集团支撑全市牛奶战略具有较高保障度和可行性。

风行发展集团龙头实力强。作为国有乳业龙头，风行目前规模虽然不大，但其乳品质量和经济效益优良，养殖技术处于全国领先水平，企业经营管理能力较强。

风行发展集团制定了与市级战略相吻合的战略扩张计划。在剥离了不良资产及无关副业后，正处于主导产业集中爆发的重要阶段，结合"海丝之路"建设、打造"广州标准"等市级重大战略，集团制定了具有切实可行的战略推进计划——《风行发展集团乳业发展规划（2014—2025年）》，该规划明确提出：到2017年奶牛存栏将达3万头，生鲜奶产量12万吨；到2020年奶牛存栏将达5万头，鲜奶产能25万吨（见表13）。与表12对比可以看出，集团乳业发展规划与广州牛奶"两步走"规划目标高度吻合，并且已具有部分前期推进和今后拟推进重大储备项目的有力支撑。虽然风行在奶牛养殖上必然实行市内、市外相并举，但鉴于运输半径的原因，其在初期必定是以市内及附近地区为主的。因此，集团乳业发展新规划的实施，必将有力保障和支撑全市牛奶战略目标的实现。

风行发展集团具有较强的投融资能力。风行发展集团要主要承担牛奶自给率的产能缺口，需投入大量资金。按照前述规划，到2016年，全市将新增生鲜奶8万吨，按单产7.5吨计算，新增奶牛存栏2万头（其中成年母牛比例约占55%），需投入资金9亿元（按4.5万/头计算）；到2020年，全市将新增生鲜奶19万吨，按单产8.5吨计算，新增奶牛存栏4万头（其中成年母牛比例约占55%），需投入资金18亿元（按4.5万/头计算）。风行发展集团目前若按照市政府酒店用地收储计划安排，将可获得9亿元左右的资金，这是保障产能扩张到预定目标的自有资本金，剩余近10亿元资金则可考虑由市财政＋市场融资相结合的方式加以解决。

表13 风行乳业发展规划目标（2014—2025）

年度	2013年	2017年	2020年	2025年
奶牛存栏（万头）	0.6155	3	5	10
生鲜奶（万吨）	3.3	12	25	50
液态奶（万吨）	4.8	20	50	100
巴氏奶（万吨）	1.65	10.3	25.75	50
UHT奶（万吨）	2.87	7.9	19.75	40
酸奶（万吨）	0.28	1.8	4.5	10
种牛（头）	0	6400	16000	32000
冻精（剂）	0	1000000	1600000	3200000
良种胚胎（枚）	0	10000	15000	20000
性控冻精（剂）	0	10000	20000	50000

下一步，广州市政府应鼓励和扶持风行发展集团围绕业已确立的"推进双百工程，打造百亿风行梦"的战略目标，分别从市内推进资源整合重组、省内重点并购中小乳企、国内及境外实施战略合作等三大层面，制定实施路线图。主要实施路径及措施如下：

1. 增建养殖基地

针对我市土地资源缺乏的情况，争取市政府支持，充分利用市属林场划拨或盘活其他闲置土地，扩大养殖基地。同时，在粤东西北，选择有条件的地区布设新的养殖基地（如河源、梅州、韶关、湛江等），通过输出资本、技术、管理、人才等要素，采取与当地民营牧场合作或直接租赁林地的方式，扩大饲养规模。

2. 挖潜现有牧场

对现有市内三大养殖场进一步挖掘潜力，通过养殖与管理模式的改进，实施精细化操作，争取将奶牛存栏规模扩大15%左右。同时，继续提高养殖技术，通过品种改良和创新饲养技术并加以推广，进一步提高奶牛单产水平，争取将集团所辖，母牛单产全部提升到珠江奶牛场的水平。

3. 加快内外并购

通过洽商，加快并购或重组省内部分拥有奶源的中小乳企；争取市政府支持，实施"大食品板块"战略，力争将部分市级中小国有性质的农业企业合并到风行发展集团中，以壮大集团实力。

4. 开展对外合作

加强与国内大型乳业龙头的合作或合资经营，利用集团的技术、管理和销售网络进行战略性投资，积极抢占优质奶源。同时，加快落实"海丝之路"建设战略，继续与澳大利亚、波兰、新西兰等"海丝之路"沿线潜在投资国的相关企业接洽协商，积极走出去，争取在海外并购与资源合作方面实现零的突破。

五、北京、上海对本地乳业的政策扶持不遗余力

通过对国内主要城市尤其是北京、上海当地国有乳业龙头的走访和交流，我们深深地感受到，虽然当地没有提出明确的食品安全战略，但当地政府对本土国有乳业的政策扶持可谓不遗余力，主要表现在：

（一）用地政策

土地资源是企业发展的命脉，北京、上海市政府在企业用地上均强力支持。一是给企业留下充足的土地资源。首农集团自改革开放以来经历了四次大的重组，但无论企业如何变动，当地政府把历史上形成的37个乡镇、几乎所有创办的下属企业以及几乎所有的国有土地都留归集团所用，特别是在1998年正式实施国有资产授权经营后，政府更明确集团土地"只增不减"。光明食品在历次变革重组中，其国有土地也是毫发无损，迄今为止，市政府仍为集团留下了600多平方公里（100多万亩）的土地资源，约占整个上海市总面积的1/10。充足的自有土地使两大龙头能在本市内保留较多的奶牛存栏，如首农90%、光明50%以上的奶牛存栏是在本市辖区内。二是征地补偿高。农垦企业下属一般拥有若干乡镇，其后来转居时这些国有土地大多被征用。与广州过去成建制地划拨出去不同，北京对首农土地征用明确提出"征地补偿价格不低于村集体征地补偿标准"，且土地征用后所得价款，不用上缴土地增值税。三是土地转用灵活。通过"自主申报、政府筛选"的方式，京沪两地政府均允许企业利用自有土地建设自住型保障房①，上海甚至同意光明集团在建设保障房项目时允许留出一定比例的商品房出售，从而有效盘活了集团下属的闲置农地。四是实施项目用地定向优

---

① 北京市自住型商品房竞标公告规定："利用自有用地向社会建设提供自住型商品住房项目的北京市属国有企业或与之组成的联合体，在取得北京市人民政府国有资产监督管理委员会出具的投标资格认定意见后，可参与投标。"

惠。光明食品在上海马桥工业园投资建设光明乳业项目时，当地政府对其用地实施定向招拍挂，项目用地价格仅为市场价的60%；首农集团在河北投资建设新乳品工厂时，经农垦局与当地政府洽商后也是实施"零地价"供地。

（二）财政政策

在明确农业基础保障功能的定位基础上，两地政府针对国有乳业龙头的财政支持也是十分"给力"的。首农集团属下三元股份计划全力打造三元"民族第一品牌"，计划定向募集资金40亿元扩大公司乳粉产能。为此，北京市财政一次性直接注入10亿元给三元股份，为三元的对外收购及扩张输血。这一举动立刻带来示范效应，拉动了外部资源的大力投入，随后，上海复星国际立即跟随投入20亿元入股三元，有效支撑了集团的战略发展。而就上海光明食品而言，通过年度项目报批，市财政每年以专项等形式扶持集团的农业板块，由此每年可获得市财政约5亿元的资金支持，并直接打入集团设立的财政资金专户中。此外，对于企业申报成功的国家级农业项目，当地市财政也通常按最高标准适时足额地进行资金配套。比较而言，风行发展集团从市财政获得的资金支持可谓微不足道，特别是在针对农业扶持的两大资金专项上，即农业龙头企业贷款贴息和农业产业化项目建设补助（以奖代补），风行很难获得资金支持。

（三）并购政策

在推动企业发展的政策导向和管理理念上，北京、上海两地政府对国有乳业龙头总体上抱持"放、扶、导"的管理理念，以市场化为基本原则，实施较为宽松的政策，尽量减少不适当的行政干预。在涉及企业并购重组的重大行动上，大多以乳业为核心，以壮大企业为导向，引导同类资源或相关多元化企业向龙头企业归并。比如，北京首农集团是在市政府主导和推动下，以三元乳业集团为核心，将国资委属下的华都集团、大发畜产公司两家企业的核心资产合并到三元集团中，成立了以乳业为核心的实力强大的首农集团。而上海对光明集团的并购支持与首农集团如出一辙。中国"入世"后，为应对外资巨头的强力竞争，上海市政府先后将市糖酒公司、米业公司合并到当时的上海农工商集团（即现在的光明食品集团）中，以优化产业链，壮大企业规模，提高抵御风险能力。2014年初，上海市国资委在发布新一轮国资改革20条意见后，又吹响了重组的号角，正式宣布将上海蔬菜集团整建制并入光明食品集团中。光明食品集团原本的定位就是以食品产业链为核心的国资平台，此前已拥有包括乳业、大米、猪肉、蜂蜜、黄酒在内的多种食品种类，如今将上海蔬菜集团打包并入，这一方面扩充了光明集团的业务板块，另一方面也显示了市府高层进一步加固光明在上海地区食品、农业板块核心龙头地位的战略决心。

（四）养殖政策

养殖环节是乳业发展的关键，这一环节体现了技术和风险密集的产业弱质性特征，故而往往成为政策扶持的重点。北京、上海不仅对奶牛养殖链条的补贴名目多，而且配套标准高，这是广州难以比拟的。例如，在规模养殖场建设上，北京、上海均严格落实对规模场的扶持奖励政策，而广州无此奖励政策；在购牛补贴上，北京、上海均执行国家的最高标准5000元/头，而广州无此项补贴；良种补贴除国家支持外，要求地方配套30元/头，北京、上海均严格执行，但广州的标准低于此规定；对病牛处理，北京、上海均按国家规定的最高标准5000元/头执行，而广州无此项补贴。此外，北京在辖区内特定区域设立奶牛养殖保护区，而广州及各区县是大规模设置"禁养区"。

（五）规划政策

无论北京还是上海，其城市规划或土地总规编制若涉及首农或者光明集团下属土地的，其用地性质改变时，一般都必须征得集团的同意。此外，在近期国家发改委编制的《京津冀一体化发展规划》征求意见稿中，明确北京在食品行业的其他品种上都要适度缩减而外迁周边地区，唯独明确乳业项目不能减少或外迁。这些规划政策或做法有效保护了当地乳企龙头的经济利益。

结合以上两市支持乳业龙头发展的政策经验，我们将广州与之进行比较后可以看出，广州市政府在扶持本地乳业发展尤其是乳企龙头企业的政策力度上与京沪两市存在较大差距（见表14）。

表14 京、沪、穗对本地国有乳企龙头扶持政策力度的比较

	北京	上海	广州
土地政策	1. 市政府明确首农所有国有土地原则上都留归集团所用，自有土地资源充裕 2. 政府明确乳业用地"只增不减" 3. 政府在处置征用首农下属农场时，明确"征地补偿价格不低于村集体征地补偿标准" 4. 政府允许企业利用自有土地建设保障房	1. 市政府为集团发展留下了600多平方公里的土地资源 2. 政府允许企业利用自有土地承建保障房，且在建设保障房项目时允许留出一定比例作商品房出售 3. 上海闵行区政府对光明乳业项目用地实施定向招拍挂，项目用地价格仅为市场价的60%	1. 市政府留归风行发展集团使用的国有土地大幅减少九成以上 2. 政府在处置广州农工商下属六大国营农场、26个自然村时，基本采取成建制划拨的方式，没有给予补偿，但债务却由市农工商承担
财政政策	1. 2013年，三元乳业定向募集资金40亿元打造"三元"品牌，市财政一次性拨给10亿元作资本金 2. 每年获国有资本经营预算收入对乳业的资本金支持，额度逐年增加	通过年度项目报批，光明集团每年可获得市财政约5亿元资金支持	很少能获得广州市农业龙头企业贷款贴息和农业产业化项目建设补助
资产重组政策	1. 以做大乳业为目标，以三元集团为核心，将国资委属下的华都集团、大发畜产公司两家企业的核心资产合并到三元集团中 2. 将河北三鹿集团划归首农集团管理	1. 2001年，政府将市糖酒公司、米业公司合并到当时的上海农工商集团 2. 2014年，市政府又宣布将上海蔬菜集团整建制并入光明食品集团	1. 政府先后将珠江啤酒、白云山制药、华凌冰箱、九佛、白云粘胶等企业从农工商剥离 2. 2014年，再度将风行发展集团下属花城、东康制药企业划出

续上表

	北京	上海	广州
国家支农惠农政策的配套	1. 购牛补贴：执行国家最高标准5000元/头 2. 良种补贴：地方配套30元/头 3. 疫病处理：按国家规定的最高标准5000元/头执行 4. 设施补贴：标准较高 5. 规模化牧场奖励：全面落实扶持奖励政策	1. 购牛补贴：执行国家最高标准5000元/头 2. 良种补贴：地方配套30元/头 3. 疫病处理：按国家规定的最高标准5000元/头执行 4. 设施补贴：标准较高 5. 规模化牧场奖励：落实扶持奖励政策	1. 购牛补贴：广州无此项补贴 2. 良种补贴：低于国家标准 3. 疫病处理：未落实扶持奖励政策 4. 设施补贴：标准较低 5. 规模化牧场奖励：未落实扶持奖励政策
其他政策导向	1. 划定养殖保护区 2. 市土地利用总规修编若涉及首农土地性质改变时，一般会征询集团意见 3. 制定生鲜奶保护价政策，避免奶贱伤农，引起生鲜奶供应过度波动	1. 按《上海市畜禽养殖管理办法》，将本市畜禽养殖分为禁止养殖区、控制养殖区和适度养殖区 2. 市土地利用总规修编若涉及光明集团用地性质改变时，一般会征询集团意见 3. 以发改委牵头制定了生鲜奶收购保护价机制	1. 番禺、增城等区（县）纷纷划设畜禽禁养区 2. 市土地利用总规修编涉及市农工商用地时，不会征询集团意见 3. 完全市场调节，没有制定生鲜奶保护价政策

六、广州市加大扶持乳业及国有乳业龙头的政策建议

乳业是典型的弱质性及民生必需品产业，又在近期被纳入了广州市食品安全战略的重点，因此，政府应从战略高度加大对该产业发展尤其是国有龙头乳企的政策扶持力度。但从广州目前面临的环境和条件看，加大该产业的政策支持在实践中也面临不少障碍。例如，当前深化改革的总体导向是对所有企业实行统一的国民待遇，近年来，社会上对政府不断加大对国企过度保护与扶持的质疑越来越

多，减少垄断及特惠政策的呼声也越来越高；亚运会后，广州市政府债务压力较大，截至 2013 年 6 月，广州市政府债务余额是 2593 亿元，每年用于还本付息约 200 亿元，这必对其财政进一步加大支持农业形成较大制约；国家取消农业税对农业企业的异地扩张具有"双刃剑"效应，尤其给效益较低的奶牛养殖业带来了较大困扰。此外，广州各级政府对支持经济效益不高的牛奶业发展普遍不重视，由此造成奶牛养殖用地资源日益紧缺甚至缩减等，以上种种都构成了我市加大扶持乳业发展的障碍。

根据广州市食品安全战略的目标要求，依据乳业和国有乳业龙头企业的发展定位，参照北京、上海等地扶持乳业发展的经验，结合自有资源状况，建议市政府从以下几个方面加大对乳业及风行发展集团的政策支持。

（一）加大落实国家支农强农政策，规划设立广州养殖保护区

目前，国家对奶牛养殖各环节制定了较为完善的扶持体系，但就广州而言，由于各区对效益不高的奶牛养殖普遍持消极态度，因此对落实国家有关支农强农政策不到位。为推动广州乳业的发展，顺利完成食品安全战略的目标，广州必须加大落实国家有关支农强农政策。

一是加大落实国家奶牛养殖政策配套。目前，广州对于国家养牛政策的配套，除执行对母牛每头 30 元的补助外，基本没有其他相应政策配套。建议我市参照北京、上海市贯彻落实国家乳业发展的支农政策标准，完善对购牛、新建牧场设施、养殖场沼气工程建设、学生奶基地建设、良繁母牛、规模场的扶持等各种政策补贴与奖励政策，补上奶牛养殖业政策补贴的"短腿"，使奶牛养殖业发展能与广州的城市地位相适应，达到国内先进城市的水平。

二是从城市规划层面划定养殖保护区。为贯彻落实市委十届四次全会关于抓好十大产业项目的部署和要求，打造以风行发展集团为核心的现代农业战略性发展平台，希望广州市政府组织有关部门，划定约 2 万亩土地为养殖保护区，予以长期保护，以实现乳业的稳定及可持续发展。

三是提高对农业龙头企业贷款贴息补贴比例。为更好地发挥农业龙头企业对广州乳品安全的保障功能，应参照国家有关标准，进一步提高贷款贴息补贴比例，建议从目前贷款贴息补贴 30% 左右提高到 80% 以上，以有效缓解信贷投放收紧政策环境下农业企业贷款难、融资成本高的瓶颈制约。

（二）进一步细化牛奶自给率战略，明确提出全市最低存栏保有量标准

要实现生鲜奶自给率目标，首要前提是在本市范围内养殖必要底线的奶牛数，也就是要具有奶牛存栏的最低保有量。北京、上海实际管理人口均超过2000多万，它们在前几年确立的最低存栏保有量分别为7万头和6万头。考虑到广州实际管理人口将可达1800万人及人均鲜奶消费量适当增长的因素，省奶协编制的《广东省畜牧业转型升级发展规划》初步提出广州到2020年奶牛存栏最低保有量应达5万头的目标建议。根据广州生态承载及牛奶自给率战略的要求判断，5万头的底线保有量是基本合理的，也是十分必要的。为此，我们进一步提出如下建议。

第一，由广州市发改委牵头组织市农业局、市奶协、风行发展集团等编制全市奶业发展中长期规划，进一步细化牛奶自给率战略，明确将奶牛存栏最低保有量5万头目标要求正式纳入上述发展规划及政府工作报告等文件中。

第二，配套建立奶牛养殖存栏保有量动态调整及监督考核机制，以确保牛奶战略预定目标的顺利达成。

（三）适量划拨市属林场资源，多途径解决风行奶牛养殖用地

为实现市政府提出生鲜奶自给率70%的目标，完成本市内奶牛存栏最低保有量5万头的发展目标，必须着力扶持和扩大乳业龙头风行发展集团的奶牛养殖用地。从我们调研结果来看，广州奶牛养殖未来扩展潜力主要集中在北部增城、从化和南部南沙地区。从化、增城等国有林场林地资源较充裕，南沙16涌以南主要为尚未做出用地定性的围垦地，都是我市扩大本土奶牛养殖的潜力区域。综合以上分析，建议我市从以下三个途径解决未来奶牛养殖场扩展用地问题。

一是划拨或共同开发国有林场资源建设新牧场。目前，广州市有若干个国有林场，大部分分布在东北部地区。由于集体及个人林地征用难度大，成本高，因而，扩大奶牛养殖规模必须在国有林场上动脑筋、想办法。希望市政府出面整合协调国有林场资源，将现有国有林场适合饲养奶牛的地块划拨风行发展集团用作养殖基地，并可考虑与林业部门合作，以"奶牛养殖＋林下经济＋生态保护"的模式，有效扩大自有奶牛养殖场规模。

二是划拨南沙16涌以南围垦地用作牧场建设。为大幅增加奶牛存栏量，希望市政府出面协调将南沙16涌以南的围垦地划拨风行发展集团用作牧场，并以

海滨森林公园的模式（如上海光明海滨公园）进行开发。南沙16涌以南至19涌围垦地土地资源平整，水源充足，地上附着物不多，是建设牧场的最优区域选择。建议借鉴上海光明集团在奉贤建设海湾森林公园的经验，风行集团可采取"森林公园＋观光型养殖场"的模式，以奶牛养殖场为核心，周边建设大片森林，大规模增加林木蓄积量和绿地面积，构建南沙生态园，结合南沙已建成的百万葵园和湿地公园，打造广州南部新旅游观光线路，形成养殖、生态与旅游有机融合的都市农业新模式。

三是推动农业产业结构调整，挖掘牧场用地。目前，在广州六大类副食品供应中，蔬菜自给率最高，据初步估算已达近120%，可谓供应有余。为此，建议我市推动农业内部产业结构调整，在不改变土地性质的条件下，把部分不适于蔬菜种植用地，调转为奶牛养殖业用地。

（四）加大对乳业龙头的财政扶持，多途径支持风行乳业扩能

党的十八大关于深化改革的决定第6条明确提出："准确界定不同国有企业功能，国有资本应加大对公益性国有企业的投入，使其在提供公共服务方面做出更大贡献。"为确保完成牛奶自给目标，建议我市借鉴北京、上海相关政策经验，加大对本地乳业龙头风行发展集团的财政扶持，以支持其扩能计划。

一是实施对集团土地收储的合理补偿方式。对于市政府目前正在收储的风行发展集团所属酒店地块（滨江东12号），建议市政府在给予集团补偿时，能够以等额资本金投入企业的方式予以补偿。

二是设立市级乳业发展扶持资金。建议我市利用国有资本经营预算收入设立乳业发展扶持资金，初定1亿元/年，期限为2015年起连续5年，专项用于支持乳品行业的品种改良、基地扩建、电商发展、冷链物流等，重点支持国家级良种奶牛繁殖基地——国家华南亚热带良种奶牛繁育中心的建设。

三是建立"菜篮子"工程区级政府财政转移支付机制。由于奶牛养殖业既需要占用一定的土地资源，又会对当地生态环境产生一定影响，奶牛养殖场所在行政区为广州市乳品安全做出了贡献和牺牲，其他行政区享用了充足、高品质的乳品安全，按照"生态环境服务受益者付费，生态环境服务提供者得到补偿"的原则，建议广州市没有设立奶牛养殖场的行政区向奶牛养殖场所在行政区每年按奶牛存栏头数进行财政转移支付，以体现民生基本品产业发展的公共性和公平性。

四是加大乳业发展项目的地方资金配套力度。从扶优、扶强的角度出发，建

议市政府加大对乳业龙头企业养殖项目特别是规模场的奖励扶持力度。同时，对于风行发展集团争取到的国家、省级重点乳业项目，地方政府配套资金能够及时、足额到位，在确保项目早日见成效的同时，强化对乳品安全的政策导向。

五是征收针对企业的生态环境治理费。对风行发展集团以后陆续计划在广州市北部或南部区域新建的规模化养殖基地，坚持环境付费原则，按照建设新牧场总投资额的1%，一次性征收环境建设治理费用给当地政府，以弥补奶牛养殖基地对当地环境的损耗，以及消除农业税免征后地方政府不愿意引进农业企业的顾虑。

（五）鼓励乳业龙头混业经营，实现风行"以主拓副、以副稳主"的良性循环

农业本身是弱质产业，需要以多元化经营弥补收益较低的产业门类。北京首都农业集团有限公司业务范围涵盖畜禽良种繁育、养殖、食品加工、生物制药、物产物流等多个板块，业已形成从田间到餐桌的完整产业链条，拥有5家国家级重点农业产业化龙头企业和5个中国驰名商标，3个中国名牌及一批著名商标。境外企业3家，国有及控股企业45家，中外合资合作企业31家。而上海光明食品（集团）有限公司更是集现代农业、食品加工制造以及食品分销于一体，有"9+1"核心业务，即乳业、糖业、酒业、品牌代理业、连锁零售业、综合食品制造业、商业房地产业、现代物流业、现代农业及金融服务业。目前，广州风行发展集团制药、酒店业等板块相继被剥离出去，只剩下奶牛养殖及乳业加工。建议广州市政府鼓励风行发展集团坚持走混业经营道路，引导实施多元发展。

一是鼓励风行发展集团形成具有完整都市农业的产业链条，发展成为以乳业为核心的综合性食品集团。希望能够在并购蔬菜、猪肉、粮油等业务的基础上，实现都市农业全产业链经营。建议市政府积极支持风行发展集团实现都市农业全产业链构想，在稳定乳业发展的基础上，向蔬菜、猪肉、粮油等领域拓展和延伸产业链，形成具有行业领导力和品牌竞争力的都市型现代农业集团。鼓励支持风行发展集团在绿色产品超市领域拓展，有效实现农超对接。借鉴北京、上海经验，依托风行发展集团业已形成的牛奶制品连锁零售网络，增加蔬菜、猪肉、粮油等经营品种，把风行牛奶专营店打造成有广州特色的有机和无公害绿色产品专营超市，让市民吃上放心肉、放心菜、放心奶。

二是支持风行发展集团构建乳业的冷链物流系统。鉴于生鲜牛奶易变质、不宜长期贮藏、运输半径不能太长的特点，风行发展集团奶牛养殖场规模扩大后，

生鲜奶生产量会持续增加，为使生鲜奶能够在最短时间内运送到各个乳业生产基地，希望市政府用财政资金支持风行发展集团建设快捷的冷链物流系统，根据实际产销状况放开运量限制，不设上限，鼓励多产多销。

（六）支持风行发展集团加快并购和"走出去"，促进企业做大做强

广东省及广州市关于贯彻落实党的十八深化改革的意见明确指出："优化国有资本投向与结构，建立有进有退的国有资本流转机制，推进资产同质、经营同类、产业关联的国有资产开放性重组。"从保民生、保"菜篮子"、保食品安全的战略高度出发，借鉴北京扶持首农集团、上海扶持光明集团的成功经验与做法，广州应加大支持风行发展集团并购与"走出去"。

一是按"大食品板块"的目标推进以风行乳业为核心的国有资产重组。参照上海、北京的政策经验与做法，在剥离风行发展集团下属无关副业的同时，支持集团以乳业为核心加快并购相关行业和企业。初步建议市政府将广州副食品企业集团有限公司、广州蔬菜果品企业集团有限公司、广州食品企业集团有限公司、广州皇上皇集团有限公司的属下有关企业，以及广州市畜牧总公司重新组合成一个"大食品板块"，划归风行发展集团，以支持优质国有乳企做大做强。

二是积极支持风行乳业"走出去"。利用当前我国及广州大力推进"海上丝绸之路"战略，积极推动本土国有龙头企业国际化进程。建议市政府大力支持风行发展集团"走出去"，加快与澳大利亚和波兰乳企合作，利用合作方的乳品资源优势，采取OEM（贴牌）形式扩大风行发展集团生产规模。同时，支持风行发展集团向"海丝之路"沿线国家进行战略性投资布点。

（七）实施品牌和标准化战略，着力打造乳业"广州标准"

"三鹿奶粉事件"后，城市型乳业发展面临着新的机遇与挑战，要确保乳业食品安全，除加强市场监管外，必须大力实施品牌和标准化战略，积极打造和推广乳业"广州标准"，扩大优质乳品的市场空间，建设生态养殖示范基地，以"标准化"战略提升广州乳业及风行发展集团的市场竞争力。

一是鼓励推动风行发展集团牵头制定乳品行业"广州标准"。为保障广州乳业食品安全，参照国家乳业行业标准由国内大型乳业龙头企业伊利、蒙牛参与制定的做法，建议广州市乳业行业标准由龙头企业风行发展集团牵头制定，但需要有行业乳业专家参与，最后由政府发布实施。在奶牛养殖技术、乳品生产、冷链

物流等方面推进标准化建设，保障乳业食品安全。

二是实施推广绿色生态养殖标准。为消除社会上对奶牛养殖造成环境污染的顾虑，减少奶牛养殖对当地生态环境的破坏，必须推广实施绿色生态养殖，建设规模化、生态化养殖示范基地，提高规模化养殖比例。风行生态奶牛养殖示范基地将按照"设计理念新颖、布局安排合理、工艺流程科学、防疫条件规范、生产管理标准、畜粪生态还田"的建设思路，走资源循环利用、生态畜牧业发展之路。基地牛粪将集中堆放，固液分离，分级发酵，并进行沼气发电，所发的电自用剩余后供给国家电网，达到节能环保的目的。广州应从政策导向上对此模式加以鼓励和推广。

三是积极推广风行牛奶的绿色品牌形象。风行发展集团是广州市学生饮用奶定点生产企业、广州市农业龙头企业及获得生产绿色食品资格的企业，集团乳品长期供应香港市场，是高品质乳品的代表，在乳业产业化进程中，始终坚持优质、安全、生态的发展方向，努力构建资源节约型、环境友好型的现代产业体系，着力打造"优质、高产、高效、生态、安全"的标准化奶源基地和乳品加工基地。近年来，风行发展集团紧跟低碳经济发展浪潮，致力于加强碳管理，是国内第一家拿到第三方认证的产品碳足迹审核报告及持有碳标签的乳制品企业，对比联合国食物及农业组织动物生产与健康部门的奶业温室气体排放报告结果，风行946ml巴氏杀菌鲜牛奶在牧场阶段的碳排放水平处于全球低排放阶梯。对于拥有如此高品质、生态、安全的乳业企业，广州市政府理应重点呵护，扶持其市场拓展计划，争取早日完成广州食品安全工程。

（课题组成员：李江涛　张强　郭艳华　陈旭佳）

广州市各区发展不平衡状况分析与对策思考

改革开放以来,广州经济发展取得了巨大成就,自 1989 年至今,经济总量始终保持全国第三的位置。然而,伴随着全市经济的高速发展,市内各区①间经济发展不平衡及差距扩大的问题也逐步显现。本报告旨在分析广州市各区发展不平衡的现状,揭示其主要形成原因,并提出若干对策建议。

一、各区发展不平衡状况

(一)经济总体规模不平衡

改革开放之初,近郊、外围区域经济基础良好,国内生产总值(GDP)普遍高于中心城区。随着改革开放不断深入,广州经济重心逐渐向中心城区转移,直至 2013 年,中心城区 GDP 已超越近郊、外围区域,达 1600 亿元。分阶段来看:

1978—1990 年间,广州积极响应国家大力发展工业的号召,作为工业相对集中区的近郊和远郊是全市的经济重心。中心城区经济虽然增速较快,但其经济总量依然落后于近郊和远郊区。1990 年,近郊和远郊区经济总量之和超过中心城区经济总量 9 亿元,仅番禺的 GDP 就已经占全市 GDP 的 26.5%(见附表 1)。

1990—1998 年间,近郊、外围区域作为全市经济重心的地位得到继续巩固,番禺、花都、增城等经济总量均突破百亿级大关,位居全市前三甲;相对落后的从化,其经济总量也突破了 50 亿元。中心城区除了白云区经济总量刚好达到百亿级、天河区突破 50 亿元之外,其他各区经济规模均较小(见附表 2)。

---

① 本报告中,在空间划分方面,中心城区主要是指越秀区(包括原东山区、越秀区)、荔湾区(包括原芳村区、荔湾区)、白云区(主要是其南部)、海珠区等 4 个老城区以及城市新中心天河区;近郊区是指番禺区、萝岗区、黄埔区、花都区(主要是其南部)、白云区北部等区域;远郊区是指花都区北部、从化市、增城市、南沙区等区域。根据历次行政区划调整,2000 年以前,市区是指除去增城市、从化市、番禺市、花都市以外的所有区域;2001 年以后,市区是指除去增城市、从化市以外的所有区域。在时间划分方面,改革开放以来,广州经济发展大致可以分为三个阶段,包括改革开放至 1990 年的起步阶段,1990 年至 20 世纪末期的快速发展阶段,以及新世纪以来的成长升级阶段。

2000年以来，中心城区GDP大幅提升，经济发展的领先优势持续凸显。2010年，天河区、越秀区的GDP均已经超过1500亿元，分别位居全市各区第一和第二位。近郊区的萝岗和番禺则突破1000亿元大关，分列全市各区第三和第四位。白云区则紧跟在番禺之后，两者经济发展基本上都处在同一水平。

到2013年，天河区、越秀区的GDP均已经超过2500亿元，两者经济总量就已占全市的33.5%。近郊区域中萝岗开发区的优势进一步显著，GDP逼近2000亿元，占全市12.3%。（如下图1、图2所示，具体数值见附表3、附表4）。中心城区占全市经济总量的比重为55.2%，与外围区的差距进一步拉大。

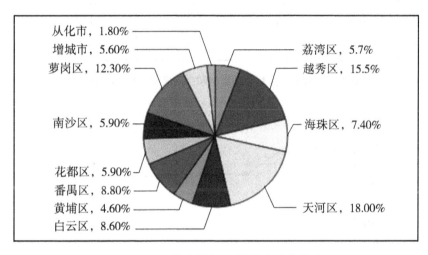

图1　2013年广州各区GDP占全市比重

总体来看，广州各区经济发展不平衡程度较高，赫芬达尔－赫希曼指数（HHI指数）显示，20世纪90年代前5年，各区经济发展不平衡程度增高，后5年各区经济发展不平衡程度有所降低；进入21世纪以来，广州各区经济发展不平衡差距较大但趋势平稳（如下图3）。

从中心城区与外围区域比较来看，改革开放至今，中心城区随着第三产业的发展而地位得到不断提高，其经济总量占全市比重已经超过50%，并有继续增加的趋势。外围区域随着第二产业在全市经济比重的下降而下降，其经济总量占全市比重已经低于50%，并有继续降低的趋势。萝岗迅速崛起并发展成为第三经济大区，为减缓中心城区和外围城区经济总量差距起到了重要支撑作用。

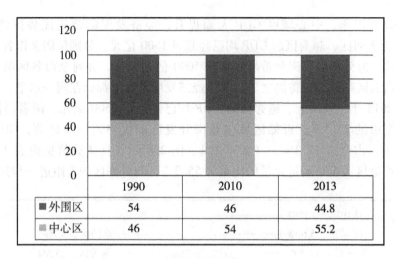

图2 不同时期广州中心城区和外围区 GDP 占全市比重

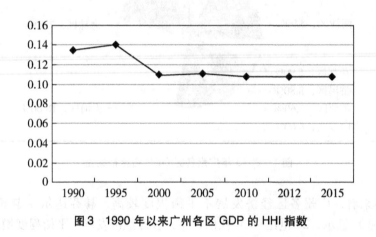

图3 1990年以来广州各区 GDP 的 HHI 指数

（二）经济发展速度不平衡

受到各方面因素的影响，广州各区经济发展速度在不同阶段表现出不同的特征。

1980—1990年间，近郊和外围区域经济增速稳定并略高于中心城区，中心城区内部各经济发展发生变化和波动。这一阶段，由于大力发展工业，广州产业结构呈现"二、三、一"发展态势。近郊和远郊地区因集聚较多工业资源而拥有较"快而稳"的经济发展速度，且经过前5年的积累，后5年的年均经济增长率普遍保持在22%以上。与此不同，中心城区各区经济增长速度表现则变化较大，芳村和白云经济增速在前5年经历较高发展水平之后陡然下降，海珠（1980年设区）、天河（1985年设区）、东山平均经济增速则相对稳定，并保持增速在20%左右。显然，中心城区内部经济增速表现不一与第三产业发展水平不同存在较大关系。

1990—2000年间，前5年广州各区都处于高速发展阶段，后5年各区经济增速进入调整回落阶段，且中心城区的调整幅度普遍大于近郊和远郊地区。1990—1995年，各区经济都快速增长，中心城区增速普遍高于30%，天河区达到61%，近郊、外围增速同样迅猛，黄埔、番禺、从化均接近40%，花都、增城也都接近50%。1995—2000年，各区增速回落，但近郊、远郊仍保持10%以上的增速。这一阶段的前5年全市各区经济高速增长主要得益于广州工业化持续快速发展，并带动金融、交通运输、商业等第三产业的蓬勃发展。后5年增速回落则主要源于产业结构急剧变动后的自我调整。

2000—2010年间，近郊、远郊区域经济规模相对较小，经济增速略占领先优势，但有波动现象，而中心城区增速相对更为稳定。前5年广州开发区、天河区、黄埔区以每年增长超过一倍的惊人速度飞跃发展，其他各区亦有20%～50%的较快增速；后5年萝岗和南沙的发展速度优势明显，其他各区增速普遍回落，保持在15%左右。2000—2004年，广州开发区综合优势开始显现，大幅领先于全市其他区域；天河也处在大规模投资建设阶段，表现出极高的增速；黄埔则在全市重化工业发展战略布局下获得飞速增长的契机。2005年以来，作为新设区的南沙、萝岗齐头并进，经济平均增速达到20%以上，其他各区经济增速则相对接近，但除了中心城区的海珠和天河之外，以番禺、花都、增城、从化为代表的郊区经济增速具有一定优势（见附表5、附表6）。

金融危机以来，国内外经济增速普遍放缓并影响广州，2011年至今，广州各区经济增速相对平稳，基本保持12%左右。南沙新区成为国家级新区，其增速在全市各区独占鳌头；除南沙之外，中心城区的平均增速略高于郊区。

（三）人均产出不平衡

1980—1990年间，虽然郊区经济总量规模大于中心城区，但是中心城区因其人口规模较小反而在人均GDP具有领先优势。中心城区各区的人均GDP都高于全市平均水平；天河、芳村、越秀、东山人均GDP持续位居全市前列，其中天河、芳村人均 GDP 遥遥领先于全市平均水平（见附表 7）；郊区的番禺、黄埔和花都人均 GDP 高于全市平均线，增城和从化则位于全市平均水平之下（如图 4 所示）。

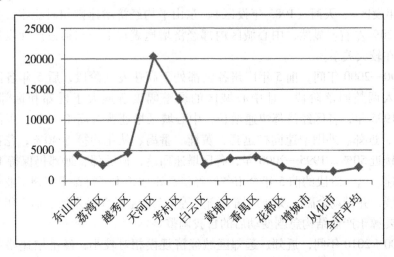

图 4　1990 年全市各区人均 GDP 水平（单位：元）

1990—2000 年间，近郊区经济积累不断丰厚，人均 GDP 持续上升并与中心城区水平基本相当；远郊区则相对滞后，仅南沙经济技术开发区自 1993 年成立以后"一枝独秀"，主要原因是其区内人口较少，工业发展迅猛，人均 GDP 接近 4 万元，位居全市第一。总体而言，2000 年以前，各区之间人均 GDP 差距不显著（见附表 8）。

2000—2005 年间，各区人均 GDP 差距不断拉大（如下图 5 所示）。中心城区的越秀、天河人均 GDP 相继超过 5 万元，近郊、远郊的萝岗、黄埔、南沙也超过 5 万元，且萝岗和黄埔人均 GDP 水平高居全市前两位。荔湾、海珠、番禺、花都、增城、从化人均 GDP 水平低于 5 万元，尤其以从化最低。值得注意的是，在全市经济发展进程中，作为中心城区的海珠区和近郊传统经济大区的番禺区，经济总量在全市的比重有所下降，常住人口占全市的比重却明显增加，从而导致其人均 GDP 低于全市平均水平。

2005 年以来，全市各区人均 GDP 都保持稳步上升态势，但差异程度一直比较大（如表 1、图 6 所示），且绝对差异呈持续扩大趋势，相对差异仅有微弱的缩小（具体数值见附表 10）。

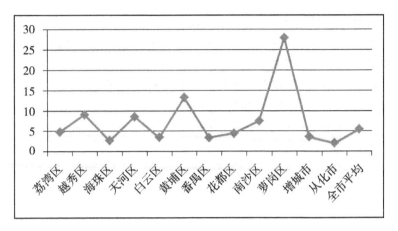

图5　2005年全市各区人均GDP水平（单位：万元）

表1　2005—2013年广州各区人均GDP差异程度测算

年份	2005	2006	2007	2008	2009	2010	2011	2012	2013
平均差	4.41	5.14	5.64	6.03	5.98	6.23	7.05	6.57	7.20
极值差	25.96	28.90	29.71	32.54	32.90	33.78	38.41	39.46	43.11
极值差率	14.32	14.11	12.91	12.97	12.86	11.71	11.13	10.69	10.26
变异系数	1.39	1.39	1.31	1.29	1.24	1.16	1.15	1.04	1.00

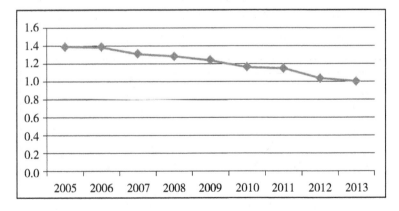

图6　2005—2013年广州各区人均GDP变异指数

从中心城区、近郊区和远郊区比较来看,萝岗、黄埔、南沙作为特殊功能区所在地,"业大、人少、产出高"特征明显,带动郊区整体人均 GDP 水平上扬,且近 10 年来,近郊区始终高于中心城区,远郊区则最低。尽管如此,郊区既有全市人均 GDP 水平最高的萝岗,也有全市人均 GDP 水平最低的从化,其内部差异程度显然要高于中心城区。(如图 7 所示)。

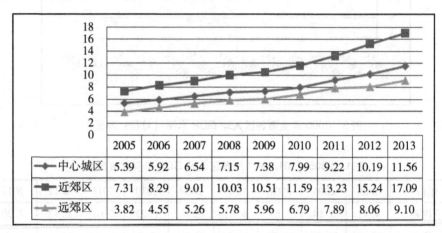

图 7　中心城区、近郊区、远郊区人均 GDP 比较(单位:万元)

至 2013 年,全市人均 GDP 水平突破 10 万元大关,达到 11.93 万元,萝岗更是一骑绝尘,人均 GDP 高达 47.77 万元。此外,中心城区的越秀、天河人均 GDP 已达到或者接近 20 万元大关;郊区的黄埔和南沙人均 GDP 则达到 15 万元左右;其他各区人均 GDP 则低于全市平均水平,未达到 10 万元(如图 8 所示)。

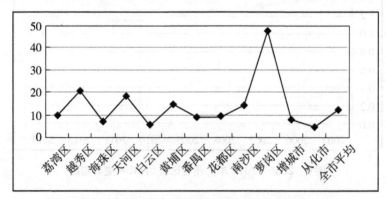

图 8　2013 年广州各区人均 GDP 分布情况(单位:万元)

（四）居民收入不平衡

在各区居民收入方面，中心城区收入较高，位居各大区域前列，荔湾、越秀、天河等中心城区已无农村户籍人员，城市居民平均可支配收入规模都已超过4万元，近郊区中仅萝岗城市居民可支配收入较高，位列全市各区第二位，农村人口纯收入位列各区第一位。远郊区中从化、增城、南沙、花都均未达到全市平均水平（如图9所示）。总体上，中心城区、近郊区、远郊区表现出明显的由高到低的"梯次"递减。

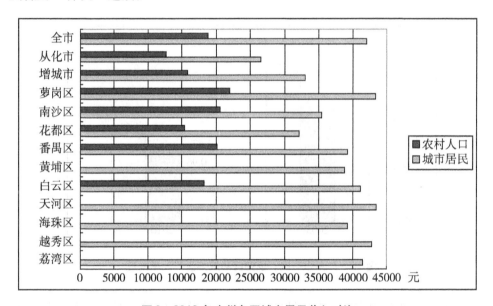

图9　2013年广州各区城乡居民收入对比

注：花都区数据为2012年数据。

（五）公共资源配置不平衡

在教育方面，中心城区集中了全市大量的优质教育资源。2013年，中心城区示范性高中、省市一级高中和省市一级幼儿园达到151所，超过近郊区和远郊区的总和。与此结构指标相比，各区教育资源总量则相对均衡，甚至郊区的一些指标值已经超越中心城区。如中心城区的中小学校师生比、中级及以上专业技术职务教师数等指标基本保持在全市平均水平，而大部分郊区则高于中心城区及全市平均水平。出现这一现象的原因，一方面在于近年来中心城区有限的优质教育资源正成为全市的追逐焦点。大量家长"想方设法"把学龄儿童送往中心城区，使得中心城区学生数量不断膨胀，教育资源供给压力持续增大；另一方面在于郊区教育事业也得到了较大发展。

同样的规律还体现在人口学校比这一指标上。近年来，广州持续推进基础教育资源整合优化，中心城区、近郊区和远郊区的中小学校数量都有所下降。但是，远郊区万人学校数始终大于近郊区，而近郊区则大于中心城区（具体数值见附表13—附表16）。

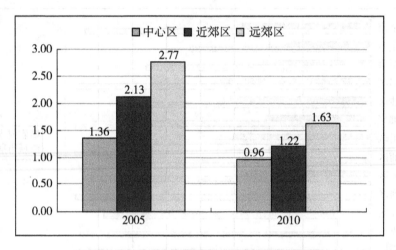

图10　广州中心区、近郊区和远郊区万人学校数

在医疗卫生资源方面，中心城区集中了全市约80%的二级以上大中型医疗机构，其中越秀区数量最多，集中了50%的部级、省级、市级医疗机构，荔湾区南部、白云区北部、南沙、增城、从化还缺乏大型综合医院（如图11所示）。专科医院和基层卫生服务设施数量分布同样主要集中分布在中心城区，外围地区数量偏少。2010年，越秀区医疗卫生技术人员是番禺区的3.5倍多、花都区的5.6倍，拥有三级医院20家，卫生技术人员占全市的30.33%，床位数占全市的30.16%，总诊疗人次数占全市的28.82%，总收入占全市的41.71%，集聚和领先优势异常突出。从广州未来医疗卫生设施布局规划来看，中心城区和外围城区医疗资源差距依然会延续当前格局（见附表17、附表18）。

经济篇

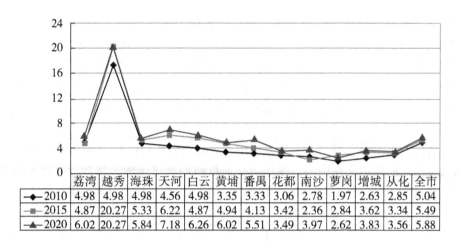

图11 广州各区千人病床数

二、各区发展不平衡的主要原因

（一）自然禀赋原因

广州中部、南部区域地处沿海，河网众多，地势平坦开阔，交通便利，与珠三角各城市相连，毗邻港澳，优越的自然条件有利于经济发展；北部、东北部区域主要为"山、田"，山地和林地多，从化、增城、花都森林覆盖率分别高达近70%、54%、40%，交通不畅，土地开垦开发难度大，主要承担生态屏障功能，属于限制开发区域，经济发展的"先天"条件较差，而且多被山体等天然屏障与中心城市相隔，这与长三角城市"一览无余"式的平原地貌差别很大。自然禀赋和生态屏障的阻隔直接增加了区域之间要素交易交流成本，导致北部、东北部区域经济发展长期相对滞后。自然禀赋的先天差异很大程度上决定了区域经济社会发展的主导方向，影响了各区的区域功能，进而导致了各区之间的经济差异（见附表19）。

（二）历史积淀原因

软件方面，广州是岭南文化中心地、海上丝绸之路发祥地、民主革命策源地和改革开放前沿地，文化遗产丰厚流长。而中心城区（越秀区、荔湾区、海珠区）则是广州"四地"文化的代表性区域,历史文化资源大多集中分布于中心城区内,岭南文化的"名片"工程也均集中在此区域,能够有效带动人口、商旅资源集聚;近郊区、远郊区等外围区域文化积累(特别是文化资源)则相对较少,人口、资源分布疏散,难以形成文化集聚效应。历史文化积累的差异形成了中心对外围区域的文化软实力比较优势,这对于区域间经济发展的影响很大(见附表20)。

硬件方面,中心城区在基础设施积累方面占有绝对优势。越秀及其周边是广州乃至广东的政治文化中心,是华南交通枢纽的直接腹地,基础设施高度发达,广州乃至珠三角"网格状"的交通体系在空间上都是以该区域为中心。1974年建成的广州火车站、1987年举办的"六运会"、1996年新建成的广州东站、2001年举办的"九运会"、2010年举办的"亚运会"、以中心城区为覆盖重点的地铁线网、城市中轴线东移、新时期形成的信息港(天河)等都在不同时期对中心城区基础设施体系的完善起到了重要推动作用,进一步强化了中心城区的资源集聚优势。

随着城市规模的扩张,近郊区域自从20世纪90年代末期以来,基础设施建设开始不断完善,2004年落成的白云空港(新白云机场),规模不断扩大的南沙港、黄埔港等形成了广州新时期连接国际的重要集疏运枢纽,带动作用及潜力巨大,也成为花都、白云、南沙持续发展、连接内外的重要支撑。而远郊区域基础设施积累相对滞后,城市功能较弱,抑制了生产要素流动,进而加大了区域经济的差异性。

2000年以来,市区固定资产投资、基本建设投资、更新改造投资一直均占全市相应投资的90%以上,而远郊区的投资则少得多。2010年全市3576个自然村中,分布于花都、从化、增城等区的685个村虽已通路但仍未硬底化(即未通水泥路占19%),92个村尚未通达(占3%),全市四级及其以下等级公路里程占总里程的66.38%。基础设施积累对区域差异的影响极为重要(见附表21)。

(三)外部环境原因

外部环境主要是指外向型经济的布局对各区经济发展的不同影响。改革开放至20世纪90年代,越秀、荔湾、白云以及番禺等港澳侨乡众多的区域最先吸引了外资企业前来投资,成为港澳企业"前店后厂"模式中的生产基地,为中心区域初始积累打下了基础。

进入新世纪以后，中心城区进入服务型经济发展阶段，产业转型升级与城市改造成为发展主题，而外围区域还处于工业化前中期阶段，产业承载能力尚未充分释放，外资外贸企业开始转移至近郊区、远郊区和开发区。这一阶段的外向经济布局对于提升外围区域的经济实力具有重要推动作用，如开发区即为典型区域。然而，布局于外围的外向型企业没有充分转型升级，传统的出口导向模式式微，而中心城区产业形态不断高级化、高值化、高智化，从而中心、外围之间的差距进一步扩大。从附表22中也可以清晰地看出，中心城区在20世纪90年代，出口依存度普遍较高，外围区域较低。

从2000年以来，中心城区服务经济快速发展，外贸依存度大幅下降，而外围区域外贸依存度较高，区域间的经济差异进一步扩大。黄埔、南沙、萝岗因是国家级开发区、保税区的腹地，是新时期广州吸引外资的主要区域，也是世界500强等优势企业布局广州乃至华南的重要区域，其经济体系"天生"具有外向型经济的特点，外向依存度一直较高，也是其与中心城区经济差异不十分显著的重要原因。

（四）各区政策选择原因

改革开放以来，广州中心城区政策主要着力于搞活经济与市场开放，发展服务型经济，如越秀区从搞活流通批发市场，至当前发展高端商务、总部经济；近郊区政策主要致力于做大产业规模，大力发展工业经济，配合建立全市的工业体系，以开发区最为典型，引进了众多世界500强企业，发展了一批本土高端制造和研发型企业，成为广州工业体系的重要支撑；外围区域政策重点在于生态保障功能，如从化一直以来都以发展生态农业为主，在全市发展格局中主要承担生态保护功能。三个圈层不同的政策着力点不同，导致了各区不同的产业发展方向和区域差异。

中心城区从工业经济向现代服务业经济转变，由低端向高端转型，产业结构不断优化，高附加值的现代产业体系逐步形成；而外围区域从农业经济向工业经济转型，由传统的小农经济转型至中低端的加工制造、资源型行业，并进而向中高端制造业转型升级。这种产业体系的"梯度差"必然导致区域不平衡，从附表23、附表24及附表25中也可看出，随着产业结构的不断优化，中心城区、近郊区、远郊区的经济密度都有很大提升，20年间越秀区产出增长了145倍、番禺增长了59倍、从化增长了29倍。但与此同时，不同功能的产业体系也决定了区域吸纳要素的能力不同，这一差异又导致了区域间经济产出的不同。

（五）财政制度安排原因

根据分税制的制度设计，20世纪90年代末以来，开发区、番禺、增城、从化等拥有较大的财政权限，公共财政收入规模明显较大；而中心城区虽然税收总体水平较高，但本级公共财政收入普遍小于外围区域。近郊中，仅黄埔区由于承载保税区功能，本级公共财政规模明显偏小（见附图1、附表11）。而在财政支出方面，新世纪以来，各区财政支出水平与财政收入趋势变化基本相同，收入越大，支出越高。萝岗区、番禺区两个近郊收入"大户"支出规模都高于其他各区。中心城区由于城市改造、民生保障压力较大，"十二五"以来财政支出明显加速，海珠区支出规模逐年扩大，天河、越秀支出水平紧随其后（见附图2、附表12）。

可以看出拥有较大财政权限的萝岗、番禺区发展较快（从化、增城受制于其他原因，发展并未与财权成正比关系）。同时，各区之间公共财政赤字（即公共财政收入减去公共财政支出，这与政府债务不同）幅度差异较大。海珠区、越秀区、白云区、荔湾区等中心城区公共财政赤字规模较大。2012年，海珠区公共财政赤字规模超过40亿元，居各区之首。增城、从化、南沙等近、远郊区公共财政赤字规模相对较小。仅萝岗区、花都区公共财政显现出略有盈余的走势。总体而言，中心城区公共财政赤字大于远郊区、近郊区，拥有经济事务权限较高的开发区、南沙区、花都区等财政赤字相对较小（见附图3）。

（六）产城人区域匹配原因

各区之间产业发展、城区功能、人口分布的匹配程度差异也是导致区域间经济差异的重要因素。中心城区由于多年来历史积累的原因，现代服务业发达，城市功能完善，人口高度聚集，能够产生更高的经济产出和附加值。近郊区域现代工业体系正处于快速形成过程中，但服务业还不够发达，带动就业、增加消费等功能有限，产业外溢性亦较弱，且城市功能还不够完善。如番禺区"卧城"特点显著，萝岗区"有业、无城、无人"特点明显，从化、增城等外围区域则产业发展、城市功能、人口规模等都还较弱。产业发展、城区功能与人口分布在各区间匹配程度不同直接导致部分城区增长动力减弱，从而形成区域之间的经济差异，中心城区显然更具优势，如外围区域不扭转现状，这一差异有可能会进一步扩大。

三、改革开放以来我市推动区域发展的实践

改革开放以来，从广州市历任主要领导的发展思路演变来看（见附表26），我市在推动各区发展的策略变化上大致经历了三个阶段：

（一）近郊区推进时期（改革开放至1998年以前）

1. 对城市空间布局进行了新的调整

1981年，在总体规划中明确了未来城市主要是沿珠江北岸向东至黄埔发展，规划采用带状组团式的空间结构，自西向东分别形成中心城区组团（旧城区）、天河组团和黄埔组团，由此就从区域上确定了城市发展的主轴。工业布局上，以旧城区为中心向外分散发展，原则上对员村（车陂）、芳村（鹤洞）、槎头（石井）、江村、夏茅（新市）等近郊工业布局进行适度调整补填，不再安排较大的新建、扩建项目，新建与扩建的较大项目向远郊及卫星城发展。

1989年又对城市空间布局进行调整，城市用地除了主要向东发展外，还向南、向北发展，力争形成以中心区、东翼、北翼三大组团为构架，各组团又有若干小组团构成的城市空间结构。在1992年的广州市国土总体规划中，确立了"沿江发展、圈层配套、轴线开发"的地域战略格局，以广州东南部、白云区西北部、芳村区和东北部山区为重点地区进行开发建设。城市空间布局规划的调整，为全市各区的发展指明了方向，明确了开发的重点和政策，调动了相关区域发展的积极性，对社会资源投入起到了关键的引导作用。

2. 设立两大新的行政区以带动发展

一是以天河新行政区带动新区开发。自国家确定"大运会"在广州举办之后，天河体育运动中心以及天河立交、中山大道、天河路、黄埔大道等一系列道路和市政基础设施建设，促进了东郊与市区的联系，使东郊的大片农村地区迅速蜕变成城市。1985年5月天河区成立后，天河体育中心、天河中央商务区、电脑城、火车东站等成为广州新经济增长点，延续了该区近30年的增长。

二是设立（恢复）芳村区，带动广州工业基地的结构调整。芳村区原有较好的工业基础，是广州市重要的工业基地。新行政区设立后，对一些老厂进行了扩建和技术改造，推动了这些工业的升级改造；商业服务业，如房地产、茶叶市场及花鸟鱼虫市场也逐步兴起，成为广州的特色。两大行政区设立后，天河路、天河北路、五山路和广州大道、中山大道、黄埔大道、花地大道和芳村大道沿线

两侧迅速崛起成为新的城区。

3. 启动三大经济功能区建设

一是设立广州经济技术开发区。1984年12月成立广州经济技术开发区后，引入了保洁、安利、高露洁、箭牌等知名企业，形成了约9.6平方公里的西区。二是成立广州高新技术产业开发区，实行"一区多园"管理体制，包括广州科学城、天河科技园、越秀区黄花岗科技园、白云区民营科技园和南沙区南沙资讯园。三是起步推动南沙开发区建设。1991年，为推动广州进一步扩大开放，设立南沙开发区，主要围绕水运交通、港口贸易、对外加工和旅游服务四大功能进行分期开发。此外，90年代初还启动了芳村东沙经济区建设、新塘加工区、莲花山加工区、黄埔大沙地工业区以及广番、广花、广从、广增公路沿线经济群体建设。由此也形成了更大规模、更高层次的对外开放新格局。

4. 强化了对郊县和城区发展功能的引导

在梁灵光主政时期提出郊县要努力建成副食品基地和轻工业原料基地，要严格控制城市的规模和人口增长，有重点地建设卫星城，搞好工业区、边远地区市政和生活配套。城区原则上不再新建工业项目，凡是污染严重的企业必须有计划分批迁出城区。

在高祀仁任书记期间，提出城区要因地制宜，突出特色，大力发展多类型、多层次的第三产业，进一步调整区街产业结构，逐步从劳动密集型向资金、技术密集型转变，从横街窄巷向工业基地集中，努力创造条件向集约化、规模化发展；同时，以珠江新城金融功能区为核心建设区域性金融中心的设想也初步成型。

另外，为促进县区的发展，1993年出台了《关于进一步加大番禺市及区县部分经济管理权限，加快经济发展步伐的意见》，并明确原则上其他区、县均可参照执行。由于在郊县和城区推行了一些"特殊政策、灵活措施"，调动了各区的发展积极性，各区经济发展都进入到一个快速发展期。

这一时期的20年中，由于城市空间布局的调整，两大行政区和三大经济功能区的设立，广州经济发展加快，GDP增长速度有16年均保持在10%以上，最高年份达到26%。经济总量由1978年的43亿元，增加到1998年的1893亿元，进入了近"两千亿"台阶。但总体波动也较大，尤其是1989年由于通胀压力，国家开展治理整顿，GDP增速只有4.7%。近郊及外围由于工业发展，经济总量及增长速度普遍高于中心城区（见附表5、附表6和附表25）。

（二）实施"十字"方针时期（1998—2011年）

1. "三变"战略与"八字"方针

1998年，广州市城市建设现场办公会上，时任中共广东省委书记李长春提出了广州市城市建设要"一年一小变，三年一中变，到2010年一大变"的发展战略。2000年，黄华华主政时期，广州开始编制《广州城市建设总体战略概念规划纲要》，确立了"南拓、北优、东进、西联"的空间拓展方针，努力使广州由单边沿江城市变为沿海、跨江城市。全市划分为五大片区：都会区、南沙片区、增城片区、花都片区、从化片区，努力构筑多核心、多组团的网络化城市。"三变"战略和"八字"方针的实施，对广州城市建设品质提出了明确渐进性的发展要求，拉开了广州城市建设的序幕，为新机场、地铁、高铁、内环路、二环路等重大基础设施的布局和重点开发区域的发展，提供了新的战略指针。

2. 从"八字"方针到"十字"方针

"八字"方针确立后，城市经历了一个向外扩张的过程。以南沙开发区和广州经济技术开发区为龙头，东部和南部城市空间扩张明显。同时，北部生态环保型产业和休闲旅游业，西部地区的综合服务功能得到提升，优化了城市的总体布局。2006年，朱小丹主政广州时在"八字"方针的基础上，增加了"中调"二字，形成了"十字"方针。"十字"方针在注重城市框架构建的同时，侧重于促进老城区产业结构优化升级，深化老城区综合改造，提升服务功能和文化品质。"十字"方针的实施，为改善市容市貌、提升城市品质、迎接"亚运"召开都奠定了坚实的基础。

3. 以重大基础设施建设推动广州"三变"

林树森主政时提出了一系列城市形象工程计划，包括园林绿化工程、环境整治工程、交通工程、"迎九运"工程及其他建设过程等五类共109项城市形象工程建设实施方案。朱小丹、张广宁主政时期，继续大力推动了城市重大基础设施建设，尤其是空港、海港、公路、铁路主枢纽和高（快）速道路网络、城市轨道交通系统的建设，推动城市实现"天更蓝、水更清、路更通、房更靓、城更美"的目标；进而使城市由南拓东进为主的战略格局向强调"优化与提升"的品质战略转移。

这一时期，由于实行"三变"战略和"十字"方针，中心城区重大基础设施建设（如地铁、内环路等）和总部经济、金融、信息等现代服务业加快发展；汽车、信息制造业在近郊和外围城市也迅速崛起。广州市经济增长进入到一个相对平稳的高速增长期，GDP 增长速度在 10.5%～15.3% 的区间波动。地区生产总值 1999 年突破 2 千亿大关，达到 2139 亿；自 2002 年每年跃上一个"千亿"台阶，2003 年至 2009 年分别从"3 千亿"增长增至"9 千亿"；2010 年跃上万亿，达到 10748 亿，2011 年达到 12423 亿。

（三）城市功能引领时期（2011—现在）

1. 以市域城市功能规划构筑城市新网络

2011 年提出坚持"东进、西联、南拓、北优、中调"的原则，实施"一个都会区、两个新城区、三个副中心"的发展战略，完善"都会区—外围城区—重点镇（含中心镇）——般镇"的城镇体系，并分别制定了"一个都会区、二个新城区和三个副中心"的发展规划。明确了"都会区以优化提升、新城区以创新发展、三个副中心以扩容提质"为重点的发展方向。这些规划，从全域规划的视角对广州市的发展布局进行了总体安排，对引导各自按功能区划发展起到了促进作用。

2. 以战略性发展平台引领区域发展

作为三个重大突破的重要内容，全市确定了"2+3+11"战略性发展平台，统筹全市发展资源，以创新发展南沙滨海新城及东部山水新城和扩容提质花都、增城、从化三个副中心为重点，大力发展广州国际金融城、海珠生态城、天河智慧城、广州国际健康产业城、空港经济区、广州南站商务区、广州国际创新城、花地生态城、黄埔临港商务区、白云综合服务功能区、北京路文化核心区。同时，拓展提升了大宗商品交易平台、产权交易平台、科技创新平台、检验检测认证平台等功能，设立了一些创新型产业发展平台和兼具市域现代服务业发展特色的功能性平台。从目前看，南沙新区明珠湾起步区、蕉门河中心区、中新知识城、国际金融城、国际健康产业城、空港经济区、国际创新城等已经取得了较好的进展，但距离建设目标仍有较大差距。

3. 推动城市功能精细化提升

一是实施花城绿城水城规划，积极推动绿道、景观林带、岭南花园和森林公园的建设和免费开放，对高快速路、国省道出入口和铁路景观进行整治。二是启动新一轮交通基础设施建设，公交专用道、城乡公交线路和交通拥堵点的治理有序推进。三是为破解"垃圾围城"困局，研究制定了《关于推进城市废弃物处置利用，发展循环经济的实施方案》，推进垃圾处理基础设施建设和垃圾分类处理。四是推进空气污染综合防治，着力控制机动车尾气、餐饮业油烟、挥发性有机物和扬尘污染，环境空气质量得到明显改善。五是河涌及污水治理有序进行，"水浸街"得到初步缓解。石井河截污、猎德涌改造、荔枝湾涌三期、东濠涌二期等河涌治理工程顺利推进，"水浸街"和污水处理问题得到进一步改善。

城市转型升级是广州可持续发展的必然要求，城市空间功能转型成为发展的重要选择。近年来，广州大力重塑城市可以挖掘的重要节点区域，重点布局尚有较大战略意义的外围区域；一批重大基础设施建设（高铁、地铁、高速公路、超算中心等）顺利建成，各城区间网络功能联系得到明显加强，转型升级重大平台及城市功能的精细化提升取得明显成效，经济保持了快速增长的势头。在国内经济下行压力加大的情况下，GDP 增长速度在 2012 年为 10.5%，2013 年达到 11.6%，同期地区生产总值分别达到 13551 亿元和 15420 亿元。

四、关于推动区域协调发展的对策建议

（一）总体思路：以多中心、组团式、网络型的空间结构作为追求相对均衡发展的长期战略

从总体思路看，解决区域发展不平衡问题，基本的原则是既要坚持效率又要兼顾公平，实现全面协调可持续发展。因此，要遵循区域经济发展规律，一方面选择贸易成本较低、市场规模较大、劳动力和人口集聚明显的高市场潜力区域，促进产业和人口的规模化集聚，获取最大限度的报酬递增和外部性，形成新的高效率高质量增长极核。

另一方面，从卡斯特尔斯（Castells）的信息城市理论看，网络社会中并非一定遵循核心—边缘的发展模式，在信息空间中地理摩擦几乎为零，"地方的空间（space of place）"可转向"流的空间（space of flows）"，"流的空间"具有明显的网络结构特征，网络连接起不同地点并赋予每一个地点在等级体系中的角色和权重，这种角色和权重决定了每一个地点的命运。也就是说，城市的命运和地位是由其在网络中的地位决定的。"城市不是依靠它所拥有的东西而是通过流经它的东西来获得和积累财富、控制和权力"，因而网络的作用是决定性的，建立具有"瞬时"通达能力的交通信息网络是现代城市功能和地位提升的必然要求。

综合来看，为获取充分的报酬递增和外部性，需要经济的高度集聚；而高度集聚的合理选择是多中心、组团式的布局，单中心、"摊大饼"式的空间布局显然会带来集聚不经济的问题；而网络在区域均衡中也将扮演重要的角色。因此，

长期来看，广州作为一个地域面积达 7434.4 平方公里的超大型城市，需要以多中心、组团式、网络型的空间结构作为追求相对均衡发展的长期战略。为达此目的，须以"三抓手一支撑"推动区域协调发展。具体地说，"三抓手"是：一要调整优化城市空间结构，推动城市空间转型；二要优化公共资源配置，推动民生保障和基本公共服务均等化，引导生产要素的合理流动；三要完善交通信息网络体系，推动多中心节点与网络的形成，为均衡化布局创造更为充分的条件。"一支撑"就是要强化相关政策支持，兼顾区域发展权的公平，促进区域非均衡协调发展。

（二）抓手之一：着力推动空间结构重组，形成合理有序的区域发展格局

根据经济发展潜力和开发条件，优化空间结构，以非均衡的发展路径，科学确立重点发展区域和发展定位，培育新的区域经济增长点，形成合理有序的区域发展格局。

1. 科学划分区块的主体功能

构建"全域广州"规划体系，完善"都会区—外围城区—重点镇（含中心镇）——般镇"的城镇体系，形成多中心、组团式、网络型空间结构和"结构合理、功能互补、网络完善、产城融合"的城乡空间布局。尤其对北部生态屏障区、中西部都市生活密集区、东部和南部产业拓展区，要确定重点的发展方向，使各区块之间实现优势互补。

2. 继续构筑东进和南拓发展主轴

抓住行政区划调整的新契机，谋划建设新黄埔区城市中轴线，将黄埔港区与西区、东区、科学城及中新知识城联成一条新的发展轴线；依托萝岗区，形成沿黄埔—增城—东莞方向拓展的发展带。遵循产城融合原则，导引中心城区辐射能量，以产城融合为重点推进南沙新区的开发。力争国家和广东赋予南沙新区建设21世纪海上丝绸之路重要战略节点的功能，在龙穴岛建设海上丝绸之路合作园区，形成新的经济热点。依托东进和南拓两条发展主轴，提升广州郊区的经济实力和水平。

3. 以平台建设构建节点与网络相结合的空间结构

目前广州已有一些具备一定基础的发展平台，要进一步聚焦重点，创新体制机制，整合市域资源，重点突破，做实做精已有发展平台，加快形成经济节点。重点推动中新广州知识城、天河智慧城、国际金融城、南沙明珠湾启动区、广州

国际创新城、空港经济区、广州南站商务区、增城经济技术开发区、广东从化经济开发区等平台快速成型,努力形成一个能较好发挥集聚经济效益的发展环境,促进空间结构调整,形成节点与网络相结合的空间结构,为相对均衡的经济布局打下基础。

4. 推动区域发展的一体化进程

大力推动广州市区与从化、增城及萝岗、南沙的一体化进程(即广州内部的一体化),促进中心城区与近远郊区的快速互联互通,促进要素资源的合理流动和中心城区人口疏解,加快近郊及远郊的发展进程。同时,推动广佛同城化、广佛肇都市圈、广清一体化、广莞一体化及大珠三角区域合作和泛珠三角等不同层次的一体化过程。通过一体化进程,推动花都、从化、南沙等外围城区获得新的发展空间和发展机会,增强广州的辐射带动能力,提升广州作为珠三角核心城市的整体实力。

(三)抓手之二:优化公共资源配置,推动民生保障和基本公共服务均等化

公共资源配置是政府推动区域协调发展的主要抓手和重要的职能范围,对于发展环境的塑造起着非常重要的作用。要以公共资源的优化配置,引导生产要素和人口的合理流动,促进民生保障和基本公共服务均等化。

1. 推进户籍制度改革

户籍制度改革涉及初始的民生差异,也是现有体制下保民生底线和基本公共服务均等化的基础支撑。对广州而言,仍要严格控制人口规模,动态调整人口准入条件,根据城市功能布局,制定分区差别化的积分制入户条件,对中心城区、两个新城区(南沙、萝岗)和三个副中心(花都、增城、从化)分别制定宽严不同的积分制入户办法;同时,推动公共资源的优化配置和适度向郊区倾斜,有序疏解中心城区人口,有序引导人口向两个新城区和三个副中心聚集。

2. 推动公共服务资源布局均衡化

在承认差异的前提下,逐步提高基本公共服务的最低标准和基本标准,明确在法定基本公共服务上需要均等化的地区和领域。在教育、医疗、政务服务、体育及文化资源的建设上,重点向开发新区、副中心城区及重点发展平台倾斜,以此降低企业的外部成本,实现资源共享,引导社会资源向发展重点区域流动。

（四）抓手之三：构筑交通信息网络体系，推动网络节点和中心的形成

1. 构筑具有扩张能力的交通网络体系

以建设亚太综合性航空中枢、国际性航运中心、全国高铁网络中枢、区域公路主枢纽等为重点，提升广州战略性交通基础设施的档次与辐射能级，强化广州在全国乃至全球空间的枢纽型节点地位，着力构筑一个畅达全省、辐射华南、连通国际的交通网络系统。对内，要以畅顺、通达、高效、宜人为目标，形成以主城区为核心，形成"四环十九射"网络型高等级路网结构；进一步强化广州各组团之间的联络功能，全面覆盖"一个都会区、两个新城区和三个副中心"，支撑城市空间的拓展以及重点地区的开发建设。对外，要继续完善广州至珠三角、大珠三角、广东全省乃至泛珠三角所有省会城市的交通网络体系；增开海上和空中航线，大力发展空港、海港的国际业务，强化与海上丝绸之路沿线和各大洲主要城市的交通联系，大力推动运输体系的国际化。

2. 构筑具有支配能力的信息网络

城市的功能和地位是由网络联系的强弱决定的，城市不能脱离城市网络的联系而独立存在。卡斯特尔斯认为，获得信息空间的进入权和取得对信息空间节点（即世界城市）的控制权是在国际资本积累博弈中取得最终胜利的关键之所在。广州作为国家中心城市，是代表国家参与国际竞争的主力城市，理应加快建设覆盖全市、国际领先、大容量、高可靠的传输网络和电信网络，努力打造枢纽型的"国际信息港"。这样，一方面可为广州各区发挥信息网络节点功能、推动区域协同创新创造更为充分的条件；另一方面又进一步利用信息空间的进入权和控制权，提升自身的国际竞争力和影响力，巩固和提升广州的国家中心城市地位。

（五）政策支撑：完善以区域主体功能为导向的政策体系，促进非均衡情形下的区域协调发展

1. 采取综合的政策措施引导各功能区块发展

综合运用财政、规划、投资和环保等政策手段，推动各功能区块按既定方向发展，尤其要加大对限制开发及生态开发区域的财政转移支付力度，建立起责权利相一致的规范有效的生态补偿机制。突出以基本农田、水源地和重要生态湿地、生态公益林为生态补偿重点，逐步加大补偿力度。推动因生态保育、水源保护等原因而经济发展受到限制的区域异地发展，实现限制发展区与其他地区的共

同发展。

2. 加快实施城乡一体发展政策

要加快推进中心镇建设，增强中心镇产业和人口集聚功能，使之成为城区功能的有效补充平台和农村地区的重要服务中心。支持北部山区镇生态化发展，鼓励发展乡村旅游业、现代农业和现代服务业，促进农民增收。建立包括农村金融、农产品流通、农业科技服务等多层次网络化的城乡服务体系。加快将农村集体经济负担的社会公共事务支出纳入地方公共财政。

（课题组成员：白国强　葛志专　覃剑）

附表及附图：

附表1　1978—1990年广州各区GDP对比　　　　　　　　　　　　　　单位：万元

年份 地区	1978年	1980年	1985年	1990年
东山区	5078	6097	14229	37819
荔湾区	—	—	—	47976
越秀区	—	—	—	49677
海珠区	5360	7330	20033	61905
天河区	—	—	11436	31071
芳村区	7857	22891（3）	116322（1）	133979（3）
白云区	16760（2）	24388（2）	67593（3）	152443（2）
黄埔区	2784	3383	10243	28436
番禺市	48172（1）	57463（1）	106514（2）	297466（1）
花都市	15618（3）	19441（5）	33179	111456（4）
增城市	14226（4）	22434（4）	38566（4）	108408（5）
从化市	—	—	—	63367

数据来源：根据《广州50年统计年鉴》整理而得。括号中为排名，下同。

附表2　1990—1998年广州各区GDP对比　　　　　　　　　　　　　　单位：万元

年份 地区	1990年	1995年	1996年	1997年	1998年
东山区	37819	171486	206566	210467	220182
荔湾区	47976	237312	274977（8）	296520（8）	333589
越秀区	49677	166203	197427	185255	205700
海珠区	61905	334206（6）	344602（7）	398551（7）	442959
天河区	31071	335857（5）	411740（5）	596681（5）	680002

续上表

年份 地区	1990年	1995年	1996年	1997年	1998年
芳村区	133979（3）	153604	174272	—	—
黄埔区	28436	147426	175479	197145	219013
白云区	152443（2）	690777（4）	816218（4）	915477（4）	1033082（4）
番禺市	297466（1）	1497997（1）	1934925（1）	2161594（1）	2445099（1）
花都市	111456（4）	834548（2）	925486（3）	1109297（3）	1242145（2）
增城市	108408（5）	821285（3）	930262（2）	1142536（2）	1222295（3）
从化市	63367	314718（7）	367228（6）	433051（6）	523497
南沙经济技术开发区	—	11730	12162	19614	19264

备注：表中数据为区本级GDP。

附表3　2000—2004年广州各区GDP对比　　　　单位：亿元

年份 地区	2000年	2001年	2002年	2003年	2004年
越秀区	517.85（1）	519.629（1）	566.0348（1）	611.4543（1）	769.5457（2）
荔湾区	248.14（6）	247.3558（6）	253.6006（6）	305.6703（6）	300.3863
海珠区	228.89	229.3838	225.3905（7）	278.488（7）	287.2395
天河区	295.3（5）	311.4305（4）	363.0649（4）	374.1465（5）	813.5504（1）
白云区	323.11（4）	323.9582（3）	374.0132（2）	447.6595（3）	498.0618（6）
黄埔区	326.13（2）	309.7224（5）	373.1648（3）	517.8005（2）	694.4636（3）
番禺区	332.48（3）	332.5467（2）	371.9786（5）	425.5498	514.4207（5）
花都区	175.03	174.9137	203.8638	226.8776	250.8118
增城市	159.28	158.1241	181.152	207.9878	237.8494
从化市	78.62	78.6932	89.2128	101.2444	84.2211
广州开发区	140.944	173.3918	244.7381（7）	423.0622（4）	560.2885（40

备注：此表已将原芳村区与荔湾区数据合并，原越秀区与东山区数据合并。黄埔区数据中包括保税区数据。表中数据为全市GDP的区域分布。

附表4 2005—2013年广州各区生产总值及占全市比重   单位：亿元

地区	2005年 GDP	占全市比重	2010年 GDP	占全市比重	2012年 GDP	占全市比重	2013年 GDP	占全市比重
荔湾区	343.84	6.7%	614.76	5.7%	746.29	5.5%	871.49	5.7%
越秀区	892.36(1)	17.3%	1652.4(2)	15.4%	2122.62(2)	15.7%	2384.71(2)	15.5%
海珠区	317.97	6.2%	729.68	6.8%	1000.65	7.4%	1142.75	7.4%
天河区	891.29(2)	17.3%	1872.29(1)	17.4%	2403.53(1)	17.7%	2781.61(1)	18.0%
白云区	527.85(4)	10.2%	939.09(5)	8.7%	1186.36(4)	8.8%	1329.35(5)	8.6%
黄埔区	363.97	7.1%	567.29	5.3%	639.47	4.7%	704.03	4.6%
番禺区	473.18	9.2%	1063.15(4)	9.9%	1164.3(4)	8.6%	1353.23(4)	8.8%
花都区	301.54	5.9%	666.01	6.2%	800.6	5.9%	902.14	5.9%
南沙区	132.91	2.6%	488.25	4.5%	808.69	6.0%	908.03	5.9%
萝岗区	547.03(3)	10.6%	1381.64(3)	12.9%	1683.37(3)	12.4%	1892.14(3)	12.3%
增城市	269.68	5.2%	586.45	5.5%	749.31	5.5%	866.51	5.6%
从化市	92.11	1.8%	187.27	1.7%	246.01	1.8%	284.15	1.8%

附表5 2000年以前广州各时期各区生产总值平均增速对比   单位:%

地区 \ 年份	1980—1985年	1985—1990年	1990—1995年	1995—1998年
东山区	18.5	21.6	35.3	8.7
荔湾区	—	—	37.7	12.0
越秀区	—	—	27.3	7.4
海珠区	22.3	25.3	40.1	9.8
天河区	—	19.8	61.0	26.5
芳村区	38.4	2.9	2.8	—
白云区	22.6	17.7	35.3	14.1
黄埔区	24.8	22.7	38.9	14.4
番禺市	13.1	22.8	38.2	17.7
花都市	11.3	27.4	49.6	14.2
增城市	11.4	22.9	49.9	14.2
从化市	—	—	37.8	18.5
南沙经济技术开发区			—	17.9

附表6 2000年以来广州各时期各区生产总值平均增速对比　　　单位:%

年份 地区	2000—2004年		2005—2010年	2011—2013年
越秀区	48.6	越秀区	13.1	13.0
荔湾区	21.1	荔湾区	12.3	12.3
海珠区	25.5	海珠区	18.1	16.1
天河区	175	天河区	16.0	14.1
白云区	54.1	白云区	12.2	12.3
黄埔区	113	黄埔区	9.3	7.5
番禺区	54.7	番禺区	17.6	8.4
花都区	43.3	花都区	17.2	10.6
增城市	49.3	增城市	16.8	13.9
从化市	7.1	从化市	15.2	14.9
广州开发区	297	萝岗区	20.4	11.1
		南沙区	29.7	23.0

备注:2000年以后,GDP数据按照区域统计,不再使用此前区级、市级统计。因而2000—2004年增速均较高。

附表7　1978—1990年广州各区人均GDP对比　　　单位:元/人

年份 地区	1978年	1980年	1985年	1990年
东山区	892	1069	1729	4299
荔湾区	—	—	—	2579
越秀区	—	—	—	4609(3)
天河区	—	—	19549(1)	20350(1)
芳村区	1225(1)	2925(1)	11686(2)	13405(2)
白云区	366	471	1254	2659
黄埔区	412	497	1516	3694
番禺区	731	870	1528	3916
花都区	368	461	734	2238
增城市	263	409	639	1656
从化市	0	0	0	1492
全市平均	673.72	845.26	1410.95	2161.31

备注:人均GDP按户籍人口计算。数据来源:根据《广州50年统计年鉴》整理而得。

附表8 1990—1998年广州各区人均GDP对比 单位：元

年份 地区	1990年	1995年	1996年	1997年	1998年
全市平均	5418	16207	18066	19744	21300
东山区	4299	14962	17113	18693	19678
越秀区	4609	12000	14242	14821	16262
荔湾区	2579	12584	15872	17794	19589
天河区	20350(1)	22079(1)	22587(1)	——	——
海珠区	——	10379	11253	12796	13385
芳村区	13405(2)	15165(4)	17179	——	——
白云区	2659	10680	12500	13906	15692
黄埔区	3694	16059(3)	18595(3)	20238	22109
番禺市	3916	17741(2)	22523(2)	24749	27541
花都市	2238	15114	16453	19329	21259
增城市	1656	11297	12595	15207	16009
从化市	1492	6743	7718	8931	10625
南沙经济技术开发区		23796	36304	34975	39128

备注：表中数据按照户籍人口计算。数据来源：《广州50年统计年鉴》。

附表9 2000—2004年广州各区人均GDP情况 单位：万元

年份 地区	2000年	2001年	2002年	2003年	2004年
越秀区	5.02(3)	4.99(3)	5.37	5.76(3)	7.20(3)
荔湾区	3.57	3.55	3.59	4.33	4.26
海珠区	2.84	2.79	2.72	3.32	3.36
天河区	5.39(2)	5.34(2)	6.07(2)	6.20(2)	12.90(2)
白云区	3.76	3.72	4.36	5.18	5.74
黄埔区	16.05(1)	14.88(1)	17.81(1)	24.55(1)	32.41(1)
番禺区	3.59	3.52	3.87	4.36	5.00
花都区	2.91	2.89	3.30	3.65	3.99
增城市	1.96	1.92	2.17	2.49	2.83
从化市	1.49	1.48	1.67	1.89	1.57
全市平均	2.56	2.85	3.23	3.84	4.59

备注：此表已将芳村与荔湾数据合并，越秀区与东山区数据合并。黄埔区数据中包括保税区数据。本表按照当年年末总人口计算。

附表10　2005—2013年广州各区人均GDP对比　　　　单位：万元

年份 地区	2005年	2006年	2007年	2008年	2009年	2010年	2011年	2012年	2013年
荔湾区	4.84	5.20	5.58	5.82	6.17	6.84	7.79	8.36	9.80
越秀区	9.07	10.45	11.56	13.01	13.39	14.28	16.51	18.47	20.90
海珠区	2.60	2.74	3.18	3.95	4.08	4.68	5.58	6.35	7.22
天河区	8.52	9.51	10.55	11.71	12.08	13.06	15.09	16.62	18.74
白云区	3.40	3.54	3.89	3.79	3.94	4.22	4.81	5.27	5.87
黄埔区	13.23	13.89	14.12	12.81	12.00	12.38	13.38	13.76	15.09
番禺区	3.33	3.71	4.10	4.89	5.25	6.02	6.99	8.10	9.34
花都区	4.44	5.02	5.49	5.99	6.18	7.04	8.05	8.37	9.35
南沙区	7.47	11.02	14.92	16.69	16.58	18.77	21.52	12.97	14.53
萝岗区	27.91	31.10	32.21	35.25	35.67	36.93	42.20	43.53	47.77
增城市	3.56	4.03	4.38	4.75	4.98	5.65	6.58	7.14	8.24
从化市	1.95	2.20	2.49	2.72	2.77	3.15	3.79	4.07	4.66
全市平均	5.43	6.09	6.75	7.43	7.70	8.46	9.74	10.55	11.93

备注：按常住人口计算。数据来源：广州市相关年份统计年鉴。

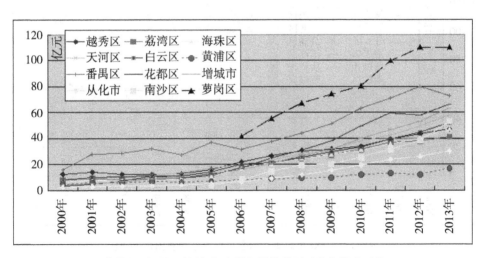

附图1　2000—2013年广州各区公共财政收入情况对比

备注：2000—2004年，已合并东山区与越秀区、芳村区与荔湾区数据。

附表11　2000—2013年广州各区公共财政收入情况对比　　　　单位：亿元

年份 地区	2000年	2001年	2005年	2008年	2010年	2011年	2012年	2013年
越秀区	12.52(2)	13.99(2)	16.13(3)	30.45(4)	33.62	38.95	43.25	47
荔湾区	7.87	8.89	11.00	24.62	31.18	36.89	37.81	41
海珠区	6.41	7.62	10.77	24.44	31.01	35.54	39.99	47
天河区	8.95(3)	9.95(4)	16.87(2)	28.75	38.14(5)	42.30	49.16	58
白云区	8.10	10.24(3)	13.96	25.56	33.20	39.27	44.50	52
黄埔区	4.54	5.58	6.97	9.64	12.10	13.13	12.19	17
番禺区	15.80(1)	28.03(1)	36.56(1)	43.88(2)	63.17(2)	70.85(2)	79.96(2)	73(2)
花都区	3.44	4.74	12.15	30.99(3)	49.16(3)	59.39(3)	57.51(3)	66(3)
增城市	3.84	4.92	13.07	26.75	39.86(3)	46.66(4)	52.93(4)	63
从化市	2.45	3.05	5.16	11.75	19.34	23.63	26.18	30
南沙区			3.44	19.33	25.29	31.25	37.99	53
萝岗区			——	67.19(1)	80.24(1)	99.60(1)	109.89(1)	110(1)

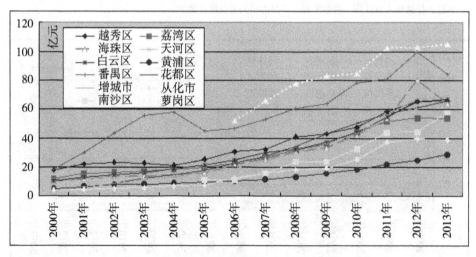

附图2　2000年以来广州各区公共财政支出情况对比

附表12 2000—2013年广州各区公共财政支出情况对比   单位：亿元

年份 地区	2000年	2001年	2005年	2006年	2008年	2009年	2010年	2011年	2012年	2013年
越秀区	18.12	22.14	25.59	30.60	40.99	43.04	47.87	58.58	65.55	66
荔湾区	11.77	15.47	20.00	22.79	31.95	36.13	44.52	51.78	54.13	54
海珠区	10.36	12.09	16.23	21.64	30.91	33.15	42.33	53.45	80.53	64
天河区	11.35	12.26	20.48	26.65	34.29	37.69	42.04	53.31	60.56	67
白云区	10.58	13.19	21.70	24.61	32.48	37.14	43.95	54.97	65.38	67
黄埔区	5.46	6.83	9.66	10.46	13.47	15.66	18.49	22.02	24.82	29
番禺区	18.39(1)	30.19(1)	44.92(1)	46.95(2)	60.75(2)	64.13(2)	78.36(2)	81.23(2)	99.97(2)	84(2)
花都区	4.80	5.99	17.69	22.64	34.34	43.19	50.53	56.96	61.46	62
增城市	5.51	6.45	16.54	18.86	29.91	36.03	43.24	56.28	67.34	69
从化市	4.13	4.74	7.77	12.43	18.35	19.18	25.53	37.26	39.64	39
南沙区			11.29	11.33	23.91	23.74	32.77	43.84	44.53	58
萝岗区			—	51.90(1)	77.73(1)	82.86(1)	84.68(1)	102.35(1)	102.85(1)	105(1)

数据来源：广州市相关年份统计年鉴；萝岗区2013年统计公报。

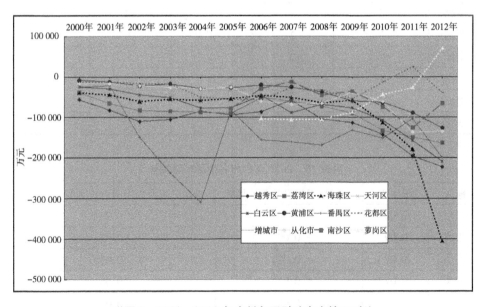

附图3 2000—2013年广州各区财政赤字情况对比

附表13　广州各区不同阶段中小学校分布密度　　单位：所/平方公里

地区 年份	荔湾区	越秀区	海珠区	天河区	白云区	黄埔区	番禺区	花都区	南沙区	萝岗区	增城市	从化市
2000年	2.353	5.824(1)	1.515	1.127	0.273	0.435	0.271	0.252	0.212	0.123	—	—
2005年	1.743	3.284(1)	1.383	1.526	0.332	0.517	0.371	0.159	0.000	0.163	0.160	0.084
2010年	1.286	2.189(1)	0.885	1.059	0.176	0.418	0.163	0.115	0.045	0.076	0.059	0.025

备注：中小学校分布密度＝该区中小学总数/该区面积，用于反映学校分布的密集程度。

附表14　广州各区示范性高中、省市级高中和幼儿园数量

地区	示范性普通高中	省一级高中	市一级高中	省一级幼儿园	市一级幼儿园
越秀	5	5	1	22	9
海珠	3	3	4	9	9
荔湾	3	2	2	3	9
天河	4	3	2	8	12
白云	3	3	5	5	17
黄埔	1	1	1	2	6
番禺	5	8	1	13	22
花都	3	2	4	3	10
南沙	1	2	2	3	8
萝岗	1	2	0	2	2
增城	2	4	3	4	10
从化	2	2	2	2	9

附表15　2013年广州各地区中学指标

地区	师生比	生均高于规定学历教师数	生均中级及以上专业技术职务教师数
广州	0.08	0.07	0.06
荔湾	0.09	0.09	0.08
越秀	0.07	0.07	0.05
海珠	0.07	0.07	0.06
天河	0.07	0.07	0.05

续上表

地区	师生比	生均高于规定学历教师数	生均中级及以上专业技术职务教师数
白云	0.08	0.07	0.07
黄埔	0.07	0.06	0.06
番禺	0.07	0.07	0.05
花都	0.09	0.09	0.06
南沙	0.08	0.07	0.05
萝岗	0.09	0.09	0.07
增城	0.09	0.08	0.06
从化	0.07	0.05	0.04

附表16 2013年广州各地区小学指标

地区	师生比	生均高于规定学历教师数	生均中级及以上专业技术职务教师数
广州	0.06	0.05	0.04
荔湾	0.06	0.06	0.05
越秀	0.06	0.05	0.04
海珠	0.05	0.05	0.04
天河	0.05	0.05	0.04
白云	0.05	0.05	0.04
黄埔	0.05	0.05	0.04
番禺	0.05	0.05	0.04
花都	0.05	0.05	0.04
南沙	0.06	0.06	0.04
萝岗	0.07	0.06	0.05
增城	0.06	0.06	0.06
从化	0.08	0.07	0.06

附表17 2015年各区床位数及千人床位数配置水平

地区	2010年床位数（张）	2010年配置水平（张/每千人口）	2015年服务人口（万人）	2015年规划预测床位数（张）	2015年规划配置水平（张/每千人口）
荔湾区	4474	4.98	110	5362	4.87
越秀区	20136	17.40	110	22297	20.27
海珠区	7601	4.87	180	9595	5.33
天河区	6533	4.56	170	10571	6.22
白云区	9118	4.10	250	14274	5.71
黄埔区	1536	3.35	60	2966	4.94
番禺区	5878	3.33	240	9900	4.13
花都区	2890	3.06	125	4272	3.42
南沙区	724	2.78	110	2594	2.36
萝岗区	736	1.97	85	2415	2.84
增城市	2734	2.63	150	5437	3.62
从化市	1691	2.85	110	3674	3.34
全市	64051	5.04	1700	93357	5.49

附表18 广州各区不同阶段医疗卫生技术人员数量　　　　单位：人

地区\年份	荔湾区	越秀区	海珠区	天河区	白云区	黄埔区	番禺区	花都区	南沙区	萝岗区	增城市	从化市
2000年	2503	2562	1173	1063	2553	472	3921(1)	2144	2750	1836		
2005年	5195	20534(1)	7665(2)	6541	8077	1359	5429	3219	501	836	2790	2036
2010年	6321	29757(1)	11304(2)	11000	10965	2145	8434	5325	1229	1651	4399	3016

附表19　广州各区地形特特点

地区	地形特点	是否适宜大规模、高密度开发	地区	地形特点	是否适宜大规模、高密度开发
越秀区	主要为平原	适宜	番禺区	北部为低丘，南部为三角洲平原。陆地占总面积的65%，河涌及外围水域占35%。全境为"一山三水六平原"	适宜
荔湾区	主要为平原	适宜	花都区	北部丘陵，中部台地，南部平原。平原占61.69%，丘陵31.5%，水域占6.8%	比较适宜
海珠区	主要为平原	适宜	萝岗区	三面环山，北部多山地丘陵，南部平原与丘陵相间，平原面积占45%，山地占55%	比较适宜
天河区	丘陵占19.23%；台地占21.55%；平原占58.77%	适宜	南沙区	台地占总面积47%，平原占53%。以基岩、软黏土为主，承载力低	比较适宜
白云区	西南部为平原，东部、东北部为陡坡、丘陵山地	适宜	增城市	山地占增城区面积8.3%，丘陵占35.1%，台地占23.2%，平原占35.4%	比较适宜
黄埔区	陆地面积占77%，水域面积占23%。北面为山，沿海为围田区，西南部为平原	比较适宜	从化市	平原占全市总面积的15.04%，阶地占3.13%，台地占10.8%，丘陵31.76%，山地占8.32%，水面占1.33%	不适宜

附表20　广州主要文化名片及文化遗产资源分布

广州主要历史文化名片	分布区域
"海上丝路"名片	海珠区、荔湾区、黄埔区
"十三行"名片	海珠区、荔湾区
"广交会"名片	海珠区
"北京路"名片	越秀区
"近现代革命策源地"品牌	越秀区、黄埔区
"广州花城"名片	海珠区

附表21　1990—2010年广州全社会固定资产投资及市区占比情况　单位：亿元

年份	全部投资	市区占比(%)	基本建设投资	市区占比(%)	更新改造投资	市区占比(%)	房地产开发投资	市区占比(%)
1990年	90.5937	76.0	42.2295	78.3	22.1809	83.0	11.7419	83.1
1995年	618.2515	76.6	213.7537	83.6	109.3281	71.8	209.1136	81.4
1999年	878.2586	85.0	353.1702	91.1	143.2444	90.2	295.9027	86.8
2000年	923.6676	81.5	308.5834	85.5	158.5199	92.0	355.5816	82.0
2001年	978.2093	96.3	318.4471	97.7	175.556	97.5	387.0207	97.3
2005年	1519.1582	93.4	781.9902	94.2	198.096	96.3	508.0846	91.5
2008年	2105.5373	92.1	985.1608	93.8	348.8699	93.4	763.4024	89.3
2009年	2659.8516	92.3	1290.2634	95.7	541.7163	94.1	817.3449	86.1
2010年	3263.5731	92.2	—	—	—	—	983.6582	87.6

备注：2000年以前市区指老八区；2001年以后市区指十区。

附表22　不同时期广州各区出口依存度　单位：亿元

		越秀区	荔湾区	白云区	海珠区	天河区	番禺区	花都区	增城市	从化市	黄埔区	南沙区	萝岗区
1985年	GDP	8.74	11.63	6.7	2.0	33.59	10.65	3.32	3.86	—	1.0		
	出口依存度(%)	7.37	25.27	0.00	3.31	17.30	0.18	0.34	0.39		46.28	—	
1990年	GDP	33.76	13.39	15.24	6.19	41.17	29.75	11.15	10.84	0.15	2.84	—	—
	出口依存度(%)	13.06	39.05	0.00	18.49	25.28	0.11	0.18	0.18	9.94	93.97	—	

续上表

		越秀区	荔湾区	白云区	海珠区	天河区	番禺区	花都区	增城市	从化市	黄埔区	南沙区	萝岗区
1995年	GDP	40.39	39.09	69.08	33.42	59.67	149.79	83.45	82.13	0.67	14.74	—	—
	出口依存度(%)	21.44	41.28	54.19	34.01	33.43	0.04	0.04	0.05	4.47	145.08	—	—
1996年	GDP	39.57	44.92	81.62	34.46	68	193.49	92.55	93.03	0.77	17.55	—	—
	出口依存度(%)	16.58	30.58	47.69	36.18	29.85	0.03	0.04	0.04	4.30	148.62	—	—
1997年	GDP	42.59	29.65	91.55	39.86	—	216.16	110.92	114.25	0.89	19.71	—	—
	出口依存度(%)	16.18	14.24	48.86	32.79	—	0.03	0.03	0.04	3.52	154.59	—	—
1998年	GDP	52.86	33.35	10.33	44.29	—	244.51	124.21	122.23	1.06	21.9	—	—
	出口依存度(%)	15.56	7.91	45.52	42.41	—	0.02	0.03	0.03	2.85	154.68	—	—
2005年	GDP	892.46	343.84	52.78	317.97	891.28	473.68	301.54	269.68	92.11	363.96	132.91	—
	出口依存度(%)	39.99	23.27	26.31	20.21	11.66	129.35	24.15	0.00	0.00	14.47	77.29	—
2010年	GDP	1652.4	614.76	939.09	729.68	1872.28	1063.15	666.0	586.45	187.27	567.29	488.25	1381.64
	出口依存度(%)	27.6	20.34	15.15	13.26	8.54	57.33	23.25	27.92	53.44	19.52	49.59	67.59
2012年	GDP	2122.6	746.29	1186.36	1000.65	2403.53	1368.69	800.6	749.31	246.0	639.47	808.69	1683.37
	出口依存度(%)	25.58	13.84	15.30	10.74	7.54	54.52	24.25	24.91	47.73	1.25	47.80	60.12

附表23 不同时期广州代表性区域经济密度及产业结构对比

单位：万元/平方公里

	1990年		1995年		2005年		2010年	
	经济密度	产业结构	经济密度	产业结构	经济密度	产业结构	经济密度	产业结构
越秀区	3352	0:26:73	12938	0:24:76	271979	0:3.5:96.5	488877	0:3:97
天河区	3801	4:33:62	5509	2:39:59	64680	0.1:18.5:81.4	135870	0.1:14.9:85
番禺区	226	25:47:28	1140	11:50:39	4615	5.8:54.8:39.3	13526	4.2:41.3:54.5
花都区	116	22:61:17	868	12:56:32	3112	5.9:65.5:25.6	6872	3.8:65.1:31.1
从化市	32	38:40:22	159	24:51:25	466	12.7:50.3:37	948	9.7:46.1:44.2

备注：经济密度=国内生产总值/行政区面积。

附表24　不同时期广州代表性区域主导产业类型对比

年份\地区	1990年	1995年	2005年	2010年
越秀区	商贸、旅游、文教	批发零售、商旅、文化、医疗	现代服务业、文化产业、会展商贸批发、会展、交通运输	总部经济、商贸业、金融业、物流服务业、商务服务业、文化创意产业、信息服务业、公共服务业
天河区	化工、建材、纺织、制鞋和彩印	电子、通信器材、生物制药、机械制造、房地产	信息与软件、商业、都市农业、教育	信息与软件、金融、商业商务服务、房地产
番禺区	农业、食品、加工制造、房地产（多为港澳侨乡带动）	农业、食品、化工、汽车装配、家电	输变电设备、电器制造、汽车装配、船舶装备、农业	通用设备制造、装备制造、交通运输业、汽车装配、创意产业、房地产、旅游
花都区	农业、水泥、机械电子、轻工纺织、医药化工、食品	建材、机械制造、电子电器、轻纺制衣、皮革皮具、食品、塑料化工、农业	汽车、皮革皮具、机械制造、精细化工、音响、农业	汽车、空港、皮革皮具、珠宝、声光电、房地产
从化市	农业、种植种养	农业、化工、农产品加工	农业、旅游	都市农业、农产精细加工、休闲旅游

附表25　不同时期广州代表性区域发展重点领域

地区	重点发展领域
越秀区	1980年高第街专业市场开业，随后，观绿时装市场、珠光路市场、海印电器市场、高第街服装市场、西湖路和黄花岗灯光夜市；20世纪90年代，引进外资和发展民营经济；新世纪，兴起了以环市东国际中央商务区为核心的总部企业发展基地、以北京路为辐射的国际商贸旅游区和黄花岗科技园。旧城区改造和危破房改造

续上表

地区	重点发展领域
天河区	1985年建区。"一路四区"战略（可持续发展，科技兴区、教育强区、环境建区和文化优区）。天河科技园和天河软件园，形成了八大电脑城，以石牌西为中心的石牌IT商圈，聚集了广州市80%以上的IT贸易型、技术服务型企业。1991年提出"三二一"经济发展战略，突出发展金融、商贸、酒店等现代服务业，区域性服务中心、运营中心、消费中心功能确立，总部经济效应显现。广州市新城市中轴线贯穿南北，珠江新城中央商务区已逐步成为华南地区现代商贸和广州金融中心。天河体育中心、广东奥林匹克体育中心
花都区	外资企业、乡镇企业和私营企业不断发展壮大。主要生产机电、纺织、汽车零部件、皮具、珠宝等产品。汽车、空港经济、皮革皮具、金银珠宝等优势产业逐步形成。形成了汽车城、皮具皮革城等
萝岗区	西区、东区、永和、科学城、中新知识城。引入了电子信息、汽车、金属冶炼、生物、精细化工、食品饮料等。箭牌口香糖、高露洁牙膏、三菱松下的空调压缩机、线路板生产基地、联众不锈钢。中科院、清华大学、中山大学和微软、英特尔、IBM、甲骨文、杜邦等都在开发区设立了科技研发机构
从化市	都市型农业和旅游业发展较快，发展了太平经济技术开发区、明珠工业园；后期整合成从化市经济技术开发区。现为主体功能区生态限制发展区，承担生态功能

（课题组成员：白国强　葛志专　覃剑）

社 会 篇

广州市番禺区城镇化进程中"村改居"治理体系及路径选择调研报告

番禺位于广州市域南部，处在珠江三角洲中部地带。改革开放30多年，番禺的经济、社会获得长足发展，综合实力、居民生活水平显著改善，番禺实现了从农业郊县到广州时尚创意都会城区定位发展的巨大转变，城镇化进程取得明显成就。番禺的总人口从1978年的73.8万，增加至2013年区域内实有人口近300万，接近我国对大城市所界定的人口规模量；经济总量从1978年的7.2亿元，人均1093元，发展到2013年1353.2亿元，人均GDP已超过15000多美元[①]，跨进中高收入社会；三大产业比重从1978年的36.2∶37.1∶26.7到2013年的1.9∶35.1∶63.0，第三产业已占据了主导地位；到2013年，城镇居民年人均可支配收入达39326元，农村居民年人均纯收入达20206元，两者收入比1.95∶1，低于广州全市的水平[②]，城乡收入差距相对合理；番禺的城镇化率迅速增长，已由1978年的18.6%增长到2013年64.1%；番禺的综合竞争力也不断提升，在"中国市辖区综合实力百强"中名列第十。

从城镇化S曲线来看[③]，番禺的城镇化即将步入成熟城镇化的阶段。在全国新型城镇化发展的部署之下，番禺面临着城镇化的深化与改造的关键期，需要更高层次的社会经济结构转型，需要更高质量的城镇化。

---

① 按照常住人口以及2013年平均汇率计算。

② 2013年，广州城市居民人均可支配收入42049元，农村居民人均纯收入18887元，两者的收入比为2.23∶1。一般认为，城乡居民收入合理差距标准介于1.5∶1至2∶1。

③ 美国城市地理学家诺瑟姆（Ray M. Northam）通过对发达国家城市化过程的观察，提出城市化的S形曲线理论。根据城市人口的比例，城市化的三个阶段大致可划分为城市化水平在30%以下的初期阶段，30%～70%为中期阶段，70%以上为后期成熟阶段。

一、改革开放以来的城镇化进程

(一) 第一阶段：工商业复苏与"非农化"（1978—1991年）

从改革开放到20世纪90年代初期，番禺迎来了农村体制改革和农村工商业推动的城镇化发展阶段。

1978年，番禺是隶属广东省广州市的农业郊县，地域面积1314.25平方公里。当年年末户籍人口约为66万人（660189人），其中，非农业人口约12万人（122734人），农业人口约54万人（537455人），户籍人口城镇化率仅为18.6%。在三大产业中，第一产业所占比重达36.2%，当时的番禺依然被视为都市广州的一个农产品供应地区。

番禺人抓住改革开放的时机，利用其毗邻港澳的地缘和人缘优势，以廉价劳动力和土地吸引大量外资，发展"三来一补"小型劳动密集型企业，面向国际市场，与香港形成"前店后厂"的发展模式。番禺是个侨乡，华侨企业家在番禺城镇化进程中发挥着举足轻重的作用，他们以路通、人兴、财通的眼光，捐资兴建基础设施、交通设施，整个20世纪80年代，联通广州与番禺的洛溪大桥、大石大桥、沙湾大桥大都由霍英东等企业家出资兴建。交通的改善加速了番禺工商业的发展。

番禺农村工业化的特点是村办工业、个体工业数量众多。发展到1991年，番禺全部3142家工业企业中，村办及个体企业的数量是2718家，占了86.5%。农村工业化的发展，在吸纳本地农村剩余劳动力之时，还开始大量吸纳其他地区的农村剩余劳动力。此外，这一时期，流通领域放开搞活，多种所有制并存扩展了商品市场，番禺个体经营的商业网点蓬勃发展，也大大增加了农民的就业机会。工商业的发展带来"非农化"的就业，从而扭转了番禺农村劳动力的就业格局，1978年番禺从事农业的农村劳动力比例还高达84.1%，到1992年这一比例下降到52.4%。农村劳动力的"非农化"就业并未带来户籍与身份的转变，农村劳动力呈现出"离土不离乡"的状态。见表1、表2。

表1　番禺1978年、1992年农业劳动力人数与比例

年份	农村劳动力（人数）	农业劳动力（人数）	农业劳动力所占比例（%）
1978	265089	222912	84.1
1992	355519	186344	52.4

1984年以前，国家对设镇的标准较高，城镇发展缓慢，番禺仅有2个建制镇。1984年，国家放宽了设镇标准，到1986年，番禺建制镇的数量增加至22个（其中20个由区公所改为镇）。

从1978年到1991年，番禺户籍人口城镇化率从18.6%提升到23.1%；第二产业、第三产业增加值所占GDP的比重从63.8%升至70%。

表2　番禺1978年、1991年户籍人口城镇化率

年份	户籍人口（人）	非农业人口	农业人口	户籍人口城镇化率（%）
1978	660189	122734	537455	18.6
1991	782603	180335	580368	23.1

（二）第二阶段："撤县设市"与经济起飞（1992—1999年）

随着经济实力的提升、人口的增长、就业格局的改变，以及地方政府管理重点从对农村管理向对城市管理的转移，1992年5月，国务院批准番禺"撤县设市"，设立番禺市（县级）。当年年末，番禺户籍人口约为80万人（802430），其中，非农业人口数突破20万（212041），与1978年相比增长72.8%；农业人口约为59万人（590389），与1978年相比增长9.85%。到1993年，户籍人口城镇化率提升至36.8%。

20世纪90年代是番禺经济高速增长的时期。从图1可以看到，从1992年起，番禺的GDP开始迅猛增长，番禺进入经济发展起飞阶段。在产业结构中，第一产业比重持续下降，第二、第三产业增长迅速，到1999年，第二、第三产业所占比重上升至91.2%。

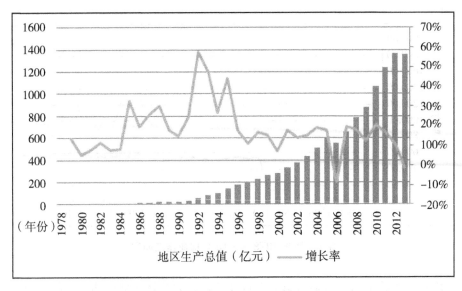

图1 番禺地区生产总值及年增长率

注：2006年、2012年因行政区划调整，导致生产总值和增长率出现较大波动。

经济发展带来了人口的聚集，这一时期外来人口大量涌入。到2000年，番禺外来人口达68.3万，主要集中在市桥地区。

"撤县设市"之后。番禺的城市化特征日趋凸显，大规模城市建设开始启动。番禺建城用地从1988年的21.7平方公里激增至2000年的168.2平方公里，增加了6.8倍。见表3。

表3 番禺建城用地面积统计

单位：平方公里

年份	1988	1993	1997	2000
建城用地	21.7	75.6	121.8	168.2

1992年是番禺房屋建设的转折点。从房屋施工面积来看，1978年仅为3.6万平方米，1991年为159.2万平方米，1992年激增至500万平方米，此后数年，房屋施工面积持续维持在这一水平，直到2000年"撤市设区"，再次引发房屋建筑面积的大幅度增长。见图2。

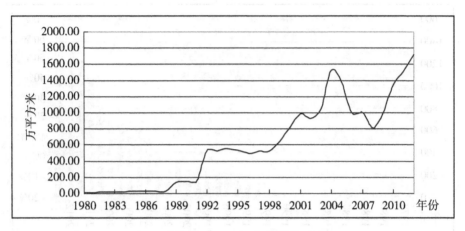

图2　番禺1978—2012年房屋施工面积

广州对于番禺的经济辐射影响力日渐凸显，尤其是北部近邻广州的大石、南村、钟村、市桥、石碁等区域，来自广州的工业企业和商品批发市场开始迁入，面向广州市场的房地产项目大规模开发，番禺北部成为接纳广州城市居住功能外延的重要地区，导致这些城镇的工业、居住、商业服务用地迅速扩展，建设用地规模成倍增长。

（三）第三阶段："撤市设区"与都会区建设（2000年至今）

为了强化广州中心城市的地位，合理利用土地资源，调整经济布局，以及调整广州城市发展方向，2000年5月，国务院批准撤销番禺市、花都市，转设为广州新增的两区。"撤市设区"之后，"南拓"成为广州城市发展的一个主轴线。虽然"撤市设区"使番禺地方政府的独立性和区域自主发展能力下降，但"撤市设区"破解了广州与番禺之间行政区经济的桎梏，番禺在基础设施建设、房地产开发、重点项目带动、投资力度等方面都得以提高，城镇化驱动力日趋加大。

番禺被纳入大广州系统后，以交通为主体的基础设施建设力度得以强化。规划建设的主要交通设施包括广州地铁二号线、广州地铁三号线、广州地铁四号线、广州地铁七号线、广州南部地区快速路、新光快速路、广深城际铁路、广珠城际铁路、广州铁路新客站等。这些重大交通设施的建成，完善了番禺的交通运输网络。番禺成为连接珠江三角洲东西两翼、沟通南北的重要节点和珠江三角洲核心区域的衔接枢纽。

地铁的开通大大降低了居民出行的时间成本和通勤费用，吸引了广州城区人口大量迁入番禺城市轨道交通的服务区域之内，广州老城区的商业、资金、人才持续向番禺转移，第三产业具备更大的发展空间。番禺以"长隆"这一国际性品牌为代表的旅游业，以及酒店业、餐饮业、商贸业、房地产业、服务业等第三产业成为提高城镇化的主要驱动力。番禺第三产业占GDP的比重在2007年超过第二产业，位居产业经济主导地位。见图3。

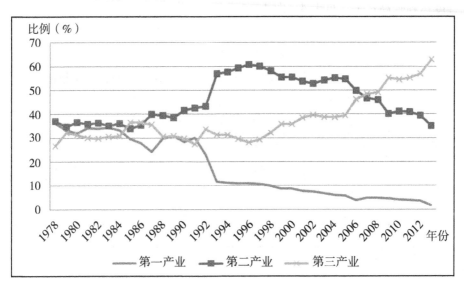

图3　番禺地区三大产业占地区生产总值的比例构成

在番禺，重大项目对城镇化的带动作用显著增长。大学城、广州新城项目以及以汽车、石化、钢铁、造船等大工业和物流为主导的现代服务业落户番禺，重点项目的"植入"改变着番禺的城市面貌。大学城、广州新城两个建设项目规划用地面积之和超过番禺"撤市设区"之前原市域范围内的建设用地的总和。

为了加速南沙建设，2005年4月，广州市对市辖区进行调整，从番禺区划出544.12平方公里（剩余786.15平方公里）设立南沙区，划出面积约占原番禺区总面积的41.4%。区划调整之后，番禺土地储备资源急剧减少，土地供给更趋紧张。番禺区面临着发展空间缩小、经济发展模式转型的压力。

辖区范围调整前，番禺户籍人口规模达到107万人（1073348），作为广州超百万户籍人口的区域之一，其户籍人口城镇化率约49%。调整后的2006年，全区户籍人口约为94万人（947607）。其中，非农业人口约为50万人（504823），农业人口约为44万人（442784）。在番禺历史上，非农业人口的数量第一次超过农业人口，户籍人口城镇化率达到53.3%。

2012年12月，国务院批准将番禺区东涌镇、大岗镇、榄核镇三镇划入南沙区。行政区划调整后，番禺面积由786.15平方公里缩减为529.94平方公里。调整之后，户籍人口城镇化率由2012年的54.2%提升至2013年的64.1%，城镇化程度达到较高水平。见表4、图4。

表4 番禺各年户籍人口城镇化率

年份	户籍人口	非农业人口	农业人口	户籍人口城镇化率（%）
1992	802430	212041	590389	26.4
2000	926542	375018	551524	40.5
2005	1073348	525901	547447	49.0
2006	947607	504823	442784	53.3
2012	1015443	550733	464710	54.2
2013	820596	526361	294235	64.1

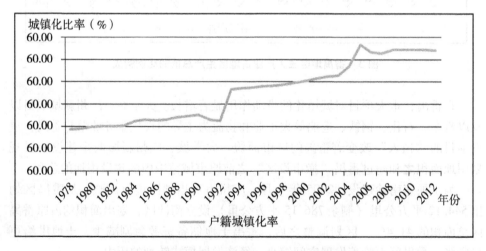

图4 番禺1978—2012年户籍人口城镇化率

经历数次行政区划调整，到2013年，番禺共下辖6镇、10街、177个行政村和84个居委会。辖区范围调整之后，番禺内部城镇化水平差异相对缩小，番禺向高人口密度的城区转型。根据广州新型城市化发展战略，番禺整个区域被纳入广州新都会区发展规划，番禺在广州市经济与城市空间格局中的地位发生了根本性变化，将更有利于番禺新型城镇化建设。

二、城镇化与村居转型

在广州这个超大城市的发展与扩展中，番禺发生了从广州的郊县到郊区再到广州新都会区的转变，番禺的城镇化深度融入广州的发展中。番禺行政区划的调整轨迹导致了在其城镇化进程中的"双轨城镇化"特点[1]，一方面是"自上而下"以广州主城区为中心的城镇化推动方式，其特点是重大基础设施、重大项目驱动、辐射带动的跨越式发展；另一方面则是番禺本土的城镇化路径，其依托既有城镇、乡村，凭借土地资本，通过引进中、小规模工业企业，围绕各村、镇以多点蔓延为增长方式的城镇化模式。这两种城镇化的驱动力量推动了番禺的村居转型。

（一）"嵌入式"城镇化：楼盘社区与本土村居的断裂

发达国家城市化的进程中有一个"郊区化"过程。郊区被认为是在城市里工作的城市专业人员买房居住并抚养家庭子女的地方。广州的住宅郊区化始于20世纪80年代末期，当时的番禺洛溪新城以低价赢得消费者的青睐，拉开了房地产业驱动番禺城市空间扩展的序幕。番禺大桥、华南快速干线的修建改变了番禺与广州的联系，刺激和带动了公路沿线房地产业的快速发展，华南板块应运而生，包括星河湾、锦绣香江、南国奥林匹克花园、华南新城、雅居乐等楼盘。番禺开发的楼盘用地面积以大型楼盘为主，番禺10个最大的楼盘用地面积超过2000公顷，其中一个祈福新村的占地面积就达到500公顷。

大规模的楼盘社区对番禺城市空间结构、扩展模式、本土村居产生了深远影响。一方面，实力品牌楼宇的开发提升了番禺的城市品位与知名度，城镇的基础

---

[1] 雷诚：《双轨城市化进程中土地发展权的空间配置研究——基于广州番禺区案例的分析》，参见《转型与重构——2011中国城市规划年会论文集》，东南大学出版社、东南大学电子音像出版社2011年版。

设施得到较大的改善；另一方面，房地产开发缺乏有机的规划和秩序，表现为对地块的分割使用，导致地区用地的碎片化与结构不平衡。楼盘社区内部功能虽然完善，但却与周边的村居形成鲜明的对比，甚至利益冲突，整个区域的协调性较差。楼盘社区犹如城市中的个个"孤岛"，欠缺城市融合与城市结构的完整性。

（二）重大项目驱动与新"城中村"的出现

番禺的并入为广州的城市扩展提供了巨大的空间，作为承接广州市"南拓"战略实施的重点地区，番禺成为广州市众多重点建设项目的选址用地，包括广州大学城（一二期）、广州铁路新客站（即广州南站）及其周边地区以及广州新城等。其中，广州南站项目涉及的被征地村的数量有12个，亚运城被征地村的数量是7个，大学城被征地村的数量是12个。

重点建设项目以其重要性、迫切性、强制性而得以迅速推进，需要通过较大范围的征地拆迁来实现。对于涉及重点项目征地拆迁的村居，在短时间内经历着骤然而至的转变。

以广州大学城项目为例，大学城规划范围43平方公里，规划人口35.4万人，项目落址在小谷围岛。小谷围岛四面环水，风景优美，岛上有6个行政村，在征地拆迁之前，村民除了外出打工或经商，留守的村民还保持着传统的农耕生活，岛上的农村在岭南文化的浸润下依然保有浓郁的乡土气息。大学城的建设导致"村庄的终结"与迅速转型，6个村当中有2个是全征地拆迁村，涉及人口1800多人，村民统一迁往集中安置点居住，另外4个村为保留村，保留村农民居住地不做迁移，但保留村的经济、社会、空间在巨大的外部力量之下发生了彻底转型，形成了城镇化进程中的新"城中村"，由于是重点建设项目所导致，可称之为项目"城中村"。这类村庄在急速被动城镇化当中，突然的转型导致许多问题，如征地拆迁的补偿问题、村集体留用地的问题、村民就业问题、社会角色转换问题等等。

（三）村居的"在地城镇化"

在番禺工业化的初期阶段，地方各级政府有着强大的发展经济的动力，镇、村在招商引资的激烈竞争中，竞相以低地价吸引项目，呈现出各自为政，以村、镇经济发展为主的工业化发展模式。这种发展方式带来的是"遍地开花""村村冒烟"的分散局面，农村工业化发展缺乏布局，集约化程度低，在农地之上形成延绵形态。

农村集体经济组织将集体所有的土地、厂房出租给企业使用，创造出以集体土地启动工业化的模式，集体经济组织和农民分享农地非农化的土地级差增值收益。在村庄工业化的带动下，村居开始呈现"在地城镇化"的形态，与"被动城镇化"相比，这是一种主动城镇化的类型。

这类村庄主要分布在城区周围或者交通干线附近，集体经济实力往往比较雄厚，并拥有高度权威性的村庄领袖①。由于有着工商业的就业机会或较好的社会服务和生活环境，大量非农人口逐渐在村庄聚集，从而引发人口密度、土地利用、产业发展、空间布局肌理等方面的城镇形态特征。番禺大龙街旧水坑村就是"在地城镇化"的典型个案，该村辖区面积1.86平方公里，户籍人口2637人，而外来流动人口则有37426人。旧水坑村范围内有各类工商企业26家，其中集体与外资合作兴办的企业有12家，全部以生产高新电子产品为主，2012年全村集体收入达75075万元。村内道路宽敞、绿化优美，有学校、敬老院、幼儿园、医院、酒堂、文化中心、工厂区、住宅区、美食广场、市场、健身公园等，已俨然一个小城镇的格局。

（四）外来人口的冲击

番禺对外来人口的吸纳是其城镇化的一个重要特征。从广州11个区来看，番禺外来人口数量位列第二。截至2013年底，全区户籍人口82万人，登记在册外来人口115万人，再加上广州城区在番禺的购房居住者、广州大学城师生，番禺实有人口约为300万人。

据番禺区流管办的数据统计，番禺全区16个镇街，外来人口数量超过本地人口数量的镇街有10个，人口倒挂比例最高的是1:3.75。全区261个村居，外来人员数量超过1万的村居共有27个，人口倒挂的村居有147个。

番禺对外来人口的辐射与吸纳范围几乎覆盖全国，番禺外来人口的户籍地涵盖了31个省、自治区、直辖市。人员构成复杂多元。从2009年以后，番禺外来人口的输出地发生了转变，从省外流入向省内流入转变。见图5。

外来人口聚集的村居多为城乡结合部和城中村，是物流、商铺集中地及劳动

---

① 番禺农村的本土力量在"在地城镇化"发展中扮演着强势角色。番禺农村有着强大的宗族文化和宗族资源，其悠久的农村成长史往往也是宗族发展史。虽然在国家权力摧枯拉朽的打击下，传统宗族与地方社会力量，尤其是其外显的硬性部分的力量被消灭掉，但其传统的结构性力量并没有彻底消失，农村宗族意识仍然强有力存在，在改革开放之初，出现了相当普遍的传统复兴和宗族再造（参见贺雪峰《论中国农村的区域差异——村庄社会结构的视角》，载于《开放时代》2012年第10期）。

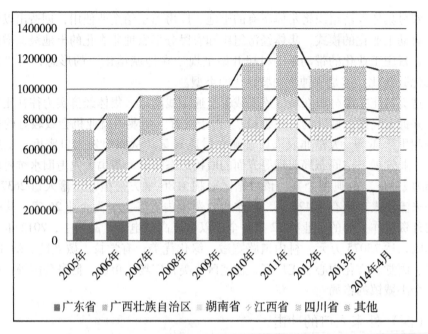

图 5　番禺区外来人口数量及其构成

注：2012 年番禺区有 3 个镇街划入南沙区，数据相对下降。

密集型企业集中区域，村居发达活跃的经济在很大程度上得益于外来人口所注入的人口红利。在本地享有外来人口红利的同时，外来人口与本地村民的权利和待遇却有着显然的区别，外来人口没有本地村民的股份分红，在村居中没有选举权和被选举权，政治参与、社区参与较少，公共服务均等化有待逐步、有序推进。近些年，在番禺外来人口中，越来越多的是新生代"80后""90后"青年，年龄结构呈现出以 16～35 岁的流动人员为主的特点（占 57.7%）。新生代农民工有着更多的利益诉求，对发展前景、福利保障、住房、社会参与的要求更高，自我保护与维权意识也更加强烈。此外，外来人口当中还呈现出"家庭型"的新趋势①。这种新趋势所携带的社会需求对本地的公共服务、公共资源、社会融入提出更大的挑战。

---

① 2013 年番禺区以家庭模式居住的流动人员比例为 48.3%，在连续居住半年以上的流动人员中，以家庭模式居住的比例更高达 74%。

三、"村改居"受挫及其原因

番禺村居在城镇化进程中呈现出发展的差异,番禺区北部、与广州城区邻近的华南板块,以及市桥街等中心区所在的村居,城乡差异程度较小;而一些位于番禺区东部、东南部、西南部的村庄,城镇化速度相对缓慢,还保留着传统意义上的村庄面貌。番禺目前177个行政村,从地理位置分布情况来看:位于或紧邻所属镇街城镇中心(不超过3公里范围)的村庄有106个,占59.9%;离城镇中心超过3公里的"城郊村",共有71个,占40.1%。在106个村庄中,村集体已经没有或者很少拥有耕地存量,具有"城中村"典型特征的村有69个。番禺存在着"城中村"改造的现实需求。

为了改变城乡二元结构,实现城乡经济社会一体化,着重解决城市洼陷地带"城中村"的问题,将村民委员会改制为社区居民委员会、农民转化为市民、农村社区转变为城市社区,实现城市化统一管理成为城镇化进程的一个重要举措。

(一) 推动"村改居"受挫

在2001年顺德等地"村改居"试点基础上,广东省于2002年颁发《广东省城市基层管理体制改革工作实施方案》,启动珠三角"村改居"的进程。

广州的"村改居"工作是与"城中村"改造结合在一起来推进。2002年,广州市委、市政府出台《关于"城中村"改制工作的若干意见》,从村民户口"农转非",集体土地及其房屋权属的处置,村委改居委,农村集体资产的处置、规划和市政设施的管理,农村学校,环卫管理,计划生育政策,农转居后的就业,社会保障等10个层面推进"城中村"改制工作。2008年,广州又出台《关于完善"农转居"和"城中村"改造有关政策问题的意见》,对"农转居"和"城中村"改造涉及土地征收、土地和房屋确权、社区配套建设、集体经济发展、人员户籍管理、就业、社保和"城中村"改造等问题予以明确。由于广州市突出的"城中村"问题集中在黄埔区、天河区、海珠区、芳村区和白云区,番禺作为一个郊区并没有被纳入到改制的重点区域中。

番禺于2003年计划启动"村改居",当时的设想是准备在推进村委会规模调整之时同步推进"村改居"工作,并确定了拟进行"村改居"的5个村。但经召开村民会议表决,5个村均未能通过有关"村改居"的方案。番禺区依据对

《中华人民共和国村民委员会组织法》的理解①，以村民会议未形成共识，没有通过调整方案为缘由，向广州市政府提出《关于番禺区村民委员会规模不作调整的请示》，得到市政府的同意批复。番禺的"村改居"工作暂告停顿。

2013年，在深化农村综合改革的部署下，番禺再次准备启动"村改居"工作，番禺区民政局经过大量调研，报送了专题调研工作报告，建议将"村改居"与"旧村改造"相配套，一揽子解决村庄改造问题。并将位于市桥街中心的东郊村作为番禺区首个试点，借助东郊村"旧村改造"项目，一并推进"村改居"。但目前，由于"旧村改造"的主体是东郊村委会，在改造过程中，村委会作为业主单位，仍有大量报建、签约、调解等工作，需要以村民委员会为主体完成，东郊村"村改居"工作亦暂缓。

实际上，广州在老城区开展的"城中村"改造和"村改居"工作也遭遇重重难题，这项工作在一定程度上确实实现了撤村建居与农民整体转为居民的目标，但是由于欠缺系统的配套政策和实施办法，缺乏法律法规的保障，不少转制社区结果是"招牌摘了，户口变了，一切照旧"。转制社区的土地权属、集体经济组织、行政管理体制仍然沿袭农村原有模式。这种以"先形式、后内容"的运动化方式来推进"村改居"是一种行政策略，由于形式层面难度小，往往容易完成，而改革的实质内容则由于其难度大而被滞后。

（二）"村改居"受挫的原因

在双重二元结构限制下，"村改居"实际上是一个复杂的利益博弈、利益调整和利益重组的过程，在没有完备政策配套的基础上推动"村改居"，基层干部动力匮乏，村集体、农民对自身利益担忧，对转型前景的不明朗都导致"村改居"这一政策工具很难落实。

1. "村改居"后公共开支、干部待遇、集体公共物业归属等政策没有明确

目前，番禺村居日常管理、公共服务、公共设施、社会福利的支出主要由村集体经济承担。以2011年为例，番禺各村日常办公经费开支约7329万元，平均每个村约为41.4万元；人员经费的开支约11085万元，其中村"两委"工资约3733万元，其他村务人员工资约7352万元，平均每个村约为62.6万元。村办公经费和人员经费两项合计约为每个村104万元。这只是村居的基础支出，如果

---

① 《中华人民共和国村民委员会组织法》第八条规定："村民委员会的设立、撤销、范围调整，由乡、民族乡、镇的人民政府提出，经村民会议讨论同意后，报县级人民政府批准。"

包括村居公共设施配套完善及维护费用等，支出的成本会更大。实现"村改居"后，财政体制如何因应进行调整，区、镇街财政如何分担尚未明确，调研中镇街表示财政压力很大。

此外，村干部的工资主要由村集体经济承担，且工资水平普遍高于居委会干部。"村改居"后，财政如何支付原村干部人员的工资？薪酬标准、待遇水平会否下降，是镇街与村干部担心的问题。

村民委员会的办公场所均为村集体物业，所有权属村集体。"村改居"后成立的社区居民委员会办公场所配置可能面临困难，无论是暂时租用原村委会办公楼或其他物业，还是购置新的办公场所，均会由各级财政负担。相应地，村内大量室内活动场室，如公共阅览室、绿色网园、棋牌室、文娱活动室等，虽然均有各级政府、部门的投入资金扶持，但物业所有权均属村集体，"村改居"后不能不考虑改制后的村集体经济出于经济利益，面临被收回并另作他用等问题。

2. 村民认为利益受损，反对转换农民身份

村民对"村改居"后会带来的利益损失有普遍的担忧。

（1）农民的股份分红是否会发生改变，宅基地政策会否改变。

（2）2016年前计划生育的三项政策农民与居民有显然的差别：农民的生育政策是生育第一胎是女孩的，安排第二胎指标，但居民不享有这一政策；计划生育社会抚养费的金额，在农村是按农民人均纯收入为基数征收，但在城市是按城镇居民人均可支配收入为基数收取，城镇的基数要远高于农村；关于计生奖励，农村享有独生子女或纯二女户家庭奖励，但居民没有。

（3）在民政领域，农村五保户供养标准要高于城镇三无人员的供养标准。2014年，番禺农村五保户供养标准是1153元/（人·月），城镇三无人员供养标准是702元/（人·月）。

（4）各种惠农补贴的政策会随着身份转变而取消。村民所享有的国家及本村提供的社会福利、养老金、教育奖励等是否会改变。

（5）村集体经济组织转为公司制运行，所缴纳的税金会增加，将降低村集体经济收入，影响股份分红。村民担心村集体经济会随着"村改居"而变为国有资产，村财归公。

3. 历史遗留问题长期得不到解决，"村改居"存在较大阻力

在番禺，农民对土地问题的意见最大。一是农村集体留用地长期未能完全解决，其中有规划的问题，指标的问题，也有建设许可的问题。集体留用地问题的积淀使得村集体、村民利益受损，村民反映的意见较大。截至2013年6月6日，番禺区新征地项目留用地指标共 7487.01 亩，欠账数量为 4360.25 亩。加上历史留用地欠账数量为 25.03 亩，总欠账为 4385.28 亩①。随着时间推移，落实这些地的难度也会加大。

二是村民宅基地的问题。在城镇化进程中，随着农村土地的不断被开发利用，可供分配的宅基地越来越少，与此同时，农民房屋越建越大、越建越高，违法用地和违章建筑现象屡禁不止。从 2001 年开始，广州市政府对农民建房做出了限制，农村宅基地独立的用地规划许可暂停办理，番禺区许多新分户并符合"一户一宅"申请条件的农村村民不能按程序及要求申请办理宅基地审批手续。但刚性的农民建房需求并没有因此而停止，这使得大批农村新增房屋没有合法证照。2013 年，番禺区村民住宅总数为 325905 栋，其中，有宅基地使用权证的住宅有 173861 栋②，有证村民住宅占住宅总数的比例仅约 53%。

在这些背景之下，历史遗留问题得不到较快解决，"村改居"面临较大阻力。

四、村居治理体系建设的政策设计及成效

番禺的"村改居"虽然受挫，但在村居治理体系建设中的政策设计和实践探索并没有停止，番禺从股权改革、政经分离、村集体经济"三资监管"、农村社区建设、扩展型"积分制"等政策层面为村居治理改善提供支撑，为村居城镇化夯实基础。

（一）股权改革：明晰产权和收益权

村集体经济是村居治理的核心，集体经济从股份制化到股权改革，确立了"股权固化"的基本分配格局，进一步明晰了村民的产权和收益权，疏解了村民围绕集体经济分红的利益纷争。

随着农村工业化的发展，番禺农村集体经济的规模不断发展壮大。同珠江三角洲其他地区类似，番禺农村集体经济收入主要来源于厂房、商铺、土地的租赁收入，涉及的产业类型以工业为主。2013 年，全区村级集体资产总量达 116.7 亿元，平均每村 6594 万元；村级集体经济总收入 33 亿元，集体年可支配纯收入

---

① 依据广州市国土房管局番禺区分局 2014 年 6 月提供的数据。
② 石楼镇、新造镇、石壁街、钟村街没有提供数据，数量未纳入。

20.2亿元，平均每村1141万元；村民股份年均分红3465元/人，在177个村集体中，年人均股份分红最高的水平是55013元，年人均股份分红在1万元以上的村占11.3%，3500~10000元之间的村占36.2%，人均股份分红在3500元及以下的村占52.0%。见表5。

表5 2013年番禺农村集体经济股份分红

村人均股份分红（元）	村集体数量（个）	所占比例（%）
3500及以下	92	52.0
3500~6500	46	26.0
6500~10000	18	10.2
10000~25000	20	11.3
55013	1	0.6
合计	177	100

由于村集体经济的发达，集体经济体量庞大，围绕股份分红的利益纠纷不断，尤其以"外嫁女"问题为突出。番禺在20个世纪90年代就开始处理"外嫁女"股份分红的问题，并着手开展经济合作社股份制改革，进行股权固化，以解决村民的利益纷争。集体经济股份制改革的基本实践是将村集体财产折算为若干股份，平均分配到符合规定的本村户籍的每一位村民头上。股份固化，"生不增、死不减"，股份可以继承，股份持有者享受每个月的股份分红。

番禺区政府出台政策，一方面对农村集体经济组织所有的农村农用地、集体建设用地、公益性用地以及宅基地所有权进行确权工作，明确集体资产产权；另一方面，重新核对农村人口，依据法院判决处理有争议的村籍股民身份，确认集体经济组织成员权。在确权的基础之上，集体经济股份制改革以及股权固化在番禺农村已经基本实现全覆盖。

（二）政经分离：理顺治理主体

村居集体经济为基层经济社会发展注入了活力，但同时也成为基层矛盾的隐患。农村党组织、自治组织、集体经济组织交织在一起，边界职能不清晰，引发了基层政治、经济、社会等问题。

在本轮农村综合改革中，"政经分离"被视作理顺村居治理主体、村居组织关系的一项重要政策措施。2013年，番禺作为广州市农村"政经分离"体制改革试点，出台《关于进一步加强农村基层组织建设的意见》，并开始试点推行村级组织"政经分离"。"政经分离"的基本设置是：村居党组织发挥领导核心作用，负责总揽全局、协调各方，领导和支持自治组织行使职权；村居委会负责社区公共服务、社会管理、村民自治，其领导成员逐步实行在常住人口中选举；集体经济组织承担本级集体"三资"（资金、资产、资源）经营管理事务，接受上级主管部门监管。实行"村改居"的，集体经济组织与自治组织相分离，其领导成员由具有选举资格的股份合作经济组织成员选举产生。村的三套组织各负其责、各司其职。番禺区在2014年村级组织换届选举之后，共有92个行政村实现了"政经分离"。

（三）"三资"监管：强化规范管理

针对农村集体经济管理中存在的财务制度不健全、财务监督不完善，村集体征地补偿费使用不透明、不公开等问题，番禺区通过农村集体经济管理制度、管理中心、管理平台的建设，推动农村集体经济经营走向规范化管理。

首先，建立和完善"三项制度"：一是推行农村会计委派轮岗及农村财务管理电算化制度。二是规范集体财务审批管理制度和财务审计制度。由区统一印发《农村集体经济组织费用报销审批单》和《农村集体经济组织征地补偿费使用审批单》，建立开支审批单领用回收制度，规范各村集体费用开支审批程序。建立土地补偿费使用申报和备案制度。三是通过制定多项管理办法，多维度完善"三资"管理制度。

其次，建设"两个平台"。一个是农村财务监控分析平台。2008年，番禺开发建成了农村集体财务运行监控分析电子平台，促进村集体财务数据收集、管理、监督和分析信息化和自动化，强化了村级资金运行监管的电子化、网络化管理。另一个是农村集体资产资源管理与交易平台并推广运用。番禺全区177个村的农村集体资产、资源和相关合同的数据统一录入到农村集体资产资源管理与交易平台，实现电子联网化管理。

最后，建设"一个中心"。全面推行各镇、街农村集体资产资源交易中心的建设。目前，16个镇街已全部完成交易中心建设工作，并配备专职工作人员。截至2014年3月底，番禺全区通过平台完成农村集体资产资源交易554宗，交易金额17.6亿元，合同溢价约3亿元。

番禺通过"制度+平台+中心"的模式，将农村集体"三资"管理纳入到农村基层党风廉政建设中，实现了农村"三资"管理的信息化、公开化、透明化，促进了农村集体经济效益的最大化。

（四）社区建设：创新社会管理服务

为推进社会管理与公共服务在农村开展、城市文明向农村传播，番禺从2009年开始在全区进行农村社区建设实验试点。优化行政村公共服务配套设施建设和制度建设，与镇街管理服务设置共同构成完善的农村公共管理服务网络。

强化公共服务重心下移，增强镇街公共服务功能。全面推进镇街政务服务中心、综治信访维稳中心、家庭综合服务中心、健康计生服务中心、文体活动中心、小广场或公园等"六个一"工程建设。在村居普遍建立农村社区综合服务中心，搭建"一站式"公共服务平台，提供民政、就业、社保、医保、计生、农技、出租屋及外来人口管理等多项便民利民服务，服务本地村民及外来人口。实现基本生活服务、日常文体活动、一般医疗保健、矛盾调解"四个不出村（居）"。完善农村社会组织登记办法，培育农村服务性、公益性、互助性社会组织。探索建立村民小组（自然村）、行政村、镇街"三级联动"的理事会制度，形成"上下给力、双向互动"的社会管理网络。

（五）外来人口管理"积分制"：促进社会融合

面对庞大的外来人口以及其利益诉求，番禺区通过扩展型的"积分制"推动基本公共服务由户籍人口向实有人口全覆盖，以促进社会融合。番禺的"积分制"包括出租屋安全星级管理积分服务制度（服务对象覆盖户籍人口和流动人口）、流动人员子女积分入学制度（服务对象为流动人口）、计生积分制度（服务对象为番禺户籍人口和流动人口的已婚育龄群众），以及流动人员积分入户制度。

在"积分制"系统中，从2012年起实施的出租屋"星级"管理制度做出了番禺特色。按照出租屋的权证、设施、安全措施的不同水平计分，将出租屋分为一到三星级。星级越高，租赁双方获得积分也越高。违法建设或安全不达标的出租屋不定星级，租住者不获得积分。不按规定进行整改则列入"黑名单"，不容许出租，租住者扣减积分。截至2013年底，番禺区纳入安全星级管理的出租屋有10.5万户，积分服务涉及近10万出租屋主、近100万流动人员。

流动人员和出租人员可凭积分兑现政府13个职能部门及企业提供的入学、就医、就业、培训、娱乐等待遇和服务，包括免费体检、免费优生优育服务、看电影和购书免费优惠、景点门票优惠、家庭综合服务和慈善救助、技能培训、家庭教育培训、集体婚礼优惠、赠送租赁保险和赠送电话费等民生服务。到2014年4月，已经累计有72.8万名流动人员和10.1万人次享受到积分换取的公共服务。

通过"积分制"的实施，以及与全区诚信制度建设、人口信息管理、公共服务的联通贯穿挂钩，番禺走出了一条将户籍人口与外来人口平等对待的服务管理路径，促进了本地人与外地人的和谐融合。

五、村居城镇化存在的问题

（一）转强制性政策为诱致性政策

在村居城镇化过程中，制度的设计与推行一定要考虑农村实际，尤其要考虑农民的心理和诉求。

农民自身力量的弱小决定了他们"不见兔子不撒鹰"的行为选择。在农民看来，一旦"村改居"，先不说当了居民有什么好处，损失还是显而易见的。因此，必须在政策设计上让农民有实实在在的利益改进。也就是说，只有农民变居民的好处是以补偿失去农民身份的损失，也即有足够的利益增量农民才会有动力。这些好处应当是看得见的，而不是空头支票。

比如，变成居民后，在社保、医保、低保等方面如何向城市看齐？原来惠农的一些政策，能不能有一个过渡期，在若干年内明确保留？再比如，针对农民受教育程度低，转身份后就业困难的情况，能否由公共财政安排经费，对这些人进行专业训练和就业培训？如此等等。

"人类社会的发展是一个自然历史过程"，城镇化也不能违背这个规律。因此，广东的城镇化不能"一刀切"，不能搞行政命令。应当为村居城镇化准备条件，当条件不成熟时，不要硬推。有了好的政策，农民的积极性自然就会高涨，就像当年分田到户那样。

（二）集体经济的艰难转型

农村集体经济承担着发展经济、股份分红和提供农村公共产品三大职能。

番禺农村集体经济虽然呈现着增长的趋势，但也面临着发展的问题，表现在集体经济土地资源利用粗放，资产收益率较低，环境污染较为严重；集体经济主要以租赁经济为主，经济结构不均衡，在农民股份分红和风险规避的要求下，集体经济往往选择保守经营，经济结构升级的难度大；集体经济资产运营的效率不高，缺乏现代企业管理制度和管理人才，集体资产保值增值越来越困难；番禺大部分村集体经济项目没有纳入规范管理，村集体经济项目中有集体建设用地使用权证或房地产证的比例仅约为30%，用地问题也影响着村集体经济的进一步发展和转型升级。

在番禺农村实施"政经分离"之前，集体经济组织与村委会实际上是"两位一体"的管理模式，推行"政经分离"之后，形成了两套选举方式，村委干部由村民选举产生，集体经济组织理事会由村集体经济股份合作社的股民选举产生。但除此之外，村集体经济的职能尚未发生任何改变，集体经济组织仍然要承担农村公共设施建设和公共服务管理的资金投入，依然要负责社区的公共事务管理和公益事业发展，这些都制约着集体经济组织的市场化转型。

（三）村居公共产品供给的困境

由于村居集体经济的存在，以及对村民自治的解读，村居公共产品在相当一段时期是自给自足的供给模式。在新农村建设提出之后，对村居基础设施等硬件的投入开始增加，但还尚未形成制度化的长效机制。

目前，番禺区村居公共服务设施及市政基础设施配套发展不均，村委会、篮球场、文化室、变电房、肉菜市场、村级公园和道路绿化带等社区文化体育环境设施以及社区服务与行政管理设施的配套相对完善；但是，学校、卫生服务站、燃气调压站、邮政所、停车场的配置不足，且村庄垃圾收集站、污水处理站尤为匮乏。

大量流动人口也给村居环境、服务设施带来巨大的压力，突出表现在住房安全、教育培训、劳动就业、医疗卫生等村居本已较为缺乏和迫切需求的公共资源方面。由于用地不足、管理难、缺乏规划、投入不足等方面的原因，村庄公共服务设施、市政基础设施的配置本已较薄弱，很难同时满足大量流动人员和村民的需求。

在村居集体经济主要承担社区基础设施与公共服务时，由于集体经济发展水平差异大，不同村居的资金投入有显著的差别。以2013年为例，村居集体经济在街灯及环境卫生的投入上，投入高的村高达500多万元，而有超过一半的村居投入不足50万元。村居公共产品供应不均衡由此可见一斑。2013年，番禺村居集体经济总收入约为33亿元，除了股份分红，村集体经济负担的公共支出约为8.32亿元，平均每个村约为470万元。如此庞大的支出，如果"村改居"后转由财政支付，也会是较为沉重的负担。

（四）村居"身份-利益"的封闭格局

村居在城镇化进程中，工商业的发展、外来人口的流入已促成了村居的空间开放，但村居的资产固化、土地固化、股份固化导致的是与村民"村籍"身份挂钩的相对封闭的利益格局。

村民在土地收益、股份分红、住房、计划生育等方面有着本地居民远不能及的待遇，导致村民对村籍、村股员身份的强烈捍卫，反对城镇化、拒绝城镇化。而另一方面，"非转农"、逆城镇化的需求强烈，以至广州市需要在政府文件中对"非转农"的条件做出严格的限定。

利益的封闭限制了要素的流动，限制了村居与城市的交流，导致城市的人才、城市的现代管理无法进入，村居的宅基地、村居的股份难以流转。村民高度依赖房屋出租收益和股份分红，就业动力欠缺，宁愿成为"二世祖""食利族"，而不愿提升就业竞争力。

这种利益格局同时还形成了村民与外来人口的二元分割，外来人口的数量早已倒挂，在人数上占有优势，但在权力结构中却处于绝对的劣势，被排除在村居民主和公共服务体系之外，既缺乏权利资格，也没有福利保障，造成对外来务工人员"经济吸纳、社会排斥"的困境。番禺推行的"积分制"开始打破这种困局，将公共服务向外来人口延伸，但"积分制"的激励效果还不充分，"积分入户"的数量还很有限。自2011年起开始实施积分入户政策，3年来番禺区共受理1782人积分制入户申请，其中仅有972人成功入户。外来人口最关注的"积分入学"还远不能满足流动人员子女入读公办学校的需求。

六、村居城镇化的路径选择与政策干预

（一）规划先行、政策先行、分类引导、分步实施

村居城镇化的转型目标是实现村居空间与设施的完善、土地集约高效使用、组织管理的现代化以及社会群体的融合。

（1）规划先行。村居城镇化需要驶入法治化管理和发展的轨道。将"村转居"纳入城市总体规划和治理中，在财政上要有村居治理的预算，将城区建设与"村转居"统筹考虑，统一编制城乡用地、产业发展、人口增长、基础设施、生态环境等专项规划。番禺目前正在推进新一轮村庄规划，在吸收过往规划经验教训的基础之上，本轮规划更注重现状调查和村庄咨询，但还需要在土地管理上进行创新，保证村庄规划与土地管理的协调一致，保障规划的具体实施。

（2）政策先行。协调推进城乡一体化政策、基本公共服务均等化政策与

"村改居",只有在不断落实城乡一体化政策、基本公共服务均等化政策的基础上,"村改居"才可为水到渠成之时。

(3) 分类引导。村居城镇化有不同的模式,"城中村"的形成也有不同的类型,不同的村居存在不同的现实难题,需要立足实际,分类引导,避免包揽代替,积极引导村民参与和监督。

(4) 分步实施。村居城镇化是从传统向现代的转型,需要一个较长期的过程,需要放长视野,制订长期方案,量力而行,分步实施。逐步解决农民社会保障薄弱、村居农民的就业问题;厘清政府与村居集体经济组织职责界线,解决村居公共产品投入问题,将村居公共开支纳入公共财政;推动村居集体经济组织的市场化和公司化,朝向现代企业经营体制转型。

(二) 深化"两个放权",激发活力

深化"两个放权",包括"自上而下的放权"和"由内向外的放权"。

"自上而下的放权"既指加大市政府向区政府的放权,也包括深化简政强镇事权改革。通过加大广州市行政管理体制改革,有步骤地将规划、建设、土地、房产、投资、财税、工商物价行政管理等事权与责任完整地交给区政府,调动区政府的积极性,激发区域发展的活力,促进区域范围内城市建设、"三旧"改造、公共管理能力的提高。

进一步深化简政强镇事权改革,明确区与镇、街的职责权限,合理区分决策权与管理权,从增强镇街对经济发展、城乡建设、市场监管、社会管理、公共服务等经济社会事务的管理能力出发,制定行政管理事权下放清单,赋予镇、街更大的管理自主权,"费随事转",保障财权与事权的统一。

经过"由内向外的放权",实现村居转型中社会管理服务社会化和专业化。完善政府购买服务,丰富服务种类,扩大服务数量,严格考核评判,扩大社会组织承接政府购买服务项目。完善社区理事会,充分挖掘整合社区资源,鼓励社区居民在生活便利、娱乐活动、情感支持上的互助服务。在社会治理中建立现代社会工作制度,运用社会工作整合社会资源的优势,提供专业化社会服务的特点,弥补传统社会服务的不足。

(三) 平衡各级利益,协调发展权利

在城市发展用地上,番禺已进入"减量规划"的发展阶段。建设用地的扩张、"摊大饼"式的城镇化已经走到尽头,番禺新型城镇化的发展需要着重通过

"三旧改造"盘活土地资源,通过对存量建设用地的再造提升土地的集约效益,挖掘经济增长的新潜力。

过往围绕土地利用问题,市、区、镇、村居形成不同的利益主体,不同利益主体之间欠缺平衡的机制,往往形成上级权力的主导权,抑制了下级的发展需求。在新型城镇化发展中需要改变这种格局,梳理各级的发展需求,充分尊重各级的发展权,以发展沟通取代抑制发展①。对村居农村集体建设用地开展综合整治,在整治基础之上,将集体建设用地纳入统一的流转市场,进行合法流转。全力解决村居集体留用地的问题,并实行新增留用地与征地项目同步规划设计、同步开发建设的方式,引导集体留用地进园区,实现统一规划、集中开发建设。加强村级工业园改造升级,改变农村低效用地问题,逐步引导分散型的土地利用向镇街集中的工业园过渡。

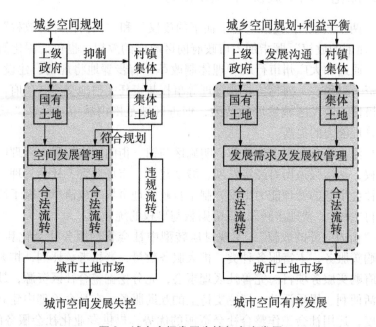

图6 城市空间发展失控与有序发展

---

① 雷诚:《双轨城市化进程中土地发展权的空间配置研究——基于广州番禺区案例的分析》,参见《转型与重构——2011中国城市规划年会论文集》,东南大学出版社、东南大学电子音像出版社2011年版。

(四) 完善基础设施与公共服务，突破瓶颈

城市教育、医疗、福利设施、基础设施等公共产品的增加是城市空间结构变化的触媒，会直接带来城市聚集效应和城市化水平的提高。番禺区域内基础设施与公共服务的不足在一定程度上导致番禺城镇化的"碎片化"，成为番禺城镇化的瓶颈，需要加大财政投入，改善基础设施与公共服务的布局，以促进社会的公平和环境的可持续性。服务设施与公共服务要突破行政设置的区划，合理投入，综合考虑人们社会经济活动的范围与服务设施的支持规模半径来布置安排，实现区域的共享。

基础设施向农村延伸，公共服务向农村覆盖是城市文明向农村传播的前提。要从财政预算、新增税收、土地出让金、新增建设用地土地出让费等多渠道扩宽对农村基础设施建设投入渠道；着重整合各项支农财力资源，提高资金使用效率；实现建设与管理的统一，建管同步，及时建立基础设施长效管理机制。

在"村转居"过程中，政府要处理好集体经济公共职责承担与税费征收的关系。如果要对农村集体经济组织征税，农村集体经济组织所在社区的公共支出就相应由财政来承担；若财政暂时不能承担社区的公共支出，就应暂缓对农村集体经济组织的征税。

(五) 探索转变"农民身份"的改革

改变村居相对利益封闭的格局，以及"农民身份"的固化，需要进行突破性的改革，需要引入市场机制。

探索农村集体资产市场化的路径，逐步解开集体经济股份合作社股权封闭的利益链条，实现股权流转，股权可以转让、赠送、抵押，使股权从封闭走向开放，消除农民转变身份、择业、迁徙中的股权约束。实现农村集体经济从集体股份分红型向盈亏共担的风险经营型转变，实现集体经济现代化的监管运营，进一步释放集体经济的潜在能量。

以政策引导与合理的补偿探索村民宅基地退出机制。允许农村宅基地及地上房屋在本集体经济组织成员之间流转，逐步探索宅基地及地上房屋向集体经济组织以外的单位、个人进行有偿转让。

提高村民的赢利能力和模式，促进村民的就业提升，以职业来培养村民的市民意识。村居村民教育水平低，就业能力弱，难以进入高端产业就业，针对这一特点，必须制定更符合其发展潜能的教育与培训。结合城镇化的进程和城市化人

口的需要，设计与开展社会服务培训项目，比如养老服务、儿童托管服务、残疾人康复服务等，根据服务素质、服务标准、服务能力的要求制定培训科目与周期，避免投入多但效果不佳的短期培训，具备基础教育水平的村民通过一至两年的培训学习，完全可以掌握服务技能与规范。

（六）促进外来常住人口本地化

本地人口与外来人口的二元模式是一种体制惯性，要改变这种管理模式，需要变户籍管理为居住管理，将户籍权利转变为居住权利，厘清与制定居民权利清单，保障居民平等享有。外来人口的本地化，需要从社区、社会组织、社会保障、区域文化多个层次上同时投入，创造多层次的本地化路径。

首先，在社区重构上要提供活动设施和公共空间，免费向所有居民平等开放，培育居民对社区的归宿感和邻里互动。除了物理空间的塑造，社会组织化密度增加，也是增加社会稳定性、社会活力、社会凝聚力的重要因素。通过不同的组织方式，促进不同人群之间的交往，使人群之间的联系超越血缘、地缘，相互形成支持网络、信息网络，从而减少由于身份固化带来的利益固化。社区社会组织需要通过自上而下的党团组织的带领和示范，也需要降低门槛、提供支持以促进民间社会组织的发展。完善社会保险转移、接续的政策，通过社会保障制度的健全，稳定外来人口对本地生活的预期，增加他们在本地长久居住的信心。番禺拥有特色岭南文化资源，但是长久以来，这些资源主要被强调为"旅游资源"，对本土文化的保育和文化对居民的感召与吸引被忽视了。作为千年古县，番禺有悠长而辉煌的历史，留下了大量的饮食文化、建筑文化、民俗文化、艺术等等，各个镇、乡都各具特色，有良好的文化建设基础，通过培育区域文化和城市精神，使之成为吸引外来人口的精神资源。

在全省层面探索建立财政转移支付同农业转移人口市民化的挂钩机制，建立城市建设用地规模与农业转移人口市民化的挂钩机制。改变行政级别对一个城市城镇化发展水平和质量的决定性作用，通过改革将资源配置和常住人口直接挂钩。从番禺的情形来看，本省外来人口的数量已经占据首位，形成一定规模，具备改革试点的条件。

（课题组成员：黄玉 陈来卿 陈婉仪 陈杰 林敏华 张小英）

广州既有住宅增设电梯集资分摊费用参考标准

一、参考标准的制定原则

（一）利益均等原则

既有住宅加装电梯是一项投资收益行为。住户投资电梯分摊费用，得到电梯的使用价值，并获得房屋升值。参考标准的制定，应本着利益均等、公平公正的原则——投资收益比均等。反之，谁获取更多的收益，则分摊更多的加装费用。同时，也不应将低层住户排除在这一投资活动之外。

（二）分摊补偿原则

加装电梯是一项公平公正的集体行为。从实际情况来看，低层住户拥有较少收益，并可能因采光通风等原因带来利益损害。应采取高层分摊加装费用、高层对低层进行补偿的方式，使低层和高层之间获得相同的收益比，从而达到整体收益的公平公正。

（三）适度调整原则

从现实看，目前矛盾的关键在于高层所获得的收益太高，而低层则被排除在投资行为之外，甚至利益受损。推动既有住宅加装电梯，关键在于如何解决低层和高层之间的收益不对等的矛盾。本方案中将各层不愿意加装电梯的比例作为修正因子修正投资收益函数，这样低层的负面情绪也被考虑到分摊补偿因子的计算中，缓解低层的负面因素，解决因不愿意加装电梯而导致的矛盾，使参考标准更现实和具可操作性。

二、参考标准的制定步骤

经调研和数据分析，制定参考标准的思路背景如下：第一，在不存在采光、通风和安全等利益受损的前提下，较高层住户获取的电梯使用价值大于低层，房屋升值率大于低层。本着谁收益、谁出资的原则，楼层越高的住户应分摊更多的电梯加装费用，分摊比例与受益程度成正比。第二，现实情况下，如果采光、通风和安全的利益受损程度应该得到补偿，理论上来说，"不愿意加装电梯"的居民比例更高的楼层，特别是给予补偿也不愿意加装电梯比例更高的楼层，是利益受损更严重的楼层。受损程度以及补偿力度可以间接通过居民的加装意愿（以不愿意加装电梯的比例为变量）衡量出来。基于以上思路，本参考标准指标体系建立步骤和各步骤之间的制约条件如下：

（一）计算楼层分界点 N

从理论上来说，楼层越高，应该分担的电梯加装费越高；楼层越低，越有可能获得补偿。我们假设有一个分界点 N，以 N 楼为界，N 楼以上楼层分摊费用（包括电梯加装费和补偿费），N 楼以下楼层获得补偿费。

对于7、8、9、10层的住宅，N 值可能不同。N 值的确定，通过各楼层的"受益程度"因子（由"电梯使用频率""房屋升值率"两因子决定），和各楼层"加装意愿"因子赋予权重共同决定 N 值。在本方案计算中，加权后"受益程度"因子为正值，由于"加装意愿"代表的是不同意加装居民的意见，"加装意愿"因子为负值。

当加权后"受益程度"+"加装意愿"<0，则为补偿楼层；加权后"受益程度"+"加装意愿">0，则为分摊楼层，以此确定分界楼层 N 值。

（二）计算 N 楼以上楼层的"分摊系数"

"分摊系数"为 N 楼以上楼层的分摊比例，决定 N 楼以上各层所需承担的费用（包括电梯加装费用和对 N 楼以下的补偿费用）。

"分摊系数"由各楼层的"受益程度"因子以及"加装意愿"因子共同确定。

加装电梯后的"受益程度"因子由"电梯使用频率"和各楼层加装电梯前后"房屋升值率"两因子共同决定。

"电梯使用频率""房屋升值率"两因子的影响权重设为 0.2:0.8。

（三）计算 N 楼以下楼层的"补偿系数"

"补偿系数"为 N 楼以下楼层获得的补偿费用的比例。决定 N 楼以下各层可获得的补偿费用。

"补偿系数"由各层楼"受益程度"因子和"加装意愿"因子共同决定。

各层楼"加装意愿"因子由"完全不同意"和"给予一定补偿后同意加装"两种意见赋予权重共同决定。

加装电梯后的"受益程度"因子由"电梯使用频率"和各楼层加装电梯前后"房屋升值率"两因子共同决定。

(四) 计算中涉及的 3 个权重比

经专家讨论:

"N 值"的计算中,"受益程度""加装意愿"两因子的影响权重设为 0.7:0.3。

"受益程度"因子的计算中,"电梯使用频率""房屋升值率"两因子的影响权重设为 0.2:0.8。

"加装意愿"因子的计算中,"完全不同意""给予一定补偿后同意加装"两数据的影响权重设为 0.65:0.35。

(五) 各系数之间应满足的逻辑关系

N 层以上楼层的"电梯分摊费用"之和 = "电梯加装费用" + N 层以下的"电梯补偿费用"。

以上公式的逻辑关系的含义为:N 层以上楼层分摊的费用总和,不仅包括电梯本身的加装费用,也包括对 N 层以下楼层的电梯补偿费用。

(六) 需要调查的因子

由以上制定思路,需要通过问卷调查确定的因子包括"电梯使用频率""房屋升值率""加装意愿"。

本方案设计三份不同的调查问卷,并通过统计学方法计算以上三个因子的数值。

方案具体思路流程见图 1。

三、问卷调查与抽样情况

为计算"电梯使用频率""房屋升值率""加装意愿"三个因子的数值,本

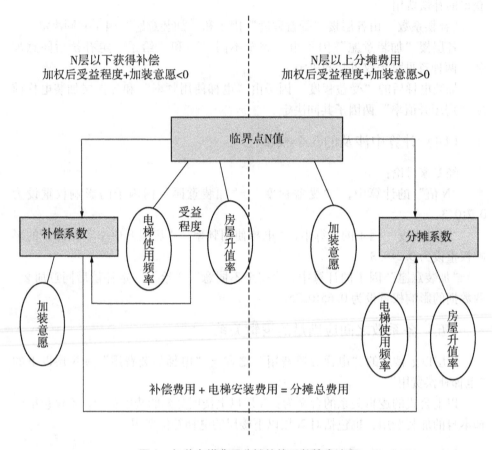

图 1 加装电梯费用分摊补偿系数技术流程

方案分别设计了三份调查问卷，调查情况如下：

（一）"电梯使用频率"因子调查抽样情况

"电梯使用频率"是决定"分摊系数"的重要因子。为了解广州市既有住宅加装电梯后各楼层的"电梯使用频率"。调查组对广州已加装电梯的既有住宅进行调查。调查方法为：在上下班高峰期，分两个时间段（上午7：30—9：00 和下午5：30—7：00），调研员位于已加装电梯内观测各楼层使用电梯的人数，统计成频率表，作为电梯加装后的"电梯使用频率"统计数据。一位调研员一天完成一份频率表，计量为一栋既有住宅内各层住户对电梯的使用频率。

调查组根据市规划办提供的近年来广州市已加装电梯的既有住宅的地址，并汇总由调研员踩点形成抽样地址，在此基础上采用随机抽样的方式，选取140栋住宅作为调查样本。样本覆盖天河、白云、越秀、海珠、荔湾区内的已加装电梯既有住宅。最终共回收调查问卷130份，有效问卷128份。其中7层既有住宅6栋；8层既有住宅30栋；9层既有住宅86栋；10层既有住宅6栋。

样本具有典型性和代表性，效果较好。

（二）"加装意愿"因子调查抽样情况

调查设计"加装意愿"因子的目的，在于了解有加装意向的各层居民对于加装电梯的意见情况，进而修正计算补偿因子和分摊因子，调整在中低层住户与高层住户之间的矛盾。

调查方式：由调研员执加装意愿调查问卷，对广州市内的尚未加装电梯的既有住宅的户主进行访谈。调研过程如下：调研员在同一栋住宅楼内，对每层的居民进行访问，调研对象必须是户主，且具有加装电梯的决定权（租户不属于调研对象范畴）。

问卷设计三个问题：第一个问题："您是否愿意加装电梯"。如被调研者回答"愿意"，则终止访谈；如回答"不愿意"则继续访谈第二个问题："如果不需要您缴费，您是否愿意加装电梯"。如被调研者回答"愿意"，则终止访谈；如回答"不愿意"则继续访谈第三个问题："如果给予您一定的补偿，您是否愿意加装电梯"。第三个问题下设"愿意"和"不愿意"两个答案。每栋楼被调研人员数量为户数的2倍，且必须每层楼住户都覆盖到。调研员每天完成对一栋住宅居民意愿的调查。调研完成后，对各层在"如果不需要您缴费，您是否愿意加装电梯"中回答"不愿意"和在"如果给予您一定的补偿，您是否愿意加装电梯"中回答"不愿意"的比例加权形成"加装意愿"因子，进入对分摊系数和补偿系数的计算。

（三）"房屋升值率"因子调查抽样

"房屋升值率"因子是进行分摊系数和补偿系数计算的重要因子。为了解既有住宅加装电梯前后的升值情况，设计"房屋升值因子调查表"。

每份问卷的调查对象包括同一个社区的两栋住宅。选择这两栋住宅内条件为同一社区、相同朝向、楼龄相近，唯一的区别为一栋为已加装电梯的住宅，另一栋为未加装电梯的住宅。调查内容如下：调查员通过现场采访、房屋中介提供和其他搜集资料补充等方式，对比两栋住宅的价格差异，以此作为既有住宅加装电梯前后房屋的升值情况对比，计算升值率，统计为"房屋升值率"因子。

经调研，共回收样本27组（共54栋），样本覆盖广州具有代表性的社区。其中7层既有住宅5组，8层既有住宅6组，9层既有住宅15组，10层既有住宅1组。

除10层住宅的数量偏少外，其他均具有代表性和典型性的特点，效果较好。

四、参考系数的计算方程式

（一）临界点N值的计算

N值的含义：N值表示需要补偿和分摊的楼层分界点。N值以下楼层（包括N值）可获得补偿，N值以上楼层需分摊电梯的加装费用及对N值以下楼层住户的补偿费用。

N值由各楼层加装电梯后的"受益程度"（由"电梯使用频率""房屋升值率"两因子决定），以及各楼层"加装意愿"共同确定。计算方法为：

第一步，根据调查问卷统计计算"电梯使用频率"因子。该因子反映已加装电梯后各层居民对电梯的使用程度。"电梯使用频率"数据由统计计算得出，抽样方式见脚注①。计算公式为：

$$X_n = X_{1n} \Big/ \sum_{t=1}^{n} X_{1n} \quad (n = 1, 2 \cdots k) \qquad 式1$$

式中，X_n 表示各楼层的电梯使用频率，X_{1n} 表示各层楼居民使用电梯的次数，$\sum_{t=1}^{n} X_{1n}$ 表示整栋楼房各层居民使用电梯的次数之和，n表示楼层。

第二步，根据调查问卷统计计算"房屋升值率"因子。该因子反映加装电梯后各楼层房屋价格的升值比例。"房屋升值率"计算公式为：

$$Y_n = (Y_{1n} - Y_{2n}) \Big/ \sum_{t=1}^{n} (Y_{1n} - Y_{2n}) \quad (n = 1, 2 \cdots k) \qquad 式2$$

式中，Y_n 表示各楼层的房屋升值率，Y_{1n} 表示安装电梯后各楼层的房屋价格（以元/平方米为单位），Y_{2n} 表示未安装电梯各楼层的房屋价格，n表示楼层。

---

① "电梯使用频率"数据的获取：在广州市内天河、白云、越秀、海珠、荔湾区内，对已加装电梯的既有住宅进行调查。调研员在上下班高峰期分两个时间段（上午7:30—9:00和下午5:30—7:00），位于电梯内观测各楼层使用电梯的频率。共回收调查问卷121份，有效问卷115份，样本具有代表性。

第三步，根据"电梯使用频率"和"房屋升值率"计算既有住宅加装电梯后的"受益程度"因子。由"电梯使用频率""房屋升值率"两个因子加权而得。"受益程度"因子的计算公式为：

$$Z_n = X_n a_1 + Y_n b_1 \quad \text{式 3}$$

式中，Z 表示受益程度因子，X 表示电梯使用频率，Y 表示房屋升值率，a_1、b_1 分别为电梯使用频率和房屋升值率的权重①，n 表示楼层。

第四步，根据调查问卷统计计算"加装意愿"因子。该因子反映各层居民对加装电梯的意见和态度。"加装意愿"数据由统计计算得出，抽样方式见脚注②。各楼层"加装意愿"计算公式为：

$$D_i = D_{ni} \Big/ \sum_{t=1}^{n} D_{ni} \quad (n = 1, 2, 3, 4; i = A, B, C, D) \quad \text{式 4}$$

式中，D_i 表示各楼层对加装电梯的意愿比例，D_{ni} 表示各层楼居民对加装电梯的意愿，i 表示居民的四种意见③，$\sum_{t=1}^{n} D_{ni}$ 表示某一层楼居民对加装电梯的意见，n 表示楼层。

然后根据"完全不同意（第 D 种意见）"和"给予一定补偿后同意加装（第 C 种意见）"计算居民的"加装意愿"因子。由"完全不同意（第 D 种意见）"和"给予一定补偿后同意加装（第 C 种意见）"两个因素加权而得。

"加装意愿"因子的计算公式为：

$$D_n = H_n a_2 + P_n b_2 \quad \text{式 5}$$

式中，D 表示加装意愿因子，H 表示完全不同意（第 D 种意见），P 表示给予一定补偿后同意加装（第 C 种意见），a_2、b_2 分别为两者的权重④，n 表示楼层。

---

① 权重值的确定方式：本方案聘请 10 位专家对旧楼加装电梯进行讨论，通过专家打分确定"电梯使用频率"和"房屋升值率"这两个评价因子的权重，结果为："电梯使用频率"和"房屋升值率"两因子的权重设为 0.2:0.8。

② "加装意愿"数据的获取：在广州市天河、白云、越秀、海珠、荔湾区内，对未加装电梯的既有住宅的各层住户进行采访，调查各楼层住户对加装电梯的意愿。共回收调查问卷 172 份，有效问卷 170 份，样本具有代表性。

③ 居民对加装电梯的四种意见：A 表示同意自费安装电梯。B 表示不同意自费安装电梯，但如果不用自费，可以同意。C 表示不同意自费安装电梯，即使不用自费，也不同意；除非给予一定的补偿，才同意。D 表示不同意自费安装电梯，即使给予一定的补偿，也不同意。

④ 权重值的确定方式：通过现状实地调查和居民意见补偿考虑，结合方法运算，确定"完全不同意（第 D 种意见）"和"给予一定补偿后同意加装（第 C 种意见）"这两个影响因素的权重，结果为："完全不同意（第 D 种意见）"和"给予一定补偿后同意加装（第 C 种意见）"的权重设为 0.65:0.35。

第五步，计算"N 值"。对"受益程度"和"加装意愿"两个因子分别赋予权重，加权求和得出。

$$Q_n = Z_n a_3 + (-D_n) b_3 \quad \text{式6}$$

式中，Q 表示两个因素加权之和，Z 表示受益程度因子，D 表示加装意愿因子，a_3、b_3 分别为两者的权重①，n 表示楼层。

以 Q<0 和 Q>0 的分界层数确定 N 值。

（二）N 楼以下楼层的"补偿系数"的计算

"补偿系数"决定 N 楼（包括 N 楼）及以下楼层各层可获得的补偿费用。从理论上来说，只有受到采光、通风和安全隐患的楼层才需要补偿，但因以上三个因素所造成的补偿标准难以量化，且因每个住户心理因素和所要求的标准不同，很难将"采光""通风"和"安全隐患"等补偿层面量化作为补偿因子进行计算。

经讨论我们发现，实际上以上三个因子间接反映在住户的"加装意愿"上，一般来说，加装电梯过程中如不存在以上三方面隐患，住户一般没有补偿要求；而有补偿要求的住户往往正是因为以上三方面的原因。因此，我们将"加装意愿"作为计算补偿标准的重要因子。本方案中将各层特别是低层不愿意加装电梯的比例作为修正因子修正投资收益函数，缓解低层的负面因素，解决因为不愿意加装而导致的障碍，使参考标准更现实和具可操作性。

此外，因加装电梯后各楼层的收益程度不一，收益程度低的也应该得到一定补偿，"收益因子"（包括"电梯使用频率"因子和"房屋升值率"因子）也是影响补偿标准的因素。

N 楼以下各楼层补偿系数计算由各楼层加装电梯后"受益程度值"对比得出。计算公式为：

$$Q_n = Z_n \Big/ \sum_{t=1}^{n} Z_n \quad (n < N) \quad \text{式7}$$

式中，Z_n 表示 N 楼以下各楼层"加装电梯后受益程度值"；Q_n 表示 N 楼以下各楼层的补偿系数，N 值以小数点后第一位四舍五入。

（三）N 楼以上楼层的"分摊系数"的计算

"分摊系数"是指楼层应该承担的费用的比例，"分摊系数"决定了 N 楼以

---

① 权重值的确定方式：通过对受益程度和加装意愿的计算，并结合两个因子对补偿和分摊的影响程度大小，确定这两个影响因子的权重，结果为："受益程度"因子和"加装意愿"因子的权重设为 0.7:0.3。

上各楼层所需承担的电梯分摊费用。由"加装电梯后楼层的受益程度值"对比得出。即谁收益更多，谁就分摊更多费用。计算收益程度从楼层加装电梯后的"电梯使用频率"和加装电梯后"房屋升值率"两个方面来考虑。

经课题组讨论，我们控制"电梯使用频率""房屋升值率"两因子对"分摊系数"的影响权重设为0.2:0.8。

第一步，计算"分摊系数"。N楼以上各楼层分摊系数计算由各楼层"加装电梯后楼层的受益程度值"对比得出。计算公式为：

$$R_n = Z_n \bigg/ \sum_{t=1}^{n} Z_n \quad (n > N) \qquad 式8$$

式中，Z_n表示N楼以上各楼层"加装电梯后受益程度值"；R_n表示N楼以上各楼层的分摊系数，N值以小数点后第一位四舍五入。

第二步，计算"补偿比例"。我们认为，在理想的情况下，每一层楼的收益程度应该是一样的，而在实际低层住户的收益程度低于平均水平时，就应获补偿。根据我们之前的控制函数：N层以上住宅的"电梯分摊费用"之和 = "电梯加装费用" + N层以下的"电梯补偿费用"。"补偿比例"表示N楼以上楼层支付的电梯分摊费用中用于补偿N楼以下楼层的费用比例。"补偿比例"由N楼以下各楼层住户加装电梯后"受益程度"和整栋楼房加装电梯后"受益程度"的平均值对比得出。计算公式为：

$$M = \sum_{t=1}^{n} (Z_n - 1/k) \quad (k = 7, 8, 9, 10) \qquad 式9$$

式中，Z_n表示N楼以下各楼层"加装电梯后受益程度值"；k表示楼房的层高，M表示补偿费用占总费用的比例。

五、7层住宅的参考系数计算结果

（一）7层住宅参考补偿系数计算中所涉及的过程因子

1. "电梯使用频率"[①] 因子

通过对既有加装电梯的7层住宅进行实地调查，根据式1计算，各楼层电梯使用频率如下表1和图2所示。

[①] 由于1楼住户不需要使用电梯，因此不计入调查。

表1　7层住宅各楼层电梯使用频率

层数	1层	2层	3层	4层	5层	6层	7层
电梯使用频率（%）	0	12.74	17.14	12.74	17.14	20	20.22

注：电梯使用频率调查中以第二楼开始计算。

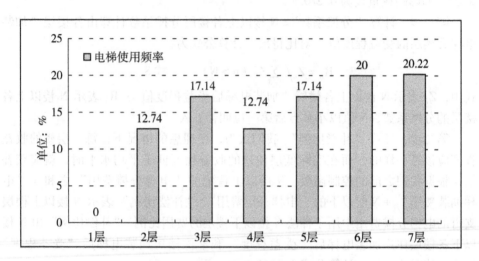

图2　7层住宅各楼层电梯使用频率

从以上结果可知，在7层的既有住宅，7楼、6楼的住户使用电梯频率最高，分别达到20.22%和20%，其次是5楼，而4楼、2楼电梯使用频率较低。总体上看，楼层越高，电梯使用频率也相对较高。

2. "房屋升值率"因子[①]

在同一社区内，选取一组（两栋）相同楼龄、相同结构、装修情况差别不大、朝向相同的既有住宅进行比较，它们唯一的差别是一栋已加装电梯，一栋未加装电梯的7层住宅房屋价格进行对比，根据式2计算，统计结果如下表2和图3所示。

---

① 调查的住宅底层有架空层的情况，则架空层以1楼计。

表2　7层住宅各楼层房屋升值率

层数	1层	2层	3层	4层	5层	6层	7层
房屋升值率（%）	9.17	9.04	11.63	13.83	16.13	19.57	20.63

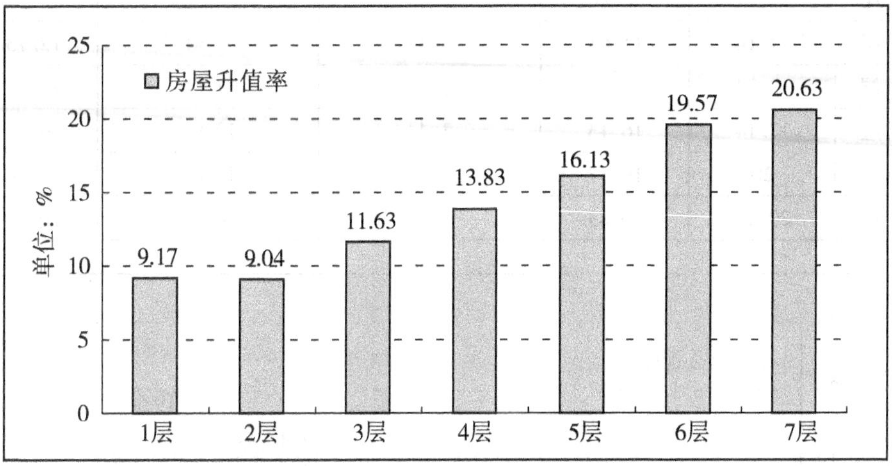

图3　7层住宅各楼层房屋升值率

从房屋升值率调查数据看，7楼在加装电梯后房屋价格升值最高，为20.63%，其次是6楼，达19.57%。1楼、2楼房屋价格升值相对较不明显，主要是因为加装电梯前低层住户房屋价格相对高层住户房屋价格要高，而高层住户房屋价格因加装电梯而迅速上涨，因此高楼层在加装电梯后房屋升值率较高。这说明加装电梯对高楼层房屋价格影响较大。

3. "受益程度"因子

根据式3，对"电梯使用频率"和"房屋升值率"加权求和计算，得出7层住宅加装电梯后各楼层受益程度大小，如下表3和图4所示。

表3　7层住宅各楼层加装电梯受益程度　　　　　　　　　　　单位:%

层数	使用频率 (X)	房屋升值率 (Y)	使用频率×权重 (X*a)	房屋升值率×权重 (Y*b)	受益程度 (Z)
1层	0.00	9.17	0.00	7.34	7.34
2层	12.74	9.04	2.55	7.23	9.78
3层	17.14	11.63	3.43	9.30	12.73
4层	12.74	13.83	2.55	11.06	13.61
5层	17.14	16.13	3.43	12.90	16.33
6层	20	19.57	4.00	15.66	19.66
7层	20.22	20.63	4.04	16.50	20.55

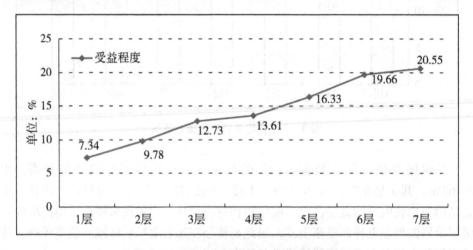

图4　7层住宅各楼层加装电梯受益程度

从以上数据可以看出,加装电梯对3楼以上住户影响较大,3楼以上住户相对1楼、2楼住户受益较大,即加装电梯方便了高楼层住户,高楼层住户使用电梯频率更高,房屋因加装电梯升值也越多,因此从受益程度来说也越大。7楼住户受益程度达到20.55%,而1楼住户只有7.34%,主要是受房屋升值率影响。

4."加装意愿"因子

"加装意愿"因子反映了各楼层居民对加装电梯的意见,居民的意见同时影响了加装电梯的补偿和分摊系数。本方案中共分为四种不同意见对各楼层居民进行访问调查,根据式4,计算结果如下表4、表5所示。

社会篇 **165**

从 7 层住宅各楼层住户对加装电梯的意愿统计调查中可以看出，56.25% 的住户同意自费加装电梯。根据广东省建设厅下发的《广东省既有住宅增设电梯的指导意见》规定，加装电梯需要 2/3 以上业主的同意，即可安装电梯。从调查可知，7 层楼房居民已超过 2/3 同意安装电梯。

表4　7层住宅居民加装电梯意愿　　　　　　　　　　　　　　　　单位:%

居民意见 \ 楼层样本	7层
A	58.44
B	10.39
C	7.79
D	23.38

注：A：表示同意自费安装电梯。
B：表示不同意自费安装电梯，但如果不用自费，可以同意。
C：表示不同意自费安装电梯，即使不用自费，也不同意；除非给予一定补偿，才同意。
D：表示不同意自费安装电梯，即使给予一定的补偿，也不同意。

表5　7层住宅各楼层居民加装电梯意愿　　　　　　　　　　　　　单位:%

意愿	1层	2层	3层	4层	5层	6层	7层	总和
A	0.00	2.22	11.11	20.00	22.22	22.22	22.22	100.00
B	0.00	25.00	50.00	25.00	0.00	0.00	0.00	100.00
C	16.67	66.67	16.67	0.00	0.00	0.00	0.00	100.00
D	55.56	27.78	11.11	5.56	0.00	0.00	0.00	100.00

注：A：表示同意自费安装电梯。
B：表示不同意自费安装电梯，但如果不用自费，可以同意。
C：表示不同意自费安装电梯，即使不用自费，也不同意；除非给予一定的补偿，才同意。
D：表示不同意自费安装电梯，即使给予一定的补偿，也不同意。

本方案选取第三种意见（C：居民不同意加装电梯，除非给予一定的补偿会考虑）和第四种意见（D：即使给予补偿也不同意）作为"加装意愿"因子影响因素。在"加装意愿"因子中，通过课题组实地调查和专家讨论，确定其权重为 0.35:0.65，计算确定"加装意愿"因子，根据式5，统计结果如表6所示。

表6 7层住宅居民"加装意愿"因子权重统计　　　　　　　　　单位:%

意愿	1层	2层	3层	4层	5层	6层	7层
C	5.83	23.33	5.83	0.00	0.00	0.00	0.00
D	36.11	18.06	7.22	3.61	0.00	0.00	0.00
加权结果	41.95	41.39	13.06	3.61	0.00	0.00	0.00

注：权重按 C:D = 0.35:0.65 计算。

从表中数据可以看出，1楼、2楼居民意见相对较大，分别占41.95%和41.39%。主要是因为低层住户对电梯需求并不大，同时，部分电梯属于外置式加装，影响了低层楼房的通风和采光等，因此1楼、2楼居民大部分不同意加装电梯。

(二) 7层住宅加装电梯分摊补偿系数的结果

1. 分界点"N值"

通过对以上"受益程度"因子和居民"加装意愿"因子的计算，由于"N值"的确定取决于这两个因子权重的大小，通过课题组讨论，结合调查实际数据，对其赋予0.7:0.3的权重值，根据式6，统计结果见表7。

表7 7层住宅"受益程度"因子和居民"加装意愿"因子权重统计

层数	1层	2层	3层	4层	5层	6层	7层
受益程度	5.87	7.82	10.18	10.89	13.06	15.73	16.44
加装意愿	-8.39	-8.28	-2.61	-0.72	0.00	0.00	0.00
加权求和	-2.52	-0.45	7.57	10.17	13.06	15.73	16.44

注："受益程度"因子和居民"加装意愿"因子的权重值为0.7:0.3。

从数据中可以看出，1楼、2楼的值分别为-2.52和-0.45，小于0，为补偿楼层；而3楼以上的值大于0，则为分摊楼层。因此，7层住宅的分界楼层"N值"为2。则7层住宅中，1~2楼为补偿楼层，3~7楼为分摊楼层。1~2楼住户将得到补偿，而3~7楼需承担总费用（加装电梯费用和1~2楼住户的补偿费用），见图5。

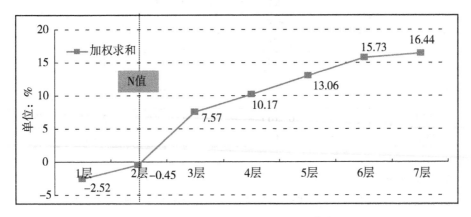

图 5　7 层住宅各楼层受益程度和加装意愿

2. 补偿系数

对于 7 层的既有住宅,根据式 7,计算 1～2 楼应得到的补偿系数,如表 8 所示。

表 8　7 层住宅 1～2 楼补偿系数

层数	补偿系数	按百分比(%)
1 层	0.8478	84.78
2 层	0.1522	15.22
总和	1	100

3. 分摊系数

根据"N 值",对于 7 层的既有住宅,3 楼以上楼层应承担总费用。根据式 8,3～7 楼分别应承担的分摊系数如表 9 所示。

表9　7层住宅3～7楼分摊系数

层数	分摊系数	按百分比（%）
3层	0.1202	12.02
4层	0.1614	16.14
5层	0.2075	20.75
6层	0.2498	24.98
7层	0.2611	26.11
总和	1	100

4. 补偿比例

根据式9，7层住宅补偿费用和分摊总费用比例计算，如表10所示。

表10　7层住宅补偿和分摊费用比例

分类	比例（%）	备注
总费用	100	
补偿费用	17.14	总费用 = 电梯安装费用 + 补偿费用
电梯安装费用	82.86	

（三）小结：7层住宅加装电梯分摊补偿结果

综上所述，7层住宅各楼层补偿和分摊系数，见表11所示。

表11　7层住宅各楼层补偿和分摊系数　　　单位:%

层数	受益程度	加装意愿	受益程度×权重+加装意愿×权重	系数	备注
1层	7.34	41.95	-2.52	84.78	补偿系数
2层	9.78	41.39	-0.45	15.22	
3层	12.73	13.06	7.57	12.02	分摊系数
4层	13.61	3.61	10.17	16.14	
5层	16.33	0	13.06	20.75	
6层	19.66	0	15.73	24.98	
7层	20.55	0	16.44	26.11	

六、8 层住宅的参考系数计算结果

(一) 8 层住宅参考补偿系数计算中所涉及的过程因子

1. "电梯使用频率"因子

通过对既有加装电梯的 8 层住宅进行实地调查，根据式 1 计算，各楼层电梯使用频率如表 12 和图 6 所示。

表 12　8 层住宅各楼层电梯使用频率　　　　　　　　　　　单位:%

层数	1层	2层	3层	4层	5层	6层	7层	8层
电梯使用频率	0	6.81	12.13	14.89	16.66	16.79	19.05	18.12

注：电梯使用频率调查中以 2 楼开始计算。

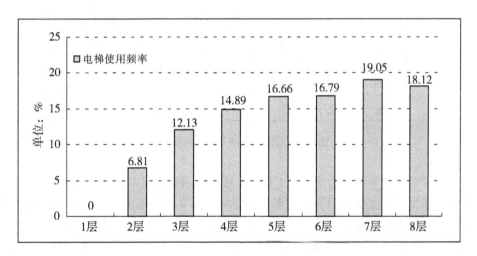

图 6　8 层住宅各楼层电梯使用频率

从调查所知，2 楼居民使用电梯相对较少，只占 6.81%，主要是因为楼层较低，居民以爬楼梯为主，加装电梯对其出行影响并不大，积极作用并不强。而从 3 楼开始，电梯使用频率逐渐升高。其中，7 楼、8 楼的居民使用电梯频率最高，分别达到 19.05% 和 18.12%，其次是 6 楼和 5 楼。

2. "房屋升值率"因子

通过对已加装电梯和未加装电梯的8层住宅房屋价格进行对比,根据式2计算,统计结果如下表13和图7所示。

表13 8层住宅各楼层房屋升值比率

层数	1层	2层	3层	4层	5层	6层	7层	8层
房屋升值率(%)	3.60	3.35	9.41	12.74	13.36	16.08	19.24	22.21

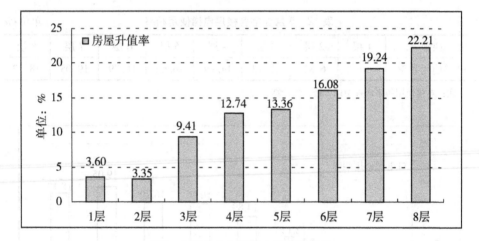

图7 8层住宅各楼层房屋升值比率

从房屋升值率调查数据看,1楼、2楼房屋升值并不明显,2楼比1楼房屋升值率还要低,主要是因为1楼多为架空层,而2楼房屋由于加装电梯后通风遮光等问题导致房屋价格上升不大。从3楼开始,房屋在加装电梯后价格上涨幅度较高,从4楼每平方米上涨了12.74%到8楼每平方米上涨了22.21%,可见,加装电梯后对高层住户房屋价格具有较大的影响作用。

3. "受益程度"因子

根据式3,对"电梯使用频率"和"房屋升值率"加权求和计算,得出8层住宅加装电梯后各楼层受益程度大小,如下表14和图8所示。

表14 8层住宅各楼层加装电梯受益程度   单位:%

层数	使用频率(X)	房屋升值率(Y)	使用频率×权重(X*a)	房屋升值率×权重(Y*b)	受益程度(Z)
1层	0.00	3.60	0.00	2.88	2.85
2层	6.81	3.35	1.36	2.68	4.01
3层	12.13	9.41	2.43	7.53	9.87
4层	14.89	12.74	2.98	10.19	13.05
5层	16.66	13.36	3.33	10.69	13.90
6层	16.79	16.08	3.36	12.86	16.08
7层	19.05	19.24	3.81	15.39	19.03
8层	18.12	22.21	3.62	17.77	21.20

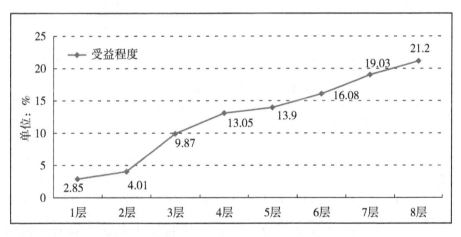

图8 8层住宅各楼层加装电梯受益程度

从总体趋势上看，加装电梯后，随楼层的增高，电梯使用频率和房屋价格率也不断升高。特别是高层楼房房屋价格上涨越明显，受益程度也越高。特别是从3楼开始，受益程度逐渐增大，8楼达到21.2%。

4."加装意愿"因子

"加装意愿"因子反映了各楼层居民对加装电梯的意见，居民的意见同时影响了加装电梯的补偿和分摊系数。本方案共分为四种不同意见对各楼层居民进行访问调查，根据式4，统计结果如下表15、表16所示。

从8层住宅各楼层住户对加装电梯的意愿统计调查中可以看出，68.18%的住户同意自费加装电梯，超过2/3，符合电梯加装条件。

从不同意安装电梯的调查来看，1楼住户占52.78%，2楼住户占25%，3楼住户占19.44%，4楼以上住户基本同意安装电梯。从给予一定补偿的调查数据看，2楼有43.66%的住户觉得如果给予一定的补偿，可以考虑安装电梯。而从3楼开始，支持加装电梯的住户明显增多。

表15　8层住宅居民加装电梯意愿　　　　　　　　　　　　　　　单位:%

居民意见＼楼层样本	8层
A	68.18
B	11.55
C	13.45
D	6.82

注：A：表示同意自费安装电梯。
B：表示不同意自费安装电梯，但如果不用自费，可以同意。
C：表示不同意自费安装电梯，即使不用自费，也不同意；除非给予一定的补偿，才同意。
D：表示不同意自费安装电梯，即使给予一定的补偿，也不同意。

表16　8层住宅各楼层居民加装电梯意愿　　　　　　　　　　　　单位:%

意愿＼层数	1层	2层	3层	4层	5层	6层	7层	8层	总和
A	1.94	3.89	5.56	13.33	18.61	18.61	18.89	19.17	100.00
B	9.84	26.23	19.67	32.79	3.28	6.56	1.64	0.00	100.00
C	14.08	43.66	35.21	5.63	1.41	0.00	0.00	0.00	100.00
D	52.78	25.00	19.44	2.78	0.00	0.00	0.00	0.00	100.00

注：A：表示同意自费安装电梯。
B：表示不同意自费安装电梯，但如果不用自费，可以同意。
C：表示不同意自费安装电梯，即使不用自费，也不同意；除非给予一定的补偿，才同意。
D：表示不同意自费安装电梯，即使给予一定的补偿，也不同意。

根据式 5，统计结果如表 17 所示。

表 17 8 层住宅居民"加装意愿"因子权重统计　　　　　　　　　　单位:%

意愿＼层数	1层	2层	3层	4层	5层	6层	7层	8层
C	17.24	53.45	20.69	6.90	1.72	0.00	0.00	0.00
D	52.78	25.00	19.44	2.78	0.00	0.00	0.00	0.00
加权结果	40.34	34.96	19.88	4.22	0.60	0.00	0.00	0.00

注：按 C:D = 0.35:0.65 计算。

（二）8 层住宅加装电梯分摊补偿系数的结果

1. 分界点"N 值"

通过对以上"受益程度"因子和居民"加装意愿"因子的计算，由于"N 值"的确定取决于这两个因子权重大小，通过课题组讨论，结合调查实际数据，对其赋予 0.7:0.3 的权重值，根据式 6，统计结果见表 18。

表 18 8 层住宅"受益程度"因子和居民"加装意愿"因子权重统计　　　单位:%

意愿＼层数	1层	2层	3层	4层	5层	6层	7层	8层
受益程度	2.28	3.21	7.90	10.44	11.12	12.86	15.22	16.96
加装意愿	-8.07	-6.99	-3.98	-0.84	-0.12	0.00	0.00	0.00
加权求和	-5.79	-3.78	3.92	9.60	11.00	12.86	15.22	16.96

注："受益程度"因子和居民"加装意愿"因子的权重值为 0.7:0.3。

从数据中可以看出，1 楼、2 楼的值分别为 -5.79 和 -3.78，小于 0，因此为补偿楼层；而 3 楼以上的值分别大于 0，则为分摊楼层。

8 层住宅的分界楼层"N 值"为 2，则 8 层住宅 1～2 楼为补偿楼层，3～8 楼为分摊楼层。1～2 楼住户将得到补偿，而 3～8 楼需承担总费用（加装电梯费用和 1～2 楼住户的补偿费用）。见图 9。

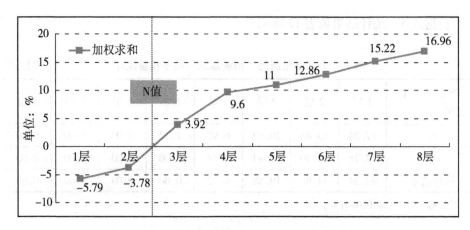

图9 8层住宅各楼层"受益程度"和"加装意愿"

2. 补偿系数

根据式7，计算1～2楼应得到补偿系数，如表19所示。

表19 8层住宅1～2楼补偿系数

层数	补偿系数	按百分比（%）
1层	0.6035	60.35
2层	0.3965	39.65
总和	1	100

3. 分摊系数

根据"N值"，3楼以上应承担总费用。根据式8，3～8楼分别应承担的分摊系数，如表20所示。

表20 8层住宅3～8楼分摊系数

层数	分摊系数	按百分比（%）
3层	0.0563	5.63
4层	0.1379	13.79
5层	0.1581	15.81
6层	0.1849	18.49

续上表

层数	分摊系数	按百分比（%）
7层	0.2188	21.88
8层	0.2437	24.37
总和	1	100

4. 补偿比例

根据式9，8层住宅补偿费用和分摊总费用比例计算，如表21所示。

表21 8层住宅补偿和分摊费用比例　　　　　　　　单位：%

分类	比例	备注
总费用	100	总费用＝电梯安装费用＋补偿费用
补偿费用	23.54	
电梯安装费用	76.46	

（三）小结：8层住宅加装电梯分摊补偿结果

综上所述，8层住宅各楼层补偿和分摊系数，见表22。

表22 8层住宅各楼层补偿和分摊系数　　　　　　　　单位：%

层数	受益程度	加装意愿	受益程度×权重+加装意愿×权重	系数	备注
1层	2.85	40.34	−5.79	60.35	补偿系数
2层	4.01	34.96	−3.78	39.65	
3层	9.87	19.88	3.92	5.63	分摊系数
4层	13.05	4.22	9.60	13.79	
5层	13.90	0.6	11	15.81	
6层	16.08	0	12.86	18.49	
7层	19.03	0	15.22	21.88	
8层	21.20	0	16.96	24.37	

注：加装意愿以负值计算。

七、9层住宅的参考系数计算结果

（一）9层住宅参考补偿系数计算中所涉及的过程因子

1."电梯使用频率"因子

通过对既有加装电梯的9层住宅进行实地调查，根据式1计算，各楼层电梯使用频率如表23和图10所示：

表23 9层住宅各楼层电梯使用频率　　　　　　　　　　　　　　单位：%

层数	1层	2层	3层	4层	5层	6层	7层	8层	9层
电梯使用频率	0	6.39	11.02	12.16	15.86	15.22	14.76	13.82	14.89

注：电梯使用频率调查中以2楼开始计算。

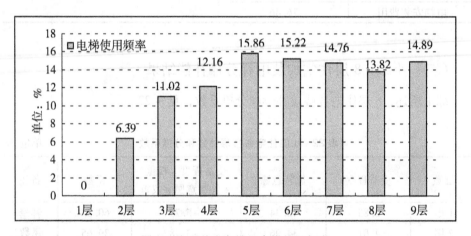

图10 9层住宅各楼层电梯使用频率

从调查所知，5楼、6楼的住户使用电梯频率最高，分别达到15.86%和15.22%，其次是9楼和6楼，而8楼、4楼电梯使用频率较低，2楼仅为6.39%。电梯使用频率随楼层的增高呈波动性增长，主要是因为数据调查时间的限制和楼层其他因素的影响，如房屋放租等，影响了某些楼层的电梯使用频率。从总体趋势看，电梯使用频率仍随楼层的增高而增加。

2. "房屋升值率"因子[①]

通过对已加装电梯和未加装电梯的9层住宅房屋价格进行对比,根据式2计算,统计结果如下表24和图11所示。

表24　9层住宅各楼层房屋升值率　　　　　　　　　　　　单位:%

层数	1层	2层	3层	4层	5层	6层	7层	8层	9层
房屋升值率	-2.32	1.17	4.97	10.63	11.38	14.78	16.29	19.60	22.41

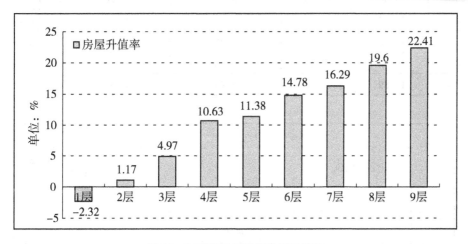

图11　9层住宅各楼层房屋升值率

从房屋升值率调查数据看,9楼在加装电梯后房屋价格升值最高,为22.41%,其次是8楼、7楼、6楼,分别为19.6%、16.29%和14.78%。2楼房屋价格升值较低,仅为1.17%。而1楼为-2.32%。主要是因为调查的住宅1楼多为架空层,而部分住宅1楼,80%以上为外置加装电梯,影响了房屋的格局、通风、采光等,导致了房屋价格的下降。

3. "受益程度"因子

根据式3,对"电梯使用频率"和"房屋升值率"加权求和计算,得出9层住宅加装电梯后各楼层受益程度大小,如下表25和图12所示。

[①] 调查的住宅底层有架空层的情况,则架空层以1楼计。

表25　9层住宅各楼层加装电梯受益程度　　　　　　　　　　　　　　单位:%

层数	使用频率(X)	房屋升值率(Y)	使用频率×权重(X*a)	房屋升值率×权重(Y*b)	受益程度(Z)
1层	0.00	-2.32	0.00	-1.86	-1.86
2层	6.39	1.17	1.28	0.94	2.22
3层	11.02	4.97	2.20	3.98	6.18
4层	12.16	10.63	2.43	8.50	10.94
5层	15.86	11.38	3.17	9.10	12.28
6层	15.22	14.78	3.04	11.82	14.88
7层	14.76	16.29	2.95	13.03	15.99
8层	13.82	19.60	2.76	15.68	18.45
9层	14.89	22.41	2.98	17.93	20.92

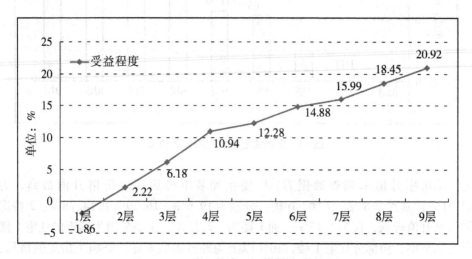

图12　9层住宅各楼层加装电梯受益程度

从表25和图12可以看出,各楼层加装电梯后随楼层的升高,受益程度也随着升高。9楼在加装电梯后受益程度最大,而1楼最小,甚至出现负面影响。

4."加装意愿"因子

从9层住宅各楼层住户对加装电梯的意愿统计调查中可以看出,70.97%的住户同意自费加装电梯,超过2/3,符合电梯加装条件。见表26。

表26 9层住宅居民加装电梯意愿   单位:%

居民意见 \ 楼层样本	9层
A	70.97
B	12.42
C	9.68
D	6.94

注：A：表示同意自费安装电梯。
B：表示不同意自费安装电梯，但如果不用自费，可以同意。
C：表示不同意自费安装电梯，即使不用自费，也不同意；除非给予一定的补偿，才同意。
D：表示不同意自费安装电梯，即使给予一定的补偿，也不同意。

从表27来看，从不同意安装电梯的调查来看，1楼住户占37.21%，2楼住户占25.58%，3楼住户占20.93%，而4楼以上住户不同意加装电梯只占16.29%。从给予一定补偿的调查数据看，2楼有46.67%的住户觉得如果给予一定的补偿，可以考虑安装电梯。而从3楼开始，支持加装电梯的住户明显增多。这说明越高楼层支持加装电梯的意愿越强烈。

表27 9层住宅各楼层居民加装电梯意愿   单位:%

意愿	1层	2层	3层	4层	5层	6层	7层	8层	9层	总和
A	0.58	2.14	4.27	9.51	13.01	13.01	13.79	14.56	14.56	100.00
B	9.09	22.08	28.57	24.68	7.79	7.79	0.00	0.00	0.00	100.00
C	11.67	46.67	33.33	6.67	1.67	0.00	0.00	0.00	0.00	100.00
D	37.21	25.58	20.93	6.98	4.65	2.33	2.33	0.00	0.00	100.00

注：A：表示同意自费安装电梯。
B：表示不同意自费安装电梯，但如果不用自费，可以同意。
C：表示不同意自费安装电梯，即使不用自费，也不同意；除非给予一定的补偿，才同意。
D：表示不同意自费安装电梯，即使给予一定的补偿，也不同意。

本方案选取第三种意见（C：居民不同意加装电梯，除非给予一定的补偿会考虑）和第四种意见（D：即使给予补偿也不同意）作为"加装意愿"因子影响因素。根据式6，统计结果如表28所示。

表28　9层住宅各楼层居民加装电梯意愿　　　　　　　　　　　　　　　单位:%

意愿	1层	2层	3层	4层	5层	6层	7层	8层	9层
C	11.67	46.67	33.33	6.67	1.67	0.00	0.00	0.00	0.00
D	37.21	25.58	20.93	6.98	4.65	2.33	2.33	0.00	0.00
加权求和	31.77	29.46	25.27	6.87	3.61	1.51	1.51	0.00	0.00

注：按 C:D = 0.35:0.65 计算。

（二）9层住宅加装电梯分摊补偿系数的结果

1. 分界点"N值"

通过对以上"受益程度"因子和居民"加装意愿"因子的计算，由于"N值"的确定取决于这两个因子权重大小，通过课题组讨论，结合调查实际数据，对其赋予0.7:0.3的权重值，根据式6，统计结果见表29所示。

表29　9层住宅"受益程度"因子和居民"加装意愿"因子权重统计　　　单位:%

层数	1层	2层	3层	4层	5层	6层	7层	8层	9层
受益程度	-1.49	1.78	4.94	8.75	9.82	11.90	12.79	14.76	16.74
意愿	-6.35	-5.89	-5.05	-1.37	-0.72	-0.30	-0.30	0.00	0.00
加权求和	-7.84	-4.12	-0.11	7.38	9.10	11.60	12.49	14.76	16.74

注："受益程度"因子和居民"加装意愿"因子的权重值为0.7:0.3。

从数据中可以看出，1楼、2楼、3楼的值分别为 -7.84、-4.12和 -0.11，小于0，因此为补偿楼层；而4楼以上的值分别大于0，则为分摊楼层。

因此，9层住宅的分界楼层"N值"为3。则9层住宅1~3楼为补偿楼层，4~9楼为分摊楼层。1~3楼住户将得到补偿，而4~9楼需承担总费用（加装电梯费用和1~3楼住户的补偿费用）。见图13。

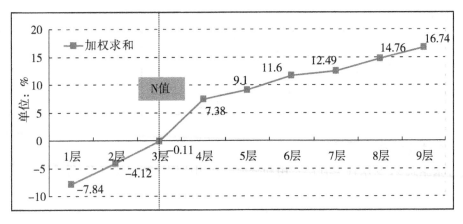

图 13　9 层住宅各楼层受益程度和加装电梯意愿

2. 补偿系数

根据式 7，计算 1~3 楼楼层应得到补偿系数，如表 30 所示。

表 30　9 层住宅 1~3 楼补偿系数

层数	补偿系数	按百分比（%）
1 层	0.6497	64.97
2 层	0.3410	34.10
3 层	0.0091	0.91

3. 分摊系数

根据"N 值"，从 4 楼开始，4~9 楼住户应承担电梯加装费和 1~3 楼住户的补偿费用。根据式 8，4~9 楼分别应承担的分摊系数，如表 31 所示。

表 31　9 层住宅 4~9 楼分摊系数

层数	分摊系数	按百分比（%）
4 层	0.1024	10.24
5 层	0.1263	12.63
6 层	0.1610	16.1

续上表

层数	分摊系数	按百分比（%）
7层	0.1733	17.33
8层	0.2048	20.48
9层	0.2322	23.22

4. 补偿比例

根据式9，9层住宅补偿费用和分摊总费用比例计算，如表32所示。

表32　9层住宅补偿和分摊费用比例

分类	比例（%）	备注
总费用	100	总费用＝电梯安装费用＋补偿费用
补偿费用	25.93	
电梯安装费用	74.07	

（三）小结：9层住宅加装电梯分摊补偿结果

综上所述，9层住宅各楼层补偿和分摊系数，见表33。

表33　9层住宅各楼层补偿和分摊系数　　　　单位:%

层数	受益程度	加装意愿	受益程度×权重＋加装意愿×权重	系数	备注
1层	-1.86	31.77	-7.84	64.97	补偿系数
2层	2.22	29.46	-4.12	34.10	
3层	6.18	25.27	-0.11	0.91	
4层	10.94	6.87	7.38	10.24	分摊系数
5层	12.28	3.61	9.10	12.63	
6层	14.88	1.51	11.60	16.1	
7层	15.99	1.51	12.49	17.33	
8层	18.45	0	14.76	20.48	
9层	20.92	0	16.74	23.22	

八、10 层住宅的参考系数计算结果

（一）10 层住宅参考补偿系数计算中所涉及的过程因子

由于既有 10 层未加装电梯的住宅相对较少，因此调查样本也相对有限，通过实地调查和前三种楼层方案"N 值"的计算方法，测算出 10 层住宅"N 值"、补偿系数和分摊系数。

1."电梯使用频率"因子和"房屋升值率"因子

表34　10 层住宅电梯使用频率和房屋升值率统计　　　单位:%

层数	1层	2层	3层	4层	5层	6层	7层	8层	9层	10层
电梯使用频率	0.00	0.00	1.70	5.69	12.2	12.17	15.40	16.58	16.96	19.31
房屋升值率	6.00	6.76	7.85	9.49	9.58	10.01	10.79	11.71	12.76	15.05

2."受益程度"因子

根据式 3，对"电梯使用频率"和"房屋升值率"加权求和计算，得出 10 层住宅加装电梯后各楼层受益程度大小，如表 35 和图 14 所示。

表35　10 层住宅各楼层加装电梯受益程度　　　单位:%

层数	使用频率 (X)	房屋升值率 (Y)	使用频率×权重 (X*0.2)	房屋升值率×权重 (Y*0.8)	受益程度 (Z)
1层	0	6	0.00	4.80	4.80
2层	0	6.76	0.00	5.41	5.41
3层	1.7	7.85	0.34	6.28	6.62
4层	5.69	9.49	1.14	7.59	8.73
5层	12.2	9.58	2.44	7.66	10.10
6层	12.17	10.01	2.43	8.01	10.44
7层	15.4	10.79	3.08	8.63	11.71
8层	16.58	11.71	3.32	9.37	12.68
9层	16.96	12.76	3.39	10.21	13.60
10层	19.31	15.05	3.86	12.04	15.90

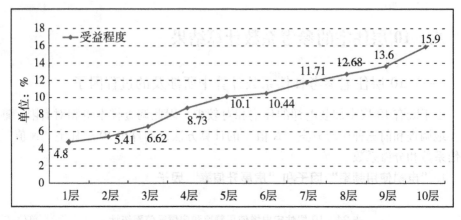

图14　10层住宅各楼层加装电梯受益程度

（二）10层住宅加装电梯分摊补偿系数的结果

1. 分界点"N值"

通过对以上"受益程度"因子和居民"加装意愿"因子的计算，以9层住宅居民的"加装意愿"作为10层住宅的参考，和10层住宅各楼层的"受益程度"计算如下。

表36　10层住宅各楼层受益程度和加装电梯意愿统计　　　　单位:%

层数	1层	2层	3层	4层	5层	6层	7层	8层	9层	10层
受益程度	3.36	3.79	4.63	6.11	7.07	7.31	8.20	8.88	9.52	11.13
加装意愿	-9.53	-8.84	-7.58	-2.06	-1.08	-0.45	-0.45	0.00	0.00	0.00
加权求和	-6.17	-5.05	-2.95	4.05	5.99	6.86	7.74	8.88	9.52	11.13

从数据中可以看出，1楼、2楼、3楼的值分别为 -6.17、-5.05 和 -2.95，小于0，因此为补偿楼层；而4楼以上的值分别大于0，则为分摊楼层。

因此，10层住宅的分界楼层"N值"为3。则10层住宅1～3楼为补偿楼层，4～10楼为分摊楼层。1～3楼住户将得到补偿，而4～10楼需承担总费用（加装电梯费用和1～3楼住户的补偿费用）。见图15。

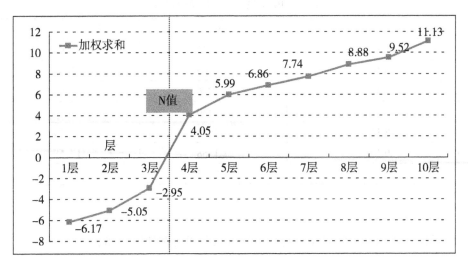

图15　10层住宅各楼层受益程度和加装电梯意愿

2. 补偿系数

根据式7，计算1～3楼应得到补偿系数。如表37所示。

表37　10层住宅1～3楼补偿系数

层数	补偿系数	按百分比（%）
1层	0.4355	43.55
2层	0.3565	35.65
3层	0.2080	20.80

3. 分摊系数

根据"N值"，4～10楼住户应承担电梯加装费和1～3楼住户的补偿费用。根据式8，4～10楼分别应承担的分摊系数，如表38所示。

表38　10层住宅4~9楼分摊系数

层数	分摊系数	按百分比（%）
4层	0.0748	7.48
5层	0.1105	11.05
6层	0.1266	12.66
7层	0.1430	14.3
8层	0.1639	16.39
9层	0.1758	17.58
10层	0.2055	20.55

4. 补偿比例

根据式9，10层住宅补偿费用和分摊总费用比例计算，如表39所示。

表39　10层住宅补偿和分摊费用比例　　　　　　　　　　单位：%

分类	比例	备注
总费用	100	总费用＝电梯安装费用＋补偿费用
补偿费用	26.5	
电梯安装费用	73.5	

（三）小结：10层住宅加装电梯分摊补偿结果

根据"N值"，4~10楼住户应承担电梯加装费和1~3楼住户的补偿费用。根据式7，计算1~3楼应得到补偿系数。根据式8，计算4~10楼分别应承担的分摊系数，如表40所示。

表40　10层住宅各楼层补偿和分摊系数　　　　　　　　　　单位：%

层数	受益程度	加装意愿	受益程度×权重 ＋加装意愿×权重	比例	备注
1层	4.80	31.77	－6.17	43.55	补偿系数
2层	5.41	29.46	－5.05	35.65	
3层	6.62	25.27	－2.95	20.80	

续上表

层数	受益程度	加装意愿	受益程度×权重+加装意愿×权重	比例	备注
4 层	8.73	6.87	4.05	7.48	分摊系数
5 层	10.10	3.61	5.99	11.05	
6 层	10.44	1.51	6.86	12.66	
7 层	11.71	1.51	7.74	14.3	
8 层	12.68	0	8.88	16.39	
9 层	13.60	0	9.52	17.58	
10 层	15.90	0	11.13	20.55	

九、结论

楼层越高，电梯使用频率和房屋升值率也较高，楼层在加装电梯后受益程度较大，且随楼层的增高，受益程度也越大。

1～3楼相对高楼层而言，电梯使用频率较低，房屋升值率也不高，加装电梯后"受益程度"明显较低。同时，部分加装电梯属于外置式加装，影响了低层楼房的通风和采光等，故应对其进行补偿。

7层住宅"N值"为2，即3～7楼（包括3楼）需承担总费用（加装电梯费用和1～2楼住户的补偿费用），1～2楼住户将得到补偿。

8层住宅的"N值"为2，即3～8楼（包括3楼）需承担总费用（加装电梯费用和1～2楼住户的补偿费用），1～2楼住户将得到补偿。

9层住宅的"N值"为3，即4～9楼需承担总费用（加装电梯费用和1～3楼住户的补偿费用），1～3楼住户将得到补偿。

10层住宅的"N值"为3，即4～10楼需承担总费用（加装电梯费用和1～3楼住户的补偿费用），1～3楼住户将得到补偿。

十、方案对比与验证

本方案根据实地调查，运用相关统计方法对以上四种不同楼层加装电梯分摊补偿系数进行计算,四种不同楼层加装电梯分摊补偿系数变化规律趋于一致,结果也较为合理,可行性较高。详见图16。

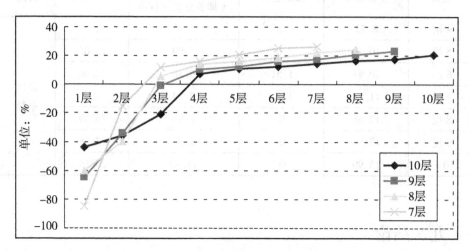

图16 7、8、9、10层住宅加装电梯分摊补偿系数曲线对比

十一、广州市既有住宅加装电梯分摊补偿参考标准及案例

由于住宅楼层不同,因此应得到的赔偿和应分摊的费用也不同。请根据您居住的住宅实际情况参照不同的比例标准。

如果您居住的楼层为7层,请按照方案1。
如果您居住的楼层为8层,请按照方案2。
如果您居住的楼层为9层,请按照方案3。
如果您居住的楼层为10层,请按照方案4。

(一)方案1:7层既有住宅加装电梯分摊补偿参考标准[①]

如果您是1~2楼的住户,您可以得到相关补偿。补偿费用计算公式如下:

$$Y_n = 0.2069 * X * Q_n$$

---

① 0.2069 = 17.14 ÷ 82.86(即7层住宅中补偿费用比例/加装电梯费用比例),详见表11。

式中，Y 表示所在楼层得到的补偿费用，X 表示加装电梯的费用，Q 表示您所在楼层的补偿系数百分比，n 为楼层。

如果您是 3～7 楼的住户，您应承担电梯安装费用和 1～2 楼补偿费用。分摊费用计算公式如下：

$$Y_n = (X/0.8286) * R_n$$

式中，Y 表示所在楼层应分摊的费用，X 表示加装电梯的费用，R 表示您所在楼层的分摊系数百分比。详见图 17。

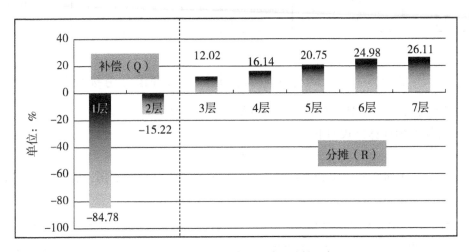

图 17　7 层住宅各楼层补偿和分摊系数

案例说明：以电梯加装费 50 万元计算，则 1～2 楼住户应得到的补偿费用和 3～7 楼住户应分摊的费用，见表 41。

表 41　7 层住宅各楼层补偿和分摊费用统计（以电梯加装费 50 万元计）

层数	补偿和分摊系数（%）	补偿和分摊费用（万元）	以电梯加装费 50 万元计	备注
1 层	84.78	8.76	补偿费用 10.34 万元	补偿
2 层	15.22	1.57		

续上表

层数	补偿和分摊系数（%）	补偿和分摊费用（万元）	以电梯加装费用50万元计	备注
3层	12.02	7.25	总费用 60.34万元	分摊
4层	16.14	9.74		
5层	20.75	12.52		
6层	24.98	15.07		
7层	26.11	15.75		

（二）方案2：8层既有住宅加装电梯分摊补偿参考标准[①]

如果您是1～2楼的住户，您可以得到相关补偿。

补偿费用计算公式如下：

$$Y_n = 0.3079 * X * Q_n$$

式中，Y表示所在楼层得到的补偿费用，X表示加装电梯的费用，Q表示您所在楼层的补偿系数。详见图18。

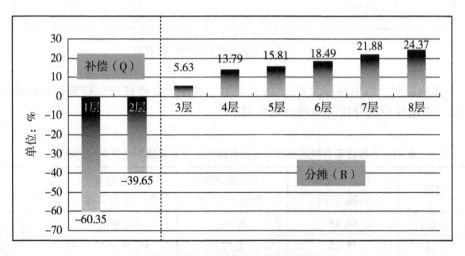

图18 8层住宅各楼层补偿和分摊系数

---

① 0.3079＝23.54÷76.46（即8层住宅中补偿费用比例/加装电梯费用比例），详见表22。

如果您是 3～8 楼的住户，您应承担电梯安装费用和 1～2 楼补偿费用。分摊费用计算公式如下：

$$Y_n = (X/0.7646) * R_n$$

式中，Y 表示所在楼层应分摊的费用，X 表示加装电梯的费用，R 表示您所在楼层的分摊系数。详见图 18。

案例说明：以电梯加装费 50 万元计，则 1～2 楼住户应得到的补偿费用和 3～8 楼住户应分摊的费用，如表 42 所示。

表 42　8 层住宅各楼层补偿和分摊费用统计（以电梯加装费 50 万元计）

层数	补偿和分摊系数（%）	补偿和分摊费用（万元）	以电梯加装费用 50 万元计	备注
1 层	60.35	9.29	补偿费用 15.39 万元	补偿
2 层	39.65	6.10		
3 层	5.63	3.68	总费用 65.39 万元	分摊
4 层	13.79	9.02		
5 层	15.81	10.34		
6 层	18.49	12.09		
7 层	21.88	14.31		
8 层	24.37	15.94		

（三）方案 3：9 层既有住宅加装电梯分摊补偿参考标准[①]

如果您是 1～3 楼的住户，您可以得到相关补偿。补偿费用计算公式如下：

$$Y_n = 0.3501 * X * Q_n$$

式中，Y 表示所在楼层得到的补偿费用，X 表示加装电梯的费用，Q 表示您所在楼层的补偿系数。详见图 19。

如果您是 4～9 楼的住户，您应承担电梯安装费用和 1～3 楼补偿费用。分摊费用计算公式如下：

$$Y_n = (X/0.7407) * R_n$$

[①] 0.3501 = 25.93 ÷ 74.07（即 9 层住宅中补偿费用比例/加装电梯费用比例），详见表 33。

式中，Y 表示所在楼层应分摊的费用，X 表示加装电梯的费用，R 表示您所在楼层的分摊系数。详见图 19。

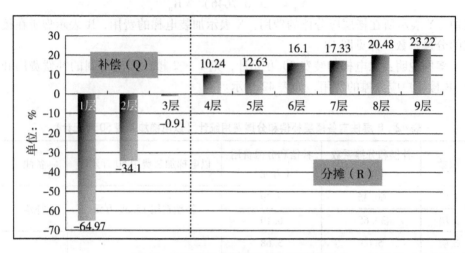

图 19 9 层住宅各楼层补偿和分摊系数

案例说明：以电梯加装费 50 万元计算，则 1～3 楼住户应得到的补偿费用和 4～9 楼住户应分摊的费用，见表 43。

表 43 9 层住宅各楼层补偿和分摊费用统计（以电梯加装费 50 万元计）

层数	补偿和分摊系数	补偿和分摊费用	以电梯加装费用 50 万元计	备注
1 层	64.97	11.37	补偿费用 17.50 万元	补偿
2 层	34.10	5.97		
3 层	0.91	0.16		
4 层	10.24	6.91	分摊总费用 67.50 万元	分摊
5 层	12.63	8.53		
6 层	16.1	10.87		
7 层	17.33	11.70		
8 层	20.48	13.82		
9 层	23.22	15.67		

（四）方案4：10层既有住宅加装电梯分摊补偿参考标准[①]

如果您是1～3楼的住户，您可以得到相关补偿。补偿费用计算公式如下：

$$Y_n = 0.2607 * X * Q_n$$

式中，Y表示所在楼层得到的补偿费用，X表示加装电梯的费用，Q表示您所在楼层的补偿系数。详见图20。

如果您是4～9楼的住户，您应承担电梯安装费用和1～3楼补偿费用。分摊费用计算公式如下：

$$Y_n = (X/0.7932) * R_n$$

式中，Y表示所在楼层应分摊的费用，X表示加装电梯的费用，R表示您所在楼层的分摊系数。详见图20。

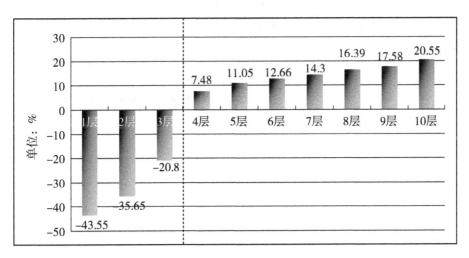

图20　10层住宅各楼层补偿和分摊系数

案例说明：以电梯加装费50万元计算，则1～3楼住户应得到的补偿费用和4～9楼住户应分摊的费用，见表44。

---

① 0.2607＝0.2068÷0.7932（即10层住宅中补偿费用比例/加装电梯费用比例），详见表40。

表44 10层住宅各楼层补偿和分摊费用统计（以电梯加装费50万元计）

层数	补偿和分摊系数（%）	补偿和分摊费用（万元）	以电梯加装费用50万元计	备注
1层	43.55	7.85	补偿费用18.03万元	补偿
2层	35.65	6.43		
3层	20.80	3.75		
4层	7.48	5.09	分摊总费用68.03万元	分摊
5层	11.05	7.52		
6层	12.66	8.61		
7层	14.3	9.73		
8层	16.39	11.15		
9层	17.58	11.96		
10层	20.55	13.98		

（课题组成员：黄石鼎 宁超乔 石勤毅）

广州深化农村改革的思路与建议

目前，广州已开始进入统筹城乡一体化发展的重要时期。由于工业化、城市化进程的快速推进，广州城乡经济社会利益格局的调整更加剧烈，而多年沿袭的城乡二元结构所形成的矛盾和问题更加凸显，迫切要求以深化农村改革为契机，全面推进农村经济社会发展。

本项研究报告阐述了深化农村改革的必要性和迫切性，对2003年以来广州市在农村领域推进的主要改革措施及成效进行了评价，分析了农村改革发展存在的突出问题，提出了农村改革发展的总体思路、主要任务和保障措施。

一、深化农村改革的必要性和迫切性

（一）二元结构体制严重制约和束缚农村经济社会发展

改革开放30多年以来，二元结构基础不仅没有被触动和消除，相反越来越坚固[①]，原因在于，这种体制更适合完成国民经济的原始性积累，更有利于工业化和城市化进程的推进，以广州的情况来看更是如此。城乡二元体制的存在，导致城乡差距逐步扩大，越来越严重地制约和束缚农村经济社会发展，越来越成为广州经济持续健康快速发展的主要障碍，城乡二元结构所造成的深层次矛盾尤为突出。

（二）转变发展方式对深化农村改革提出了新要求

转变发展方式有多种内涵，它不仅指由粗放型发展模式向集约型发展模式、资源浪费型发展模式向资源节约型发展模式的转变，从统筹城乡发展的意义上讲，还指由忽视农业向城乡并重发展模式的转型。以往，广州在对待和处理城乡关系上，是厚工业而薄农业、厚城市而薄农村，城乡发展出现极大的不平衡。就广州城市发展而言，工农关系、城乡关系犹如人之两腿、车之两轮、鸟之两翼，

---

① 厉以宁：《城乡二元体制改革关键何在》，载于《新华文摘》2008年第10期。

任何一个方面的缺失,都会对城市健康、和谐、可持续发展产生不利影响。虽然广州目前的经济发展规模、总量和速度都让人振奋,但农村发展的落后、城乡发展的失衡都会严重影响广州的发展后劲及竞争力的提升。

转变发展方式,树立新型的城乡关系,要勇于打破城乡分割、城乡分立的发展局面,使城市与农村有机地融合在城市发展的理念中,把城市与农村作为广州区域不可分割的重要组成部分,彼此不再区分谁主谁次、谁轻谁重、谁先谁后。当前阶段要特别强调农业的基础地位和作用,整体推进城市和农村的现代化,努力构建现代化大都市和现代农村和谐相融的新型城乡关系。这不仅是发展方式和发展模式的转型,更是发展思路和发展观念的深刻转变,不借助深化农村改革,这些都无法推进。抑或是,无论是转变发展观念,还是转变发展方式,都需要借助深化农村改革来予以推动和落实,没有农村改革的同步推进,转变发展方式也无法落到实处。

(三) 城乡发展差距扩大使和谐社会建设面临严峻挑战

城乡二元结构最直接的表现结果就是城乡差别很大,城乡差距巨大,城乡发展严重失衡,这从广州城乡居民收入差距比呈现不断扩大之势就可以得到佐证。2000年,广州城乡居民收入差距比为2.29:1,2012年为2.27:1(见表1)。这种城乡发展差距扩大背后的深层原因是二元体制下城乡居民在地位、权利、义务、身份等的非对等性造成的,在这种制度体系的制约下,社会资源的分配与再分配,在城乡之间实行两种不同的制度,对和谐社会建设构成严重挑战。

表1 1997—2012年广州市城乡居民收入差距比情况[1]

年份	城市居民人均可支配收入(元)	农村居民人均纯收入(元)	城乡居民收入差距比
1997	10444.60	5545.91	1.88
1998	11255.70	5628.95	2.00
1999	12018.52	5833.92	2.06
2000	13966.53	6085.97	2.29

---

[1] 如果没有特别说明,本报告数据均来源于不同年份的《广州统计年鉴》、广州统计信息网及广州统计公报。

续上表

年份	城市居民人均可支配收入（元）	农村居民人均纯收入（元）	城乡居民收入差距比
2001	14694.00	6445.72	2.28
2002	13380.47	6856.62	1.95
2003	15002.59	6129.95	2.45
2004	16884.16	6625.16	2.55
2005	18287.24	7080.19	2.58
2006	19850.66	7788.27	2.55
2007	22469.22	8612.84	2.61
2008	25316.72	9828.12	2.58
2009	27609.59	11066.69	2.49
2010	30658.49	12675.55	2.42
2011	34438.08	14817.72	2.32
2012	38054.00	16788.00	2.27

（四）农村改革发展滞后影响工业化、现代化发展进程

毋庸置疑，农村改革发展滞后不仅影响农村经济社会发展，也将严重影响工业化和城市化发展目标的实现。工业化和城市化不是孤立推进的，工业化、城市化与农业、农村的发展密切相关，工业化、城市化只有与农业、农村的发展紧密融合，才更有利于推进城乡统筹。但是，由于目前农村改革滞后，不仅长期困扰农村发展，也使工业化和城市化难以迈上新的台阶，进而提升发展质量。

（五）农业基础地位不牢固影响新型城乡关系

由于二元结构的存在，广州工业和农业、城市和乡村基本是在两条各自平行的轨道上运行，彼此被分割在不同的系统之内，产业之间的关联度不高，融合性不强，导致城乡发展差距不断扩大，农业作为弱质产业、农民作为弱势群体的状况始终没能得到有效扭转和根本改变，在工业化浪潮一浪高过一浪的形势下，农业和农村发展基本处于边缘化状态。工业与农业、城市与农村之间反差和落差较大，因此，如何构建和形成一种新型的城乡关系是深化农村改革必须深入思考的问题。

二、2003年以来广州在农村领域推进的改革措施及成效的基本评价

党的十六大①首次提出统筹城乡经济社会发展。党的十六大以来,国家高度重视农村发展,陆续出台了多项农村改革措施,特别是从2004年开始到2013年,中央连续出台了10个中央一号文件。这期间,广州为更好地贯彻落实中央提出的"工业反哺农业、城市支援农村""多予、少取、放活"等多项方针政策,深化党的十六大以来对"三农"工作的认识,推动农村改革所采取的主要措施有以下几个方面。

(一)全面推进农村税费改革,从根本上减轻农民负担

2004年年初,为更好地解决"三农"问题,中央一号文件指出:降低农业税税率、取消农业特产税和对农民实行直接补贴。中央还对农业税改革制定了明确的时间表,即从2004年起,我国逐步降低农业税税率,5年内取消农业税,这就意味着5年之后,农业税将会淡出中国历史舞台。因此,农村税费改革被看作是农村继土地改革、土地家庭承包经营之后的又一项重大改革。

为更好地贯彻落实中央一号文件精神,广州市政府决定,从2004年1月1日起,全市免征农业税,此举使广州提前实现了国家5年内取消农业税的要求。这是广州市继2002年进行农村税费改革大幅减轻农村税费、2003年进一步降低农业税税率后,再次减轻农民负担,此举使全市农民在上两次减负的基础上,再减轻负担5699万元②。经过2002年和2003年两次税费改革后,广州市农民负担仅为0.32%,远低于中央规定不超过5%的水平,表明广州市农村税费改革取得显著成效。

虽然,广州取消农业税是贯彻落实国家有关方针政策的要求所致,但它的积极意义在于,取消农业税本身并不意味着农民收入有了质的飞跃,农民负担的绝对数量下降了多少,而在于它彻底破除了对农民的不平等待遇,让农民真正享有"国民待遇",为广州今后在城乡推行的一体化税制扫清了障碍,为城乡统筹发展起到了积极的推动作用。

---

① 党的十六大于2002年11月8日在北京召开;十六届三中全会于2003年10月11日在北京召开。
② 数据来源:新华网(http://new..xinhuanet.com),2004年11月25日。

（二）加强土地管理，促进农村土地经营权流转[①]

为加快建立形成"以工促农、以城带乡"长效机制，着力改革城乡二元土地管理体制，近年来，广州市采取积极稳健的措施，逐步在规范农村土地管理、加强土地承包经营权流转和留用地管理上积极探索，努力建立适应广州经济社会发展和与市场经济规律相适应的土地管理新机制。

加快推进农村土地承包经营权流转是党中央、国务院农村政策的重要内容，也是广州市推进农村经营管理的主要抓手。广州市于2009年制定了《广州市农村土地承包权流转实施方案》，全面铺开土地流转工作。一是确定了花都区花山镇、增城市小楼镇、从化市城郊街3个试点，先行探索推进土地股份合作社等新型土地流转形式，促进土地规模经营。二是夯实土地流转的工作基础。全力做好农村土地承包经营权证确权工作，全市集体土地所有权登记覆盖率已达到96.5%，为加快推进土地流转打下扎实基础。三是加强了土地流转的管理和服务。广州市在3个试点镇（街）成立了农村土地流转服务管理中心，积极开展流转服务。加大了财政扶持力度，鼓励农户将土地流转给龙头企业、种养大户。创新了金融服务，成立了我市首家农村产权交易所，推动农村土地承包经营权进入专业市场流转。

留用地政策是广州市对被征用土地的行政村预留一定比例的土地，用于村发展集体经济。由于留用地比较分散，在办证、规划、开发和使用过程中遇到了种种实际困难，因而一直未能发挥应有作用。有鉴于此，广州市有关部门提出按照集中留地、统筹利用的原则，统一规划留用地集中安置区，探索由各行政区牵头统筹经营留用地的模式，切实改变留用地分散、低效利用的现状，提高留用地使用效益。灵活运用实物留地、物业补偿、货币补偿、参股经营、等价置换、指标抵扣等多种模式，多渠道保障被征地农民长久生计。并参照城市建设用地规模、产业布局规划，引导有序利用经济发展用地。此外，积极探索农村集体土地管理模式，在全国首创农村集体土地"只征不转"用地模式[②]，成为全国城乡统筹土地管理创新试点城市。

[①] 农村土地经营权流转，不仅指家庭土地承包经营权的流转，广义上的农村土地流转还包括农村集体建设用地、林地等流转，广州市目前大力推进的是家庭承包经营权的流转。

[②] "只征不转"用地模式是指广州市万亩果园湿地保护区，即只征地，不改变土地用途及性质，将原属农民集体所有的万亩果园变为国有的果林湿地公园，不转为建设用地，但给农民的征地款一分不少，相关安置政策一样也不少。

土地制度改革关系农民的切身利益，一定要扎实稳步推进。近年来，广州市还在切实保护基本农田，确保耕地占补平衡，开展多种形式的易地补充开发耕地资源，建立耕地保护利益激励机制上进行了积极探索。此外，在挖掘农村集体土地潜力，规范集体建设用地管理，推进"城中村"改造，加快征地制度改革，建立征地保障新机制方面也一直在努力寻求适应广州农村发展实际情况的改革举措。

（三）推进中心镇建设，加快农村城市化步伐

2002年12月，广州市政府第111次常务会议讨论通过了《关于加快我市农村中心镇村建设的意见（草案）》（穗府【2002】43号）。2004年9月，广州市委、市政府联合下发《关于进一步加快中心镇建设的决定》，在把全市65个镇撤并为35个镇的基础上，规划建设16个中心镇，规划每个中心镇的中心区达到约20平方公里、可容纳20万人左右的规模。2009年7月，广州市出台了《关于进一步促进中心镇发展的实施意见》，要求加快中心镇建设与发展，加快基础设施向农村延伸、公共服务向农村覆盖、现代文明向农村传播，解决广州市经济社会发展中的一系列深层次矛盾。

推进中心镇建设，是广州近年来农村改革与发展的创新举措，其取得的主要成效表现在：一是推进了中心镇城市化进程。加大中心镇基础设施建设力度，积极发展教育、文化、卫生等社会事业，引导农村人口向中心镇聚集；深化中心镇管理体制改革，建立和完善规范的城市管理、社会管理网络。二是加快了中心镇产业集聚发展。通过加强中心镇工业园区规划和建设，开发具有较大发展潜力的主导产业；充分利用中心镇在农产品集散、流通和加工方面的有利条件，大力发展农副产品加工业，构建生产、加工、销售有机结合的现代农业产业体系。

（四）对农业生产实行直接补贴，增加农民收入

2004年广州开始执行国家有关种粮直补政策，资金由财政部门负责筹集、拨付监管，经农业部门村级公示后，金融部门旋即将款项打入农民"一卡通"账户，成为广州农民收入中政策性收益的一部分。种粮直补政策已经实行了10个年头，力度逐年增大。另外，广州还对农资、良种、农机购置也实行一定的补贴。应该说，上述这些强农惠农政策措施的推进，对于增加农民收入有一定的促进作用。

（五）统筹城乡发展，加快农村教育医疗改革

2009年，广州市委、市政府颁布实施了《关于加快形成城乡经济社会发展一体化新格局的实施意见》，以及配套的12个子文件①，初步构建了城乡一体化发展的政策体系，为实现城乡一体化发展奠定了良好的体制前提和制度框架。借助良好政策体系的推动，广州市城乡一体化建设不断取得新的进展和突破。

第一，以实施农村义务教育为标志，开始向基本实现城乡同等义务教育制度转变。为更好地贯彻落实国家关于农村义务教育要实现从主要由农民承担向主要由政府承担的转变，广州逐步将农村义务教育全面纳入公共财政保障范围，建立市和区（县级市）分项目、按比例分担的农村义务教育经费保障机制。随着政府承担的义务教育责任的强化，农民的义务教育负担明显减轻，这对于促进城乡教育均衡化发展的意义也极为突出。

第二，实现城市居民社会养老保险制度并轨和对象全覆盖。2012年，全市166万名16岁以上的农民参加了社会养老保险，其中16～44、45～54、55～59、60岁以上城乡居民参加社会养老保险人数分别达到76.2、33.3、16.1和40.4万人，上述各年龄段城乡居民的社会养老保险覆盖率分别达到68%、100%、100%和100%，实现了统筹城乡居民的社会养老保险制度从"制度性覆盖"迈向"参保对象全覆盖"的目标。新农合参保率继续保持100%，人均筹资标准和财政人均补助标准分别达到389元和296元。农村基本公共卫生服务经费补助标准与城市实现统一，达到每人每年40元，基层医疗卫生机构建设不断加强，建成农村30分钟医疗服务圈。农村平均低保标准从377元提高到467元，农村"五保户"供养标准提高到上一年度农村居民人均纯收入的60%。

（六）推进简政强镇，转变政府服务职能

2011年3月，广州市出台了《广州市简政强镇事权改革实施意见》，以简政强镇事权改革为核心，加大了向社会和市场的简政放权力度，降低市场准入门槛，推进"一站式"审批向基层延伸，减少行政审批管理层级。经济欠发达的

---

① 为推进实施城乡一体化，广州市出台了"1+12"文件，即《关于加快形成城乡经济社会发展一体化新格局的实施意见》，以及城乡基础设施建设一体化、城乡商品市场体系一体化、城乡社会保障一体化、城乡社会管理及行政管理一体化、进一步解决农民建房问题、城乡规划一体化、城乡产业布局一体化、城乡公共服务一体化、城乡劳动就业一体化、城乡户籍制度改革、统筹城乡一体化发展土地管理工作、进一步促进中心镇发展等12个配套子文件。

镇，重点发展现代农业，提高农村综合生产能力。通过下放管理权限，下移管理重心，激发了镇推进经济社会发展的主动性，增强了镇的活力和实力。为推进农村经济社会全面发展，从体制机制上为破解农村城镇化发展的难题探索出一条可行路径。

三、当前农村改革发展存在的突出问题

近年来，虽然广州逐渐把"三农"工作纳入统筹城乡发展的大战略之中，对破除城乡二元体制，改变农业作为弱势产业、农民作为弱势群体的地位起到了良好的促进作用，但是二元体制所形成的城乡有别的两种制度安排与政策产生的矛盾日益凸显，农村改革发展面临更加突出的问题。

（一）土地制度改革进程缓慢影响农村生产力发展

1. 土地流转率较低，难以发挥土地规模效益

虽然不能否认推进土地包产到户、实行土地家庭承包经营对于改革开放之初调动农民生产积极性的重要意义，但农民单家独户、小农经营的模式越来越受到市场化、规模化、集约化的严重冲击，实行土地规模经营势在必行。而土地是分散在农民手中的，要实现规模经营必须推进土地流转。从广州近年来推进土地流转的情况来看，成效并不显著，土地流转率在31%左右，落后于我国西南的成都、重庆，华东一带的苏州、杭州、宁波等城市。究其原因无外乎有两个方面：一是各级政府推进的力度不够，对于流转的激励和补偿不足以让农民把土地交出来，特别是有些外出务工的农民，宁肯土地丢荒也不愿意流转；二是农民囿于小农思想的束缚，感到把土地交给别人不放心，还是自己耕种为好。

2. 农村集体建设用地管理不够规范

由于缺乏规划指导、用途管理制度和用地指标，大量农村集体建设用地盲目无序进入土地市场，造成"两违"建筑屡禁不止，建设用地供应总量很难有效控制。目前，市场上出现的众多"小产权房"就是农村集体建设用地管理混乱的集中表现，已使正常的土地市场秩序受到严重干扰。

（二）农民建房面临诸多挑战与问题

1. 空心村整治举步维艰

近年来，不少村在公共服务设施相对健全、环境良好的地域不同程度地建设

了新村，新村集聚的人口也越来越多，而在新村已建设房屋的农民，原有旧村的宅基地与房屋均不退出，这也是造成"一户多宅"、农民人均建筑面积高于广州市农民住宅面积建设标准的主要原因。与新村形成鲜明对比的是，旧村逐渐衰落、凋敝、荒芜，人口稀少，建筑陈旧，逐渐演变成了空心村。

2. 村庄规划难以落地实施

到2012年底，广州市共完成了两轮村庄规划编制工作，一是1997—2000年间完成的全市中心村规划编制，由于相关政策滞后，规划与国土部门之间的审批管理程序复杂、信息不对称等，在村民住宅审批与建设方面都没能取得实质性进展，编制的村庄规划难以落地，无法科学有效地指导村庄建设和管理。

（1）规划管理与土地管理相互掣肘。目前，广州市正在开展和实施集体土地使用权确权。确权是确认到经济社，也就是说，集体土地的使用权是在经济社，而村庄规划是以行政村为单位，因而行政村在整合村土地资源时面临阻力。很多镇（街）干部担忧，虽然村庄规划编制得很好，但如果与土地片区功能规划不能协调的话，依然是白费工夫，浪费人力物力。因此，规划管理与土地管理的不适应，城市总体规划和土地利用总体规划的不协调，是村庄规划落地难的根本原因所在。

（2）村庄规划编制方式方法的科学性有待提高。前两轮村庄规划之所以落地难，其编制方式方法的科学性、合理性也有待提高。村庄规划在充分考虑政府意图的同时，没有很好地兼顾村庄发展需求及村民利益，因而，村民普遍不接受、不关心村庄规划，政府与村民之间缺乏良性互动。村庄规划是城乡规划体系中最基层、最贴近农村经济社会发展的规划，如果没有坚持以人为本，充分尊重和反映村民的合理需求，使"自上而下"与"自下而上"相结合，那么，即使投入再多人力物力资源编制的村庄规划，也会因为脱离村庄发展实际而难以落地。

（三）现行国民收入分配格局不利于促进农村快速发展

从国民收入的分配格局中，可以大体地反映出政府对于农业的重视程度、工作力度、资金投入以及农民增收及消费情况，从而更好地正视现实，找出解决问题的良策。

1. 国民收入的再分配更多地流向城市

2012年，广州城市居民可支配收入为38054元，农民人均纯收入为16788元，城乡居民收入之间的比差为2.27:1。广州人均GDP高达105909元，而同期农村居民收入只有 16788 元，说明经济的快速增长并未使农村居民收入也实现快速增长，农村居民收入增长滞后于经济增长，广州国民收入的再分配更多地流向城市而非农村。2006—2012 年，广州市人均 GDP 年增长率为 10.9%，农村居民人均纯收入年均增长率为 13.1%，说明近几年农村居民人均纯收入增长快于人均 GDP 增长速度。

2. 固定资产投资与财政涉农支出都相对偏低

随着广州工业化与城市化进程的日益推进，广州固定资产投资的重点在城镇而非农村。从表 2 可以看出：2006—2012 年，广州市固定资产投资在城镇与农村的比值为 22.37∶1、17.14∶1、23.63∶1、30.86∶1、25.17∶1、25.91∶1，城镇固定资产投资基本是农村的 20 多倍。

表 2　广州市 2006—2012 年固定资产投资情况　　　　　　　　　　单位：亿元

年份	2006	2007	2008	2009	2010	2011	2012
城镇	1623.8	1760.6	2020.0	2576.4	3138.9	3285.4	
农村	72.6	102.7	85.5	83.5	124.7	126.8	
城镇与农村占比	22.37∶1	17.14∶1	23.63∶1	30.86∶1	25.17∶1	25.91∶1	
第一产业	1.8	1.1	1.6	3.5	3.4	3.9	7.2
第二产业	463.2	401.6	451.1	545.5	626.3	553.0	599.9
第三产业	1231.4	1460.6	1652.8	2110.9	2633.9	2855.3	3151.3

表 3 的数据显示，广州市 2006 年公共财政支出 506.8 亿元，2012 年公共财政支出是 1343.6 亿元，其中投向农林水事务等涉农支出在财政支出中的比例由 2.9% 增长到 4.7%。当然，在政策性补贴支出和专项支出里也有涉农支出，实际上涉农支出可能要略微高一些，但广州作为全国经济发达城市之一，财政对于农业的直接支出与它的经济地位很不相称。

表 3　2006—2012 年广州市公共财政涉农支出情况　　　　　　　单位：亿元

年份	2006	2007	2008	2009	2010	2011	2012
公共财政支出	506.8	623.7	713.4	789.9	977.3	1181.2	1343.6
其中：农林水事务	14.7	17.2	19.5	21.1	38.9	58.3	63.5
占比情况（%）	2.9	2.8	2.7	2.7	4.0	4.9	4.7

(四) 公共资源、公共服务在城乡之间配置严重不均衡

多年来，由于受二元体制的影响及政府财政投入不足，广州农村地区公共服务水平低，远远不能满足广大农民群众日益增长的对公共服务的需求，广州城乡公共服务上的差距主要表现在教育、卫生、社会保障、文化建设等方面。

1. 城乡教育发展上的差距

目前，广州城乡之间、区域之间、校际之间教育发展水平差别较大。广州市中心城区—郊区—县级市的教育发展水平形成了落差明显的"三级梯队"，城乡之间教育发展不均衡的问题比较突出。

（1）教育基础条件和能力建设差距明显。广州城乡之间教育资源配置不均衡，全市25所示范性高中，市直属、越秀区和荔湾区就集中了14所，占广州市示范性高中的56%。教育资源的不均衡导致优质生资源流向名校集中的城区，形成强区越强、弱区越弱的情况。地处广州市周边郊区的农村中小学校，尤其是经济实力较强的镇村，从硬件来看也许和中心城区学校的校舍建设差别不明显，但软件的差别还是比较明显的；而边远地区的中小学校建设，则无论软件还是硬件都无法与城区学校相比，因为很多农村地区的学校校舍都是当时农村"三级办学"的条件下建设起来的，设备设施不达标，"麻雀学校"居多，离规范化学校建设差距还很大。

（2）教育经费投入不足。广州是全国经济比较发达的城市，经济实力居上海、北京之后列全国第三位，与广州经济发展水平不相适应的是教育投入明显不足。2007年，广州实现地区生产总值7050.78亿元，而教育支出是80.77亿元，约占当年GDP比例的1.15%；2012年，广州实现地区生产总值13551.21亿元，而教育支出223.50亿元，约占当年GDP比例的1.7%，仍然低于全国3%的平均水平。

（3）城乡之间学前教育存在一定的差距。目前，广州市城区的小孩基本上都能接受正规的三年学前教育，但大多数农村小孩没有办法接受三年学前教育，只能接受一年的学前班教育。表4反映了广州城区与两个县级市学前教育资源配置情况，从中可以看出，广州市大多数学前教育资源集中在城区，其中，幼儿园、教职工人数、在园幼儿数三项指标，广州市区占全市的比重为90%、89.92%和88.74%，说明市区与两县幼儿教育资源配置差距较大。目前，农村一年的学前教育，也因为农村学前教育的师资队伍，如在数量上、学历达标、年龄结构以及知识结构等方面与城区之间也存在明显的差距，从而直接影响到学前

教育质量的提升。

表4 2012年广州市学前教育资源配置情况

指标	单位	全市	市区	两县	市区占广州市比例（%）
幼儿园	所	1601	1441	160	90
教职工人数	人	51345	46170	5175	89.92
在园幼儿数	人	383364	340208	43156	88.74

资料来源：广州市教育局：《2012年广州市幼儿教育情况》，参见 http://www.gzedu.gov.cn/gov/GZ04/201304/t20130410_22547.html。

2. 城乡卫生发展上的差距

（1）城乡之间卫生资源配置不均衡。广州卫生资源在城乡之间的配置严重失衡，表5反映了广州市区和两个县卫生资源配置最高和最低的区（县级市）之间的情况。其中，市区与两个县级市差距比最高的是每千人口医院床位数，二者之间的比差达到了2.54∶1，最低的是每千人口卫技人员数，两者之间的比差是1.69∶1。

表5 广州市2011年每千人口卫生资源情况

区划名称	每千人口床位数（张/千）	每千人口医院床位数（张/千）	每千人口卫技人员数（人/千）	每千人口执业（助理）医师数（人/千）	每千人口执业医师数（人/千）	每千人口注册护士数（人/千）
市区	5.47	4.71	8.35	2.96	2.77	3.46
两县	3.17	1.86	4.93	1.67	1.31	1.95
市区与两县比	1.72∶1	2.54∶1	1.69∶1	1.77∶1	2.12∶1	1.78∶1

资料来源：广州市统计局：《广州统计年鉴》（2012），按常住人口计算。

从表6可以看出，2011年广州全市拥有各级各类医院207所，市区占了196所；全市有卫生所、医务室534个，市区占了503个；全市有社区卫生服务站155个，市区占了143个，反映出市区与两县之间资源配置非常不合理。

表6　2011年广州市区与两县卫生机构情况　　　　　　　　　　　　单位：个

设施	全市	市区	两县	市区所占比例（%）
医院	207	196	11	94.69
卫生院	49	28	21	57.14
卫生所、医务室	534	503	31	94.19
社区卫生服务站	155	143	12	92.26

资料来源：广州市统计局：《广州统计年鉴》（2012）。

（2）农村卫生基础条件建设薄弱。广州农村地区卫生硬件资源缺口比较大，由于医疗卫生硬件建设不达标，医疗卫生条件差，因而农村地区的医院难以吸引到高层次、高素质的卫生专业技术人员，导致农村医疗卫生事业发展缓慢，根本无法满足农民群众的就医需求，造成农民大病小病都往城区医院就医，导致城区医院人满为患。

（3）农村公共卫生经费投入不足。一直以来，各级财政对镇街卫生院的基建、设备购置和公共卫生服务等经费投入不足，导致公共卫生服务在农村的发展和职能延伸较为欠缺。近年来，虽然各级财政对卫生的投入有所增加，但基本上都集中在新型农村合作医疗，对公共卫生的投入经费增长缓慢。

3. 城乡社会保障上的差距

（1）城乡居民在养老保障水平上有差距。一般而言，城市居民在养老保障上有相应的政策规定，政府负担的比例也相对高于农村，农村地区则整体养老保障水平不高。在城市中，失业保险、养老保险、大病医疗保险、最低生活保障制度一应俱全。目前，广州城镇居民已初步建立起社会养老、失业、医疗、工伤、生育保险"五险齐全"的独立于企事业单位之外、覆盖各类用人单位和劳动者的社会保险体系；而广大农村居民的社会保险体系正在逐步建立和完善，虽然已基本实现全覆盖，但标准较低。

（2）城乡低保标准有差距。2012年，广州市城镇低保标准统一为530元，农村平均低保标准为467.14元。考虑到农村生活一般情况下没有相对固定的消费支出，而城市居民则有固定的消费支出，因此，城乡低保标准保持一定的差距是正常、合理的。但随着新农村的发展，农民失地、可利用土地资源越来越少，加上燃气、自来水、电器等在农村逐渐普及，农村的日常开支也不断增加，因此，农村低保标准还要逐渐向城镇标准靠拢。

4. 城乡文化发展上的差距

（1）文化基础设施和资源过多地集中在城市。长期以来，重城市、轻农村的发展模式，使各种文化资源要素迅速向城市集聚，城乡二元文化结构的鸿沟日益明显。表7反映了广州市区与两县之间文化设施拥有情况。2011年，广州市有公共图书馆15间，13间集中在市区；有档案馆31间，29间集中在市区；有群众艺术馆、文化馆14间，12间集中在市区；有文化站165个，148个集中在市区；有博物馆、纪念馆31个，29个集中在市区。相对而言，城市文化的供给量和需求量普遍比农村大得多，因而大量的文化设施、文化团体、文艺人才等集中在城区，农村地区不仅文化产品和文化服务供给不足，文化活动也相对缺乏。

表7　2011年广州市区与两县文化设施情况

设施	单位	全市	市区	两县
公共图书馆	间	15	13	2
档案馆	个	31	29	2
群众艺术馆、文化馆	间	14	12	2
文化站	个	165	148	17
博物馆、纪念馆	个	31	29	2

资料来源：广州市统计局：《广州统计年鉴》（2012）。

（2）城乡文化消费水平差距明显。广州城乡之间不仅文化资源配置不均衡，而且文化消费水平之间的差距也较明显。通过表8可以看出：广州城乡居民在文化生活服务性消费上的最终消费支出对比，以农村居民为1的话，则城乡差距对比为4.92:1，差距还是比较明显的。当然，农村文化消费水平低有多种原因，不仅与农村整体经济发展水平、农民收入水平有关，还与农村文化设施匮乏等多种因素密切相关。

表8　2012年广州城乡居民年人均消费支出对比情况

指标	单位	城镇居民	农村居民	比差
食品消费	元/人	10360.52	4879	2.12
教育文化娱乐服务消费（农村居民为：文教娱乐用品及服务）	元/人	5574.79	1134	4.92
居住消费	元/人	2340.87	1685	1.39

资料来源：广州统计局：《广州统计信息手册（2013）》。

（五）经济社会管理权限高度集中束缚农村经济发展

广州经济社会管理权限基本以市、区（县级市）级政府作为主体，高度集中在市、区（县级市）政府，镇级政府几乎没有什么权限，更多的是责任和义务。这种管理体制在一定程度上限制了镇级发展的手脚，极不利于调动和发挥镇级政府的积极性，从而影响农村经济的快速发展。

1. 镇级政府权力和责任不对称

在现行的行政管理体制框架中，镇级政府作为层级管理的底层，在推进农村工业化、城市化、农业产业化进程中，承担着大量而具体的经济社会管理职能，但是权力和责任往往不对称，许多村干部反映，乡镇政府是"天大的责任，巴掌大的权力"。各种事无巨细的管理工作要镇里承担，但市不愿意放权给区里，区不愿意放权给镇里。此外，社会保障、村镇规划、审批处罚等与经济同步发展的问题，镇也无法统筹解决。

2. 中心镇管理权限落实不力

广州市从2002年开始推进中心镇建设，是当时国内推进中心镇建设较早的城市之一，在市政府下发的相关文件中曾提出中心镇赋予县一级的行政管理权限，但从实际推进效果来看，"政令"执行不力，政府相关职能部门的权限也基本上没有"下放"下去，中心镇赋予县一级行政管理权限没有得到落实。从广州市这几年推进中心镇的发展实践来看，工作重点和中心基本在基础设施建设方面，关于行政管理体制改革方面触及不多。反观浙江省从"强县扩权"到"强镇扩权"，实实在在地按照"依法下放、能放就放"的原则，赋予中心镇部分县级经济社会管理权限，涉及财政、规费、资金扶持、土地、社会管理、户籍等10个方面72项管理权限下放，极大地促进了中心镇的经济社会发展。

四、农村改革发展的总体思路

（一）基本原则

（1）必须切实尊重和保障农民权益。农村各项改革和发展必须以切实尊重和保护农民权益为根本出发点和前提，特别是与农民利益密切相关的各项制度安排和政策设计，更要站在农民的角度，多倾听农民的呼声，充分考虑农民的利益诉求，体现以人为本的科学发展观的内在要求。

（2）必须不断解放和发展农村生产力。检验改革与发展的成功与否，主要的准绳和标准是否促进和解放了农村生产力。只有农村生产力的极大发展，才能彻底改变农村落后的发展面貌，才能有效地提高农村公共服务水平，才能从根本上改善和提高农民收入。

（3）必须努力促进和实现城乡和谐发展。城乡发展不平衡、城乡发展差距过大是目前影响广州农村发展的主要障碍因素，因此，农村改革与发展必须着眼于促进和实现城乡和谐发展。以统筹城乡的理念，实现城市与农村、工业与农业从"分立"走向"融合"，逐步缩小城乡差别，构建和谐新广州。

（4）必须促进农业增产、农民增收、农村繁荣。现阶段推进农村改革必须要促进和保证农业增产，使农业生产有大幅度的提高；切实增加农民收入，让农民能够分享和感受到改革与发展给他们带来的实实在在的好处；通过改革，努力破除影响农村经济发展的障碍因素，不断繁荣农村经济。

（二）一个中心：持续增加农民收入

持续增加农民收入，使农民收入增长速度与城镇居民收入增长速度基本持平，甚至高于城镇居民收入增长速度，拓宽农民增收渠道，既是检验农村改革发展政策有良好实施成效的刚性标准之一，也是所有"三农"工作必须要坚持的基本准则。

拓展广州农民增收的总体思路是：增加农民收入总量，减少农村人口总量，减少农民消费成本，提高农民生活水平和质量。

1. 增加农民收入总量的途径

一是大力发展现代农业，增加农民来自农业内部的收入；二是积极发展第二、三产业，增加农民来自农业外部的收入；三是提高农业补贴标准，增加农民来自政策方面的收入；四是明确财产法律地位，增加农民来自财产方面的收入。

2. 减少农村人口总量的途径

一是加大培训力度，提高农民素质，增强农民的转移能力；二是发展非农产业，创造就业机会，拓展农民就业空间；三是深化户籍改革，转变农民身份，鼓励农民落户城镇；四是探索农房改革，宅基地换住宅，优化城镇容纳环境。

3. 减少农民消费成本的途径

（1）生产方面，一是严格控制农用生产资料乱涨价，减轻农民负担；二是搞好农业社会化服务体系建设，减轻流通成本。

（2）生活方面，一是提高农村合作医疗筹资标准，减少农民医疗支出；二是扩大农村职业教育免费范围，减少农民教育支出。

4. 提高农民生活水平和质量的途径

一是推进公共设施延伸拓展，扩大公共服务覆盖范围；二是继续鼓励家用电器下乡，提高耐用消费品普及率；三是加强农村基础设施建设，提高农民生活便利程度；四是积极改善农村生态环境，打造优美的居住环境。

（三）两大改革重点

1. 坚持农村改革的市场化方向

今后一段时间，广州农村改革的主攻方向还是加快建立市场经济体制，把农民培养成有活力的市场主体，形成农村市场经济发展最基本的动力。以市场经济的理念发展农业，以商品经济的意识经营农业。当前，特别要进一步搞活农村土地市场和资本市场，激活农村改革发展的"中枢神经"。

2. 调整和改变国民收入分配格局

建立覆盖城乡的公共财政体系，改变以往重工业、轻农业，重城市、轻农村的国民收入分配格局，使财政资金更多地投向农村的基础设施、公共服务及文化教育事业，既弥补以往财政资金对农村发展投入的欠账，也通过财政投入体制改革带动农村经济快速发展。

五、农村改革发展的主要任务

（一）推进农村土地制度创新

1. 依法有序推进农民土地承包经营权流转

土地既是农民赖以生存与发展的重要的生产资料，也是提高农民收入、改善生活质量最重要的资源之一，但前提是必须赋予农民更加充分而有保障的土地承包经营权，让土地能够自由地在市场流动，使土地资源能够变现为土地资本，这样才能让农民充分享受土地资本带来的收益。

加强土地承包经营权流转的管理与服务。推动土地承包经营权流转，要求政府必须加强管理、规范服务，引导土地承包经营权流转走上良性循环的发展轨道。第一，搭建土地流转的公共信息和服务平台。建议在镇一级政府建立土地流转服务机构，可以通过建立网站、做公共告示栏等多种手段收集、发布土地流转的信息，让农民及需求方及时了解和掌握土地流转的信息。第二，对流转土地的农民进行必要的指导和辅导。镇政府、村委会要对有流转需求的农民进行必要的辅导，指导农民起草土地流转合同或协议书，规范土地流转程序和手续，推动土地流转健康发展。

2. 建立健全全市城乡统一的建设用地市场

广州土地要素市场在城乡之间发展不平衡、不统一，特别是集体建设用地[①]基本被排斥在土地市场之外，因而，建立健全全市城乡统一的建设用地市场是土地制度创新的重要内容。

探索建设用地指标市场流转途径。结合各区（县级市）正在组织编制的土地整治规划，力争实现在不增加建设用地规模的前提下，盘活闲置低效用地。在土地利用功能片区规划中落实建设项目的用地规模，功能片区土地利用总体规划是优化用地布局、促进城乡统筹的创新举措，大力推进土地整治、建设高标准基本农田是促进耕地保护、提高节约集约用地水平的重要手段。

3. 努力探索土地换社保、宅基地换住房新途径

为更好地推进土地制度创新，加速实现农村城市化，要努力探索土地换社保、宅基地换住房的实现途径，对自愿放弃土地承包经营权和宅基地使用权的农民，在城镇集体安置住房，并享受与城镇职工同样的养老保险和医疗保险待遇，实行"双放弃换双保障"的政策。

以土地换社保，解决失地农民的养老问题。土地换社保是在农村公共服务体系尚未健全和公共财政制度不完善的制度背景下一种有效的过渡办法。事实上，广州近年来也一直在不断完善被征地农民的社会保障问题，颁布了被征地农民社会保障的相关管理办法和措施，对于解决农民的后顾之忧起到了一定的促进作用。但这毕竟是土地征用之后的补偿，而对于农民自愿放弃土地承包经营权，如何以土地换社保，广州还要出台具体的操作办法和措施。

以宅基地换住房，加速城镇化进程。第一，鼓励农民到中心镇、中心村集中居住。鼓励农村宅基地依法流转，允许农民在城镇规划区内，按规划统一建设公寓式农村新居。对农民自愿退出原宅基地，并在镇购买商品房的，可由所在镇给予一定的经济补助，鼓励农户向中心镇、中心村集中。第二，在城市规划建设用地范围内，规划农民工居住区，鼓励社会闲置房改建为适合面向农民工出租的经济型公寓；在工业园区和农民工集中的地区，鼓励社会投资机构修建保障性租赁

---

① 农村集体建设用地是指农民从事第二、三产业及其居住生活的空间承载地，包括农村居住用地、农村公共服务及基础设施用地、村办及乡镇企业用地等，土地产权为农民集体所有。

房,按保障性租金标准租给农民工。

4. 落实好"留用地"政策,发展农村集体经济

引导农村留用地与产业发展相结合。按照"集中留地、统筹利用"的原则,统一规划留用地集中安置区,探索由各行政区牵头统筹经营留用地的模式,切实改变留用地分散、低效利用的现状,提高留用地利用效益。在坚持集中安排留用地的原则下,探索用部分房地产物业与村留用地指标实行等价置换,多渠道保障被征地农民长久生计。

(二) 合理解决农民住房建设需求

由于广州市自2001年以来提高了农民住房建设的门槛,相关政策配套措施又没到位,农民住宅报建、审批缺乏正常渠道,导致农民建房难问题日益突显。因此,要制定既节约土地资源,又能满足不同类型村庄需求,分类指导的农民建房管理办法,合理解决农民的建房需求。制定建设农民公寓的相关政策指引。落实农民公寓用地选址。借助本轮村庄规划编制,大胆探索农民公寓建设的政策指引、实施意见或具体管理办法,在村庄布点规划及村庄规划中根据现状摸查的新增分户要求,落实农民公寓用地选址,让农民切身感受农民公寓的便利性、舒适性,使广大农民从观念上逐步接受。

(三) 调整国民收入分配格局

一是完善覆盖城乡的公共财政体系。调整和优化财政支出结构,扩大政府财政对农村公共服务类支出范围,明确广州市各区、镇三级的事权和财权,合理划分市和区政府事权和财政收入范围及责任事项,确保镇级财权与事权的统一。二是完善"三农"投入稳定增长机制。按照公共财政向"三农"倾斜的原则,着力构建城乡一体的财政体制和机制,加大对农业产业化和农村扶贫开发专项资金的投入,完善"三农"投入稳定增长机制。

(四) 通过扩权强镇推进农村行政管理体制改革

充分学习和借鉴浙江省强镇扩权的先进经验,以中心镇扩权改革为突破口,推进农村行政管理体制改革,赋予中心镇更多经济社会管理权限,增强镇级政府的统筹发展能力,做大做强镇域经济。

1. 扩大中心镇管理权限,提高镇级政府行政管理能力

扩大中心镇经济社会管理权限。按照农村综合改革的总体要求,把镇政府职

能逐步转移到公共行政管理和发展公益事业上来。按照"依法下放、能放则放"的原则，赋予中心镇部分县级经济社会管理权限，突出中心镇的公共管理和社会服务职能，减少行政层级，提高镇级政府社会管理和公共服务的能力，更直接、更主动、近距离地为市场主体和社会公众提供有效服务。采用委托、授权或直接设置派出机构等形式，进一步延伸和放宽规划变更、项目评估申报、工程招投标、工商登记等方面的管理职能。

2. 完善中心镇财政体制，增强自我发展能力

建立中心镇财政。按照分税制的要求和财权事权一致的原则，在执行现行市镇财政体制的基础上，按地方所得部分的一定比例予以补助。金融机构要采取多种扶持措施，加快中心镇的金融网点建设，加大各商业银行及市外商业银行对中心镇的信贷投放力度，积极引导和鼓励中心镇的大企业、大集团出资参股成立民营担保公司，支持中心镇采用政府投资控股的形式建立政策性担保公司。

3. 拓宽融资筹资渠道，加快基础设施建设

加大中心镇建设投资主体多元化、项目经营企业化、设施享用市场化的运作力度。除法律、法规明确规定外，放宽对民间资本投资城镇基础设施、公用设施的限制。按照"谁投资、谁受益"的原则，鼓励以公有民营、民办公助、股份制等多种形式，吸引私人资本、社会资本、境外资本投资参与中心镇基础设施、公共设施和功能区的建设和运营。对跨行政区域的重大基础设施，鼓励中心镇推行共建共享。

加大对中心镇建设资金的扶持力度。加大在技术改造和创新、结构调整、农业产业化、市场建设的项目安排和资金扶持等方面的力度。各级有关部门在安排专项资金时，对中心镇符合专项资金使用范围的项目，应优先考虑，切实提高中心镇的科技、文化、教育、交通、水利、电力、通信、卫生、环保、环卫、治安、消防、市场和安全生产等方面建设水平，并辐射和服务周边镇村。

（课题组成员：郭艳华　周兆钿　江彩霞）

停车政策的国际经验对广州的启示

当前，大城市交通拥堵现象不仅表现在路面移动，而且还体现在停车泊位的缺失和拥挤，导致交通拥堵显现加重。停车与人们选择交通出行的方式联系紧密，如果停车活动便利的地方，那么私家出行的选择比较多。反之，则选择公共交通出行。因此，城市停车设施建设与管理应该加以重视，需要将停车政策作为城市总体发展规划和交通基础设施规划的重要组成部分，使之与土地规划利用和交通政策之间起到连接作用。

一、广州停车位现状

根据统计，2013年，广州本地注册机动车车辆数已达249万辆。根据有关统计预测分析，2013年广州市中心城区的停车泊位需求约100万，停车供应约70万，供应与需求差距在30万，车位缺口比例达30%，供需矛盾还是比较突出。长期以来，广州的停车政策主要在于强调增加停车设施供给，而停车场定价的价格机制建设相对滞后，缺乏市场供需的动态变化，停车收费系统缺乏统筹安排。目前，广州现阶段一方面加强停车泊位的供给，另一方面又强调停车需求管理，导致停车政策实施不清晰，措施缺乏协调性和弹性。

二、国际发达城市停车政策类型及效能

当前，关于城市停车政策的理论研究，主要是根据城市在机动车发展的不同阶段，存在不同的停车问题，采取针对性的对策研究，具有很强的实践性。一是通过制定停车的微观政策，调节城市停车泊车的供需动态，实现停车泊车动态供需平衡，缓解停车矛盾。二是通过制定更高层次、更大范围的宏观的停车政策，实现城市交通管理目标和城市经济社会发展目标。在国际上，有关城市停车政策最具有代表性的是新加坡，也最能体现停车政策的实施对缓解交通拥堵的效果。表1列举了亚洲主要城市的停车政策类型及效能。

表 1　亚洲主要城市实施的停车政策类型及效能

政策类型		停车设施定位	主要目标	调节供给和需求的方式
传统方式的停车政策	以机动车为导向的停车政策	基础设施	强调停车设施供给	供给要满足需求
	基于现实需求的停车政策		避免不足和过量剩余	供给要满足需求
强化停车管理的停车政策	多目标停车政策	基础设施	停车用于服务城市整体及交通目标	供给和需求都要管理
	停车控制政策		控制特定区域的小汽车出行	控制停车供给，加强交通需求管理措施
强调价格市场机制作用的停车政策		房地产项目	确保停车的需求、供给和价格的三方相互影响。发挥价格机制作用，调节停车动态	停车的供给和需求由市场参与者在市场价格的基础上进行自行调节

资料来源：Paul Barter. Parking Policy in Asian Cities [R]. Mandaluyong City, Philippines: Asian Development Bank, 2011.

（一）传统方式的停车政策

国际国内城市实施的传统停车政策，都是将城市停车设施作为基础设施，其最核心的措施就是强调停车泊位配建下限标准，要求每栋建筑必须要有足够的停车泊位来满足高峰停车需求，避免停车需求外溢（所谓需求外溢，即前往某区域的车辆由于该区域停满而不得不停放在该区域以外的现象）。然而，这种车位配建的政策，由于一些城市老城区建筑的固有性以及前期规划的局限性，传统的停车政策难以实施。我们根据满足停车需求的方法不同，传统停车政策又可以划分为以机动车为导向、基于现实需求的两种类型。

1. 以机动车为导向的停车政策

这种纯粹以需求为导向的停车政策，主要是以无限制地满足机动车出行为首要任务，停车泊位的供给是建立在无限制的需求假设条件上。城市所有建筑物尽可能满足人们的停车需求，停车成本不是由车位的使用者来承担，而是由该栋建筑的所有住户或消费者承担，居住区周边道路尽可能满足范围内居住者的停车需求。这种配建标准，没有考虑特定环境及用户，一般都设置比较高的停车位，采取的响应措施还包括：划定居住区周边道路停车泊位，停车不收费或价格极其低廉，基本没有停车设施共享情况。这种无限制满足停车需求的政策措施，既造成了资源浪费，还引发新的停车问题，效率相对低下。

传统的以机动车为导向的停车供给，由于没有任何限制，使交通规划和土地利用规划造成了分散的土地开放利用模式，土地集约利用效益低下。而且，由于一些城市公共交通等其他交通方式服务水平提升缓慢，居民出行方式的可选择的途径不多，导致居民依赖小汽车出行比例较大，影响了城市交通管理和环境保护。实施这种政策最为典型的国家是美国。"二战"之前，美国的一些道路停车饱和的市中心，就是以此停车政策实施为主导。20世纪60年代以前，这种政策也广泛应用于北美及英国，现在主要应用在澳大利亚、新西兰以及加拿大等国家的城市郊区。

2. 基于现实需求的停车政策

一些城市的停车供给，主要是根据汽车保有量的增长态势，根据现实的停车需求进行规划确定，同时综合考虑停车费、公交可达性等因素的动态影响。这项现实需求的停车政策虽然考虑了停车供给与需求之间的动态协调问题，但其政策的首要目标，仍然主要是以保证停车供给需求为主导。这种政策普遍应用在美国一些城市的老城区、澳大利亚的城市以及欧洲郊区和亚洲的一些城市。

（二）强化停车管理的停车政策

与传统的停车政策目标不同，强化停车管理的停车政策，是将停车系统看作是实现城市交通政策和城市规划目标的手段之一，通过管理和优化，达到停车的供给与需求平衡。这种政策主要划分为两种类型。

1. 目标多元的停车管理政策

目前，现代城市的交通规划和城市规划的实施，包含了多种目标，如城市建设形态、城市产业发展及城市管理目标的实现。其中，城市停车管理的政策措施同样也具有目标多元化的特点。如英国伦敦中心区，为提高中心城区的停车设施使用效率，减少停车供需之间的矛盾，通过实施停车价格机制，增加停车收费收入，实现城市经济复苏和交通需求管理等目标。这种以实现多元目标为特征的停车政策，主要是通过分析认为，过量的停车供给与停车位供给不足一样，会产生诸多管理问题。因此，多元化的停车管理目标，会接受由于停车需求不足导致停车外溢的问题，而且也会采用政策工具来降低停车外溢带来的影响。这种停车管理政策措施得到很多城市的积极响应，其中应用最为广泛的是诸多特大城市的中心区，而在城市郊区很少实施。如欧洲的伦敦、安特卫普、哥本哈根、阿姆斯特丹、苏黎世、斯特拉斯堡、巴黎，以及亚洲的新加坡、中国香港等城市，这些城市管理者意识到，中心区的停车位过度供给是导致交通拥挤的主要原因之一，无限制满足停车需求会危害城市经济发展繁荣及社区经济的活力，城市交通拥堵所带来的经济损失难以估量。因此，从欧洲一些城市的停车政策目标来看（见表2），我们可以发现这些城市的停车政策从"充分满足需求"逐步转向了交通的需求管理。其中，为避免车位过量供给所带来的负面影响，这些城市充分发挥市场价格机制的作用，通过提高停车价格、设置中心区停车配建标准上限等方法，缓解停车供需矛盾，而且停车政策的实施更加强调关注交通拥堵、环境污染、居住环境等问题。如瑞士、英国、意大利等国家，将停车位的最高配建标准作为全国性城市规划建设的指导准则。2011年，香港修订了《香港规划标准与准则》，并且明确指出，停车位的配建标准应该是"提供泊车位的数量，应配合政府整体交通运输政策"。因此，综合当前，多元化停车政策管理目标，它不局限于停车供需平衡，而且是拓展到与交通政策、城市空间政策和环境保护政策目标的一致性，为实现城市和谐发展的目标，而采取多元化的停车政策，这种经验值得我们借鉴。

表2　欧洲部分城市的停车政策目标

城市	停车政策目标
阿姆斯特丹	实施低碳经济，降低城市二氧化碳排量，缓解交通拥堵问题，鼓励公共交通出行
安特卫普	优化道路停车周转频率，优先满足居民的停车需求；鼓励居民公交出行，缓解道路交通拥堵
伦敦	强调城市公共空间改造，鼓励居民非小汽车出行，缓解城市交通拥堵
哥本哈根	通过实施降低二氧化碳排量环保政策，强调公共空间改造，鼓励非小汽车出行等措施
巴黎	实施停车政策目标与哥本哈根相同
斯特拉斯堡	以提高居民生活质量为目标，优先满足居民停车，推动公共交通发展
苏黎世	加强公共空间改造，推动公共交通发展，缓解交通拥堵，降低二氧化碳排量，提高环境质量

2. 以交通需求管理为核心的停车控制政策

与多元化目标管理的停车政策相比，停车控制政策主要是将交通需求管理作为政策的核心目标，将停车供给与需求作为一项杠杆政策。该项政策通过控制停车供给与需求，实现整体交通管理的目标，而不做更多的诸如环境保护、城市空间的政策目标实施，并且通常需要加强停车需求管理来避免停车供需矛盾。

1960年以来，欧美一些发达国家的城市中心区，开始使用停车控制政策，尤其是针对城市中央商务区（CBD）或其他公交可达性比较高的地区。如荷兰的阿姆斯特丹、丹麦的哥本哈根、英国伦敦、法国巴黎等城市的中心区。停车控制政策主要包括实施较高的停车市场价格和限制停车供应。如巴黎市中心对于距离公交车站500米范围内的新建筑，不允许建设停车位。巴黎市中心区公交网络通达、公交线网密度大，中心区全都涵盖在此距离范围内。荷兰的阿姆斯特丹中心区，根据公交可达性的水平差异特点，将城市中心区划分成为ABC三类区位，并且根据不同的区域分区，设置相应的停车配建标准（见表3）。该项政策充分发挥了政策的管理引导作用，通过划分设立差别化的区域停车控制目标，有效调节停车供给、停车收费等，从而控制私家车出行，发挥公交的效用，并以此实现中心城区交通系统发展与城市生态环境、城市功能空间协调发展。

表3　荷兰阿姆斯特丹城市中心区停车配建的ABC区位机制

区域划分	分区分类说明	停车位供给配建标准
A	公交可达性极好，四周分布主要的轨道交通站	1/250平方米
B	公交可达性良好，小汽车可行性好	1/125平方米
C	小汽车可行性好，公交可达性差	根据情况待定，无标准

（三）强调价格市场机制作用的停车政策

市场化机制就是通过停车价格的波动，调节停车的供给和需求，停车价格随停车市场的供需变动而波动。停车需求"外溢"可引发市场价格的波动，这是停车市场正常运作的一部分。与此同时，停车供给也会因价格调节机制推动私人停车场的对外开放，可以吸引私人资本进入，投资停车场的建设，增加停车的供给。

而对于城市道路路内的停车设施，该项政策认为，路内停车设施不应该被政府无偿或低价提供。其理论主要是根据市场出清的道理，认为交通道路内的停车定价方法，应该要求路内停车价格每隔一定时期根据使用率的高低进行调整，以保持道路停车85%～90%的车位占用率，达到优化利用停车设施，确保随时存在可用的车位，从而减少车辆无目的地漫游。这种依靠市场需求的定价方法，已在美国的旧金山、洛杉矶等城市开始实施。

有些城市，市场化的停车政策的一大特点是，将路外停车设施看作是一种类似于房地产项目的商品，可以实行买卖和租赁。尤其是在一些城市中心区，在停车设施供给有限的现实情况下，如果停车价格不加以控制，在市场机制调节作用下，一些竞争性的停车企业肯定会以利润最大化作为其经营的首要目标，通常会以高价格提供停车需求。如日本实施的就是市场化停车政策。日本东京建立了市场化的停车体系。早在20世纪50年代，东京的汽车拥有量和交通量开始迅速增加时，就对城市停车问题给予了高度重视，通过制定鼓励路外停车场（库）的建设、规范场（库）建设及经营等一系列停车法规政策，强化市场化经营。1962年，东京制定车库法，规范了驾车者出发地停车泊位的法规，通过实施"自备车位"政策，即所有的车辆拥有者，都必须按规定租用车辆的保管场所，不允许随便停于道路设施；反之，如没有车位，则开车出行是违法的。由于东京城市人口稠密，城市保有车辆较多，城市交通状况不好，所以东京市政府对道路停车实施了严格的控制政策。而且，日本东京设置了停车配建的标准下限。当然，对于当前机动化水平较高的城市而言，停车配建标准保持在极低的水平，开发商是非常容易实现的。因此，承建商会根据自身的经济效益来决定车位配建标准下限，此外，东京地区市场上剩余的停车需求就几乎全靠社会公共停车场（库）解决。在初期，停车泊位供给小于需求的情况下，停车价格上涨，吸引私人资金积极参与兴建道路以外的社会公共停车场。通过市场出清和消化，长远来看，东京的停车供给、停车需求，与价格在市场机制下相辅相成，逐步达到了一种动态均衡的状态。

以市场化为目标的停车政策，车辆拥有者承担全部停车成本，容易引导人们形成合理的用车习惯，从而有效抑制了小汽车的增长和使用，实现道路及停车资源的优化利用，达到优化停车系统和社会资源配置的功能效应。

三、当前国际国内城市停车的政策特点及发展新趋势

由于城市的快速发展，城市汽车社会出现不同的新趋势，世界各国各地区在

解决城市停车供给需求平衡、缓解城市交通拥堵方面出现了许多新的发展趋势，主要表现在以下几个方面。

（一）停车政策的区域差别化明显

由于自然地理条件、社会条件、文化差异，不同国家和地区的城市停车政策表现出很大的不同（见表4）。当前，城市的三种停车政策的实施，具有非常明显的地区差别化特征。在城市内部，CBD地区、中心城区、郊区、中心镇等区域，城市会根据其区位特征的不同而采用不同的停车政策。如在公交可达性低、人口密度不高、土地利用分散的郊区，城市主要实施传统的停车政策，无限供给停车位。在公交可达性一般、人口密度及土地利用稍集中的一些卫星城或中心城镇，则采用目标多元化的停车管理政策。在公交可达性相当高、人口密度非常大、土地利用集聚集约的城市CBD或城市中心城区，主要实施停车管理控制的政策。如美国的一些城市，实施市场化调节政策，实行基于"市场出清"的路内停车定价。日本则形成了以市场为导向，实施价格管理的停车体系。我国大城市停车政策，目前大多数属于多目标管理的停车管理的初级阶段，而且主要侧重于停车泊位的无限供给建设。

表4　不同国家和地区城市实施停车政策特征

城市	特点
美国	郊区：以机动车为导向的传统的停车政策 中心城区：以需求为导向的传统的停车政策或多目标的停车管理政策 城市CBD：停车控制政策。如旧金山制定了基于"市场出清"价格机制
欧洲	城市郊区：以需求为导向的传统停车政策 高密度的中心城区：实施多元化目标的停车管理政策 市中心和城镇中心：停车管理控制政策
日本	突出以市场为导向的停车体系建设，市场化停车收费价格应用广泛，主要采取低配建、严格限制路内停车及"自备车位"的管理政策
新加坡、中国香港	重视停车供给过量带来的问题，通过致力于满足实际需要而设立停车配建标准。公共交通发达地区实施配建低标准；中心城区采取市场化停车供给
北京、上海等	实施多元化目标管理的停车政策，主要侧重于加强停车泊位的供给，而对私人停车设施价格进行控制

（二）城市停车政策发展的新趋势

由于城市停车问题，不仅涉及停车供给与需求的矛盾问题，还包括停车供给过量带来的问题、停车收费价格偏离市场的问题以及停车设施使用效率问题。停车政策不仅影响到城市交通体系，更会涉及城市经济、社会、民生等各个方面，所以，当前城市的停车政策的实施基于这些因素的考虑，出现了一些新的趋势和特点。

1. 停车政策的实施服务于城市整体发展

停车作为城市交通管理的一个分支系统，它的发展与城市交通联系紧密。而城市交通与城市的综合发展息息相关。未来，随着城市功能的多元化、空间的复杂化、环境保护的强化，功能组团之间的通勤往来都要靠交通系统来实现，城市发展的新趋势必然要求停车管理政策不能局限于停车系统本身，停车管理政策目标制定者都会综合考虑城市空间发展、城市交通可达性、城市环境保护、城市经济发展等多方面的影响，提出多元化目标管理的停车政策，以适应和推动城市的整体发展。

2. 停车政策实施要兼顾公平和效率

由于城市停车系统涉及停车者、无车者、开发商、停车场运营企业以及政府等多元主体，各主体之间的利益需求或共享存在着多方面的利益冲突，运营企业需要增加收益降低成本，停车者要考虑停车成本，开发商要考虑停车配建标准，无车者要考虑城市交通及环境等各个方面。因此，当前停车泊位供给和价格政策逐步体现出"用者自付"的趋势特征，而停车者要承担全部停车成本，体现出社会的公平性。停车设施使用要体现效率，应优先满足居民停车，合理控制长时间的通勤停车，同时提倡泊位共享，大幅度提高停车设施效率。

3. 停车政策开始转向交通需求管理为主导

当前，随着城市人口增加和汽车保有量的大幅度增长，城市无限制满足停车需求的政策是不可行的，会引发交通拥堵和新的停车问题，尤其是在城市中心城区，无限供给停车位容易引发大规模的交通拥堵问题。所以，城市停车管理应该广泛运用停车需求管理措施。如今，在人口密集、经济发达、交通拥堵的城市中心区，过多的小汽车出行已经给城市发展带来困扰，小汽车出行应该加以控制。而停车政策正逐渐作为交通需求管理的重要工具，通过停车供给和停车价格手段调节小汽车出行，降低停车需求，促进出行转移到公共交通和其他非机动车出行方式上。

4. 市场化停车管理政策是发展大趋势

市场是调节停车供给与需求最基础也是最有效的手段。正如许多发达国家城市，对路外的停车设施不再实行价格控制，也不再调控私人路外停车位价格，而且一些城市，由政府出资修建的公共停车设施，其价格也由市场进行调节，用以满足不同层次的停车者的需求。同时，利用政策手段刺激停车供需矛盾大的区域，引导社会投资停车设施建设，推动停车产业的发展。还有些城市通过市场化机制，制定合理的停车价格体系，引导停车系统的供需、价格、竞争及风险等要素相互作用及相互联系，引导停车体系高效运作。

四、优化完善广州停车政策对策建议

当前，广州交通拥堵问题日益突出，停车的供需问题在不同的区域呈现出不同的状态，我们有必要依据相关理论，借鉴先进城市有关停车管理的有益经验，优化完善广州的停车政策，为缓解城市交通拥堵问题提供决策参考。

（一）确立区域差别化停车政策管理理念

广州面积达7434平方公里，有12个行政区划单位，各区（县级市）具有不同的土地开放形态、基础设施建设水平、交通条件及城市发展定位等诸多差异。因此，停车问题也有所不同，需要采取区域差别化的停车政策予以管理。这种差别的区域停车管理，包括停车价格机制、停车设施供应、建筑物车位配建标准、产业管理政策等方面，需要制定差异化政策。同时，还要考虑到不同区域的停车泊位类别的差异化，即白天与夜晚的差异化、上下班高峰非高峰时段的差异化，以及近期与远期停车泊位的需求差异等，以便更好地制定区域差别化停车管理政策。如居住区、非居住区的停车需求要差别对待，白天黑夜之间、高峰与非高峰时段应采取不同的停车收费价格。近期停车政策与远期停车政策，要根据发展形势有所侧重和变化。

（二）划分合理的停车政策调控分区

广州当前经济发展差异大，地域形态差别大，不同的区域有着不同的停车供需状况。制定区域差别化停车政策，需要有明确的空间界限。根据广州城市的空间结构特点及行政区划特征，综合考虑广州城市化及经济发展趋势，以及未来停车需求特征，我们认为，可以将广州市综合划分三类停车区（见表5）。一类区设定为严格控制区,主要包括中心城区(重点包括环城高速以内的地区,主要包括天河区的珠江新城等城市核心区)。二类区设定为适度控制区(主要包括环城高速以外地区,含郊区新城等区域)。三类区设定为基本满足区,主要是以郊区为主导。一类区实施基于停车管理的停车政策,近期要极大扩大停车泊位供给,中远期要以交通需求管理为核心目标,逐步采取市场化价格机制管理手段,调节停车泊位的供需状态,保持区域静态交通平衡。二类区要适度扩大停车泊位供给,适度满足停车需求,并重点发展区域外围停车换乘枢纽建设,提高换乘枢纽停车泊位需求。三类区要实施基于现实需求的传统停车政策,远期要提高停车供给水平。

表5 广州停车政策区域调控划分

停车政策分类实施区域	区域范围划分	政策导向	
		近期	中远期
一类区（严格控制区）	环城高速以内区域（包括中央商务区、市级中心）	有限制地扩大停车供给,提高停车收费价格,满足低水平的停车供需平衡,缓解交通拥堵	严格控制停车位供给,收取高额停车费用,保持动态交通平衡,降低道路交通压力
二类区（适度控制区）	环城高速以外区域（除一类地区外），包括郊区新城	要适度扩大停车设施供给,适度满足区域停车需求,并在区域外围发展停车换乘设施	有限扩大停车设施供给,收取较高停车费,满足低水平的停车供需平衡
三类区（基本满足区）	除了一类和二类地区以外的区域	无限扩大停车泊位供给,满足区域停车需求	适度扩大停车设施供给,基本满足区域停车需求

（三）中心城区适度控制停车供给

按照广州的实际,中心城区目前应在保证停车泊位总量规模增加的情况下,要采取适度控制部分区域的停车供给,发挥需求管理的作用,加强数量控制。主要表现在:一是在停车供需矛盾突出而公交可达性较好的一类区和二类区,实施停车总量控制措施。在增加相应公共建筑停车泊位和路外公共停车泊位供给的同时，可以适当降低道路的停车位供给，使区域停车泊位数量保持平衡状态，可以缓解路面道路交通压力，也可以避免停车供需矛盾的激化。二是加快引入配建指标上限标准。在一类、二类地区的办公类建筑，要引入配建指标上限政策。中远期要实施配建指标上限的控制区间。在一类严控区，办公建筑要取消下限的控制。在公交可达性高的区域，如BRT、轨道交通车站500米以内的公共建筑，引入较低的停车位配建标准上限，严控停车位的过度供给，从而增加地面交通压力。

（四）充分提高停车设施的使用效率

共建共享是提高停车设施效率的有效途径。借鉴国际经验，停车设施的共享共用可以分三方面实现。一是在规划建设前期阶段，规划不同的建筑共用停车场或者共用社会公共停车场设施。二是在停车设施运营管理实施阶段，要促使建筑物配套的停车设施向周边建筑物停车者开放。三是针对居住区停车难的问题，促使办公建筑的停车位在夜间向附近居民开放。近期政府要大力推进根据不同时段利用停车资源，引导居住区周边的公共停车设施、办公楼配建的停车设施为居民开放。更为重要的是，要抓紧研究和出台有关配套政策。首先从市政府的党政机关事业单位、国有企业开始实施错时车位供给，提高停车设施的使用效率。与此同时，居住小区的停车位，在白天也可以向周边办公地区开放，通过停车位的错时使用，提高停车位的使用效率。中远期，广州要加快研究制定停车设施共享的法律法规和相关技术标准，鼓励不同性质用地的建筑在规划建设时共享停车设施，从而减少停车设施建设数量。这些相关措施可以充分提高停车设施的使用效率，也可以控制停车位的供给动态平衡。

（五）要稳步实施市场化价格机制，调节停车收费政策

按照目前小汽车的增长速度来看，停车设施的供需矛盾永远难以解决，而要实现"市场出清"的停车供需状态，需要稳步推进市场化价格机制。近期，广州应根据政策调控分区，重点在一类严格控制区的核心地区实行市场化价格机制。近期，广州中心区道路停车场仍需要采取政府指导定价形式；长远来看，对路面停车收费价格可充分考虑停车需求，研究制定时间段阶梯式的价格水平。公共换乘枢纽地区的大型停车场、大型市政基础设施建设的停车场，应根据政府定价或者政府指导价格，发挥其调节全市停车价格水平的机制作用。而在一些完全商业化运作模式的社会停车场、商业中心配套建设的停车设施，由于社会投资的

逐利性，竞争性比较强。而公益性比较弱的这些停车设施资源，由于目前这些停车设施在广州全市占据较高的停车位比例，近期还是应采取政府指导价格，重点是逐步提高停车收费价格的上限，允许停车场根据市场需求下浮价格，可以让经营者根据市场需求调整价格的空间，实现区间价格控制。而路面停车设施收费，可以适当提高停车供需矛盾激烈地区的价格，控制私人车辆的使用，降低停车的实际需求，防止停车供需矛盾激化。同时，广州要逐步实施市场化的停车收费机制，引导社会资金投资建设公共停车场，完善停车供给机制。

（作者：陈来卿）

广州市农村住宅建设与管理的思路与建议

为全面落实市委、市政府关于推进村庄规划建设管理,加快美丽乡村建设,促进农村经济社会发展的总体部署,进一步解决部分农村村民住房需求问题,遏制违法建设行为,改善农村居住环境,提高村民生活质量,促进节约集约用地,加快构建城乡经济社会发展一体化新格局。2014年7—10月,市社科院课题组分别赴白云区、花都区、番禺区、南沙区和从化市进行调研,与这些区(市)的分管领导及区(市)委办综合调研部门、规划局、国土局、农业局、城管综合执法局、建设局及镇(街)管理部门、村两委干部及村民代表进行座谈,了解其对农村村民住宅建设的管理需求和利益诉求;同时对番禺区福涌村、蔡一村、新水坑村、塘头村、白云区石湖村、营溪村、秀水村、头陂村、东凤村、南岭村、长腰岭村、光明村、鹤亭村、两下村、沙亭村、矮岗村、鹤岗村、汉塘村、花都区永乐村、平西村、从化市城康村、何家埔村、南沙区前进村、冯马三村等24个村庄进行深度调研访谈和实地考察,收集和掌握大量第一手材料,为课题研究奠定扎实的调研基础。

课题研究紧密结合广州市农村住房建设与管理的现实需求,在充分考虑村庄长远发展规划,尊重农民权益的基础上,着眼于政策需求和政策创新,提出加强农村村民住房建设与管理的总体思路与对策建议。

一、广州市农村住宅建设基本情况

2013年4月12日,中共广州市委办公厅、广州市人民政府办公厅联合印发《广州市村庄规划编制实施工作方案》,要求全市符合条件的行政村编制村庄规划。在广州市村庄规划领导小组办公室的组织协调下,对全市农村住宅情况进行了摸查(时间截至2012年底),摸查情况见表1、表2。

表1　广州市农村住宅建设基本情况

行政区	农村户籍人口（人）	住宅总数（栋）	户均住宅基底面积（平方米）	户均住宅建筑面积（平方米）	人均住宅建筑面积（平方米）	村民住宅平均层数（层）	泥砖房（间）	村民住宅中有宅基地使用权证比例（%）
白云区	404698	206329	100.33	230.39	117.46	3.4	11568	15.09
花都区	467303	190342	102.35	287	85.76	1.44	33818	36.45
番禺区	400524	325905	128.39	308.13	117.21	2.4	12538	53
南沙区	278921	84467	82.61	182	53.5	2.18	1025	78.6
萝岗区	73025	38173	260.63	525.97	117.63	2	331	17.76
增城市	544023	376467	186.2	295.4	50.95	1.38	140999	21.5
从化市	429928	288636	124.56	175.61	42.77	1.37	194031	8.42
平均数	2598422	1510319	140.72	286.36	83.61	2.02	394310	32.97

注：农村户籍人口、住宅总数、泥砖房均为合计数。

表2　广州市农村住宅建设需求情况

行政区	预计2014年新增分户人口数（人）	历史欠房（户）	拆迁安置户（户）	需要用地面积（公顷）
白云区	8203	20069	5616	222.72
花都区	6282	16592	2561	203.48
番禺区	5666	7468	1670	258.60
南沙区	4881	14254	5620	148.14
萝岗区	986	4451	376	31.07
增城市	6606	21883	2110	262.93
从化市	6960	6506	1633	444.56
合计	39584	91223	19586	1571.5

注：需要用地面积均按照每户80平方米计算；《广州市农村村民住宅规划建设工作指引（试行）》（穗【2012】35号）规定，市辖10区建筑基底面积不超过80平方米，从化市、增城市建筑基底面积按照国家和省的有关规定审核；建筑面积不超过280平方米。

上述广州市在布置村庄规划摸查时的统计数据虽然不具有完整的法律意义，但至少也是经过各区申报汇总后的数据。从表1和表2可以看出，一方面，广州市农村住宅总数1510319栋，户均住宅基底面积140.72平方米，远远超过80平方米的规定；村民住宅中有宅基地使用权证比例仅为32.97%，将近2/3的农民住宅不受法律保护；另一方面，预计2014年新增分户人口数39584人，如果还是按照目前的住宅建设模式，即使将农村建设用地都用来建房，恐怕也不能满足村民日益增长的建房需求。因此，农村住宅建设与管理不仅是村庄规划实施最需要考虑的因素，也是农村综合改革与发展的重要内容。

二、农村住宅建设管理存在的主要问题

广州市2000年出台了《中共广州市委、广州市人民政府关于加快村镇建设步伐，推进城市化进程的若干意见》文件，要求城市规划发展区内不再批地建设"一户一宅"，一律由村镇统一建设农民公寓。这一文件实际上抬高了广州农民建房的门槛，由于其他相关配套措施不到位，造成农民建房报建难、审批难，农村建房处于混乱无序状态。

（一）"一户多宅"与新增分户需求的结构性矛盾突出

由于历史原因，广州市农村村民住宅基础数据不完善，未对全市农村宅基地审批、集体使用证核发等做过全面的摸查、统计，家底不清。"一户一宅"在农村基本无法严格贯彻执行，因为多数村民建新不拆旧，加之继承房屋、非本村人使用宅基地等原因造成"一户多宅"情况严重。一方面，部分村民拥有多处宅基地，造成农房空置率高；另一方面，随着经济社会发展及人口增长，部分住房困难村民申请建房的需求越来越多，由于受用地规模、村庄规划未完善等原因限制而无法申请取得农村住宅，"一户多宅"与新增分户需求的结构性矛盾比较突出。

（二）农村建房秩序较为混乱

自2000年广州停止审批新建农民住房以来，各区（县级市）基本上都是以拆旧建新的形式建房，部分农民以拆旧建新的名义进行扩建、搭建和加建，更有个别村民假借各种名义违规占地建房。有的以发展生产、兴办家庭工商业为由要求多用地，有的以父母与子女分家、祖父母与孙子孙女分家等要求立户建房。按

规定程序，农民申请建房时，先由村民本人提出申请，村委会加盖意见后报镇审核和批准。从目前农村建房的现状来看，村委会对村民的建房信息没有进行认真审核把关，部分镇出现了没有经过审批，农民也自行建房的现象，造成农村建房既缺乏统一规划，也不遵守相关建房规定与标准，有新房没新村现象较为普遍。

（三）违法成本低，部门监管力度不足

由于广州土地资源缺乏，土地价值和升值预期大，农村住宅违法用地屡禁不止。据初步统计，农村违规建筑70%是农民建房。为配合城市建设而执行的拆迁中，政府有关部门为了让农民同意搬迁（拆迁），促进重点项目早日建成，对于抢建的物业或房屋，同样给予了补偿。农村住宅违法用地建设或建成后，各级政府基于维稳等原因，对涉及农村住宅很少组织强制停工和强拆，即使移送法院也极少予以执行，违建的违法成本极低。

（四）现有政策环境下宅基地报批难

在农村建设用地规模"只减不增"政策导向下，大多数村庄基本没有预留规划建设用地，大量土地规划指标落在保障国家、省、市重点项目及历史留用地上，尤其农转用指标审批更难，造成涉及农地的农民建房无法报批。多年来，广州市有国家、重点项目征地农民安置区安排了少量农转用指标，但在纳入城市控规范围的村庄，已暂停受理农村住宅用地申请（包括拆旧建新申请和新申请住宅用地）十多年，由于建设规划滞后，部分村并没安排安置区，征地拆迁安置工作缓慢，导致城市控规范围内农村住宅违法用地大量发生。

由于农民宅基地报建每户不超过80平方米（增城、从化为120平方米），选址分布零散，如进行用地报批，根据规定必须出具测量报告书、规划选址意见、缴交测量费等相关费用，且每年只能申报一个总批次（每年广州市只下达一次用地指标）上报到广州市审批，报批资料收集复杂烦琐，审批时间长（农用地转建设用地审批权在广州市人民政府，再由省国土厅备案）。因此，农村村民使用农用地（果园地、林地等现状为非建设用地的）建房报批更难。

（五）旧村宅基地空置率较高

由于广州市十多年前就停止了农民新建房屋报批申请，农民建房的主要形式是拆旧建新，但很多村民在建设新房的同时，原有的旧宅基地虽然与村里签订了拆除协议，但因监管和处罚措施不到位，建新不拆旧现象仍很普遍，而且有多少

占多少，节约集约利用率低，造成土地严重浪费和违法用地面积较大。

随着农村经济社会发展及村民对改善居住环境需求的不断增长，绝大多数村庄都建有不同形式的新村，村民多选择在新村建房，而旧村逐渐衰落、凋敝，空置率较高。由于农民受传统意识影响，认为祖屋即使无法居住也不能拆除，以及有些房屋的权属关系不清，加之农民对土地集约、节约利用的意识不强，使得旧村无法改造，造成土地资源大量闲置。

（六）缺乏操作性强的村民住宅及农民公寓建设指引

村庄规划是指导农村住宅建设的法定依据，但2000年广州停止新建农村住宅后，直到2012年期间，农民建房的政策依据处于"缺位"状态，由于缺乏村民建房的相关政策指引和规定，村民建房一直未能按照村庄规划实施。与此同时，广州市部分区积极推进农民公寓建设，部分村选定地块建设农民公寓，计划统一解决新增分户及拆迁户的安置，但由于缺乏农民公寓报批的政策指引，农民公寓的建设一直未能开展。

2012年，广州市有关部门出台了《广州市农村村民住宅规划建设工作指引（试行）的通知》（穗府【2012】35号），对于农民建房的管理机构、自建住宅的申请条件、建设程序、建设、监管和验收、产权登记与发证、监督与检查、建房高度、建房面积和建筑风格等都做了十分清晰、明确的规定，各区（县级市）也相应制定了本区（县级市）村民建房的建设指引，但实际上按照这些文件进行建房报建的数量极少。主要原因是文件内容规定与农村建房实际有偏离，加之报建、审批手续程序复杂，多数村民不愿意按照文件规定执行报建，而是根据自己的意愿建房，特别是"城中村"超高超大建房现象普遍，影响了村容村貌。

三、存在问题的深层原因分析

（一）二元土地管理制度制约农村发展

目前，二元管理体制在城乡土地管理中表现尤为突出，国有土地和农村集体土地实行不一样的管理制度和管理模式，严重制约农村土地用益物权的健康发展。国有土地产权清晰，可以自由流动，通过市场供需关系调节和平衡土地价格；农村集体土地产权不清晰，不能自由流动，难以通过市场配置资源。例如，农村集体建设用地在市场上流转的渠道不畅，农民的宅基地和房屋也不能进行市场交换，导致农民拥有的房屋产权不完整，得不到法律意义上的承认，既制约了农村经济社会发展，也给城乡土地管理带来新的难题。

（二）相关政策制定没用充分考虑农村发展特点

农村经济社会发展有其独特性的一面，因而涉及农村发展的各项政策在充分考虑城乡一体化的基础上，还要兼顾农村的发展实际和发展特点，否则难以收到实效。纵观近年来广州市出台的关于村庄发展的相关政策，就是没有充分考虑农村的独特性和发展实际，片面追求政策的完整性和理想性，在实用性、指导性方面仍与农村发展实际有差距，不接地气。例如，关于农村住宅建设指引，虽然看起来政策制定得很完美，设计考虑很周全，但在实际执行过程中很难推进。由于广州市土地资源紧缺，当前迫切需要出台关于农民公寓建设指引，但政策迟迟不能出台，一定程度上影响了农村住宅建设与管理。

（三）政府和村民对村庄规划期望目标不一致

在城市化快速推进过程中，迫切要求土地实行集约、节约管理，以提高土地资源利用率和配置效率。政府希望通过村庄规划限制农村无序低效发展，同时还要保护耕地和生态环境，实现集中统一管理；而村集体和村民希望通过村庄规划能争取更多的建设用地以改善居住条件，尽可能实现分散式的发展。村民要求分散与政府集中管理的矛盾比较突出。例如，政府鼓励农民"上楼"，建设农民公寓，将节约、集约下来的土地集中用于产业发展，但农民受多年来分散居住模式的影响，导致农村土地集约管理面临较大挑战。

（四）农村土地协调和整合难度较大

一讲到农村建房，传统和惯性思维就是缺乏建设用地指标，但问题的关键还是农村的土地资源没有协调和整理好，农村大量闲置、低效的土地资源如果能够协调和整理好，比争取新的用地指标更有现实意义。目前，广州农村土地管理的现状是绝大多数的村土地一般都掌握在经济社，而且各个经济社基本上各自为政，村委会统筹村土地有一定的难度，广州市有些村庄的旧村落、旧学校、旧厂房等大量闲置，没有充分利用，导致土地资源浪费。

（五）村庄规划承载的内容和元素太多

广州市农村地区发展问题很多，表现形式多样，这些多年来集聚的问题既通过村庄规划的形式梳理出来,也希望通过村庄规划得以解决。自 2013 年 4 月推进村庄规划编制实施以来,不仅市、区、镇(街)管理部门,村委会及村民等都对村庄规划寄予了很高的期望,希望通过村庄规划解决住宅等一揽子发展需求。事实上,对于村庄规划的定位不能过于"高大上",虽然农村的各种发展问题通过聚焦村庄规划的形式予以表现出来,但村庄规划能够解决的现实发展问题毕竟有限,说到底,村庄规划只是一个载体,通过村庄规划梳理出来的问题,要多个部门采取多种措施协同推进,单依靠一个规划部门难以有效推动实施,必须发动和动员全社会力量,为村庄规划实施和住宅建设管理共同献计献策。

四、农村住宅建设与管理的基本思路

根据《国家新型城镇化规划(2014—2020)》、《中华人民共和国城乡规划法》、《广东省实施〈中华人民共和国土地管理法〉办法》、广州市人民政府办公厅《关于印发广州市农村村民住宅规划建设工作指引(试行)的通知》(穗府【2012】35 号)等有关法律、文件精神,以有利于节约集约利用土地、有效解决农村新增分户住房需求问题、改善农村居住环境、加快城乡统筹发展为根本目的,按照"政策引导、试点先行、镇(街)统筹、村(居)实施、村民自愿、稳步推进"的思路,逐步加强和规范农村住宅管理。

(一)充分发挥市场作用机制

党的十八届三中全会强调要充分发挥市场在配置资源中的决定性作用,农村住宅管理在发挥政府主导作用的同时,也要充分调动和动员市场力量,共同推进村庄发展。在旧村改造、推进和建设农民公寓过程中,适当引入市场机制,单凭村社力量,难以完成旧村改造、农民公寓建设等任务。但在引入市场开发主体时,政府有关管理部门要设置一定的准入门槛,对市场开发主体行为进行必要的限定,保证旧村改造、农民公寓建设不损害农民利益,确保村庄健康持续发展。

(二)固化现状

结合村庄规划摸查工作成果及村庄建设用地实际情况,划定并实施"固化界限",即旧村现状住宅边界线(旧村固化线),固化旧村现状住宅建设用地面积和范围，村庄住宅建设或改建需在固化线内安排，固化线以内的住宅予以承认既成事实；固化线以外的新增村民住宅建设项目通过集中建设农民公寓予以解决，开通村民住宅报建的合法渠道，加强村庄规划、建设管理工作，为后续乡村建设规划许可证核发提供基础。

（三）下放审批管理权限

对于涉及村庄规划建设、管理和实施的相关事权应该尽量下放，能下放到区的就下放到区，能下放到镇（街）的就下放到镇（街），简化审批管理程序，提高审批管理效率。例如，农村住宅建设与管理权限，乡村建设规划许可证核发下放到镇（街），镇（街）依据《广州市农村村民住宅规划建设工作指引》（穗府【2012】35号），对符合土地利用总体规划、"一户一宅"、权属清晰等要求的农民建房申请进行审批。充分发挥镇（街）在村庄规划实施中的积极作用。因为镇（街）更贴近农村基层，更了解农村和农民发展需求，只要充分放权，管理就会更加切合农村发展实际、更加到位。

五、农村住宅建设与管理的建议

农民建房既是村庄规划管理的重要内容，也是村民最为关注、最为敏感、与村民切身利益息息相关的大事，必须采取有效的"疏堵结合"之策，在充分尊重农民发展意愿基础上加强管理，积极引导村民由分散居住逐渐转向集中，加快转变村民的居住方式，改善生活环境，提升城市化建设水平。

（一）明确"一户一宅"的认定标准

进一步明晰"一户一宅"、村民住宅确认的核定细则，为农民住宅的获取、分配、建设和管理工作奠定公平合法的基础。根据国家、省有关法律法规及政策要求，对农村宅基地管理的确权、拆旧建新、历史遗留问题的解决、农民公寓的分配等涉及村庄规划建设和管理的推进实施工作，均需以符合"一户一宅"条件作为前提和基础，宅基地新增申请、拆旧建新必须遵循"一户一宅"原则，村民申请宅基地新建住宅的，村社必须与申请人签订建房协议。宅基地经区国土房管部门审批后，申请人要按建房协议自行拆除旧宅基地上房屋，将土地证交回村社集体，原批准文件（证）由核发部门注销，拆旧建新的向规划部门申请办理。

（二）加强政策创新，强化审批服务

1. 落实村民住宅保障机制

一是根据村庄规划和土地利用总体规划，结合广州市实际情况，"两规"进行协调，合理引导农村宅基地选址，坚决贯彻执行"一户一宅"的法律规定，并保障农村村民宅基地面积达到省、市规定的标准。广州市五区（白云、花都、番禺、萝岗、南沙）农民宅基地基底面积80平方米，增城、从化农民宅基地基底面积120平方米，申请人必须是本村社集体村民的持有本人户口簿者。二是用地必须符合土地利用规划和村庄规划，市国土房管部门对农村宅基地涉及农转用进行审核，并适当简化审批资料及减免相关税费（已有规定宅基地不需要缴纳新增费，耕地占补平衡需履行，建议耕地占用税免除或减半）。三是广州市在编制年度土地利用计划时，将农村宅基地用地纳入计划，并将指标单列，专项用于农村宅基地，不得挪作他用。

2. 强化审批服务

一是建立健全村社、镇（街）及职能部门对农村村民住宅建房审批、监管考核制度，梳理办理流程，在办理审批中明确各环节的办理时限，在审批表中明确各环节责任人，要求在各自审核（审批）环节中签名、盖章，对申请人、村社及各审查职能部门，要求如实提交有关材料和反映真实情况，并对申请材料的真实性负责。二是严格执行违法处罚机制。对不符合相关规定的村民建房用地条件的，建议由城管部门及各镇（街）造册登记，并履行职责进行违法处罚。

（三）建立宅基地退出机制

按照国家、省、市相关文件规定，新建住宅的需将旧宅基地退回原村集体，但从目前广州农村宅基地管理的实际情况来看，对如何退回、不退回又如何执行等均无具体的操作细则规定或指引。因此建议：

1. 完善宅基地退出激励机制

一是在宅基地退出机制中，要考虑有退宅基地不还耕和退宅基地还耕两种情况存在，退出宅基地的激励机制应有多重选择。例如，在城镇提供保障房等；退耕的应以耕地面积入股村集体经济，每年分红。上述方式可以大大鼓励农民向城镇集中，享受城镇公共服务设施资源，也有利于农村土地实现规模化、集约化。二是实行宅基地有偿退出机制。村民有4座以上宅基地，愿意退出1座的，按每平方米1000元进行补偿，村民有4座以下、2座以上宅基地，愿意退出1座的，按每平方米 500 元进行补偿，退出的土地由村社另行安排。

2. 实行宅基地有偿使用机制

经村民会议讨论决定，村民委员会（或集体经济组织）可以每年一次向"一户多宅"的村民征收宅基地有偿使用费，征收标准为：除"一户一宅"外，多 1 座宅基地的每年按每平方米 10 元计收，多 2 座宅基地的每年按每平方米 20 元计收，多 3 座宅基地的每年按每平方米 30 元计收；多 4 座或 4 座以上宅基地的每年按每平方米 50 元计收。征收的宅基地有偿使用费，优先用于村公共基础设施和公益事业。通过采取上述措施，逐步解决"一户多宅"的问题，引导宅基地有序退出。

（四）尽快出台农民公寓建设指引

市、区有关职能部门要全力推进农民公寓[①]的建设，加强科学指导，规范农民公寓建设行为，并充分调动和发挥镇（街）及村（居）的积极性，采取镇（街）统筹协调、村（居）具体实施的推进模式，使试点村农民公寓建设尽快见成效。

1. 加强规划指导

一是规划管理部门要科学规划农民公寓建设的数量、布局、范围和用地规模，按生产、生活、生态等不同功能实行合理分区，逐步使分散的农村居民点适度集中归并。鼓励有条件的地区打破村（社）界线，统一规划，集中建设，连片开发。二是对项目容积率等规划设计条件，根据用地情况和控制性详细规划确定，对于先行试点村容积率可适当放宽，以发挥试点村典型示范作用。三是申报建设农民公寓的集体经济组织，在其建设方案中，必须有旧村、旧宅基地改造计划，并严格按照审批后的建设方案组织建设农民公寓。四是充分发挥和强化村庄规划对农民公寓建设的基础性指导地位，未完成村庄规划或村庄规划未获批准的村，原则上不予建设农民公寓。

2. 加强用地管理

一是建设农民公寓的用地，应尽量使用存量集体建设用地，有集体建设用地指标，而且土地产权在村民委员会的村可优先安排农民公寓建设项目。对需求强

---

① 农民公寓是指由农村集体经济组织主导建设的，供本村农村集体经济组织成员或本镇其他符合条件的村民居住的公寓式住宅。农村集体经济组织包括经济联合总社、经济联合社、股份经济合作联社、股份合作经济社等。

烈、条件成熟、符合农民公寓建设条件但没有建设用地指标的村，经过认定确需占用农地或未利用地的，可优先安排新增建设用地指标。二是建设农民公寓的村应对已有的宅基地严格管控，不得擅自改建、扩建，确保宅基地建设规模只减不增。按拆旧建新方式建设农民公寓的，经复垦腾挪出的用地指标，全部返还该村集体。三是建成后的农民公寓由广州市国土管理部门颁发房产证，房产证颁发到村集体经济组织，由村集体经济组织进行具体分割。申购农民公寓的村民在集体房产证满10年之后，在村集体经济组织同意的前提下，允许其有条件转让，但转让对象必须为本村或本镇内农村集体经济组织成员，不允许与非本村或非本镇集体经济组织成员进行交易，转让后不能再申购农民公寓或保障性住房。

3. 明确建设要求

一是农民公寓建设根据土地和规划情况，可以形成多幢公寓小区，也可单幢建设，或者单幢联排联建。农民公寓按城市居住区规范要求进行高起点设计，为多层或高层单元式住宅楼，按实际需要建设多种户型，以满足各类安置户或不同家庭结构的住房需求。二是农民公寓建设可配套建设商业设施、公共服务设施。建设的商业设施可出租、出售，通过规范运营，壮大村级集体经济，增加农民福利。三是建新拆旧、节约土地。建设农民公寓要充分挖掘村（居）的土地潜力，利用"空心村"、旧厂房等闲置建设用地，农民公寓建成后对原有宅基地要由村统一收回规划成产业用地，使建设用地只减不增，节约集约利用土地资源。四是农民公寓建设事关村民切身利益，在充分尊重农民意愿的基础上，资格确认、分配标准、分配模式等要公开、公正、公平，强化职能部门对农民公寓建设的监督职能，确保农民公寓建设依法依规。

4. 多方筹集建设资金

一是多渠道筹集农民公寓建设资金，可由受委托的建设实施单位先行垫资建设，也可由村集体筹集，实行市场化运营，规范管理。二是鼓励探索利用社会资金，引入投资者以合作开发等方式解决启动资金问题，同时完善合作企业的引入和退出机制，对建设单位进行公开招标，由镇农村资产交易平台进行资金监管，确保项目按时按质完成，并达到预期效果。三是对集体经济组织及村民自筹资金建设农民公寓的，鼓励银行对农民公寓推行按揭业务，以解决村集体或个人资金短缺的问题。

5. 科学制订分配方案

一是农村集体经济组织负责制订农民公寓分配方案，报镇（街）村规办同意，并获2/3以上有表决权村民表决同意后方可实施。农民公寓原则上优先安排给符合宅基地申请条件、有新增分户需求、户均宅基地基底面积低于 20 平方米的村集体经济组织成员。二是农民公寓建设要有长远计划，分期分批推进实施。对于具备资格但没有分配到农民公寓住房的村民，可以保留在后续农民公寓建设分配中的资格，也可以选择由村集体经济组织进行货币补偿，选择货币补偿的村民不再具有申购农民公寓的资格。三是农民公寓出售价格由村集体经济组织确定，并报镇（村）规办批准。农民公寓申购价格以略高于成本价出售给本村村民，村民申购后的剩余房屋，以及配套开发建设的相应商业设施可以出租，其租金收入由村集体经济组织掌握，作为日后旧村改造、村庄建设的启动资金，资金管理须公开透明，并定期向村民公布。四是对于具备申购资格，但属于低收入住房困难家庭的村民，根据其分配到的住房面积，在经村民委员会批准，并在村公示的前提下，申购农民公寓可给予一定的优惠，即家庭成员每人可减免 20 平方米的购房资金，确保困难户能够买得起农民公寓（住房）。五是坚持公开、公平、公正的原则，对符合申购条件的申购人同等对待，对申购顺序采取抽签或随机摇号等方式确定。同时对申购对象、申购程序和房屋价格核定等内容进行公示。

（五）发挥村集体和村民在宅基地管理中的积极作用

1. 发挥村集体在宅基地管理中的积极作用

针对当前村集体只管分配土地给村民使用，而对村民违法使用土地置身事外的现状，同时考虑降低行政监督管理成本，可以尝试由村委会自主管理宅基地。具体操作办法为：村集体每年清理村内空置宅基地和各种符合规划的区域和地块，统计可建房面积及位置，接受全体村民监督，制定可获得宅基地建设者的资格，对现有宅基地使用者按年征收集体土地使用费用，对违反规则者处以惩罚，或课以罚金，或取消宅基地轮候资格，收费及处罚所得用于宅基地管理工作，镇政府对村集体每年进行不定期检查，对于自我管理和自我整改不力的村委会进行惩罚，可以采取适当减少该村集体建设用地指标的方法。

2. 发挥村规民约的积极作用

农村住宅建设与管理涉及每一个村民的利益，为更好地协调村民之间的利益，在依法依规推进的同时，必须充分发挥村规民约对农村内部治理的积极作用，利用村民自治章程约束村民行为，加强宅基地管理。引导各村进一步规范完善本村村民自治章程，将"一户一宅"、占新宅退旧宅、多占多交款等写进村民自治章程，让村民自觉按章程和村庄规划搞好修建、拆迁和旧宅基地清退工作，对那些既不遵守村民自治章程配合拆迁或退回闲置宅基地，又不按规定缴纳"超占费"的，可由村委会依照有关法律规定诉诸法律程序，靠法制力量强制执行。

专栏2：南沙区横沥镇开展农民建房报建工作试点

为保证加快农民建房报建工作顺利进行，横沥镇成立了农民建房报建工作领导小组，统一协调和组织农民建房报建工作。

一是加强宣传发动工作。印刷《南沙区横沥镇农民建房办事指南》（以下简称《指南》），《指南》对建房报建流程、建房报建须知、建房资料清单等进行明确规定。

二是成立工作机构。各村设立报建员，负责收集传递各村农民建房意愿，张贴公示材料及收集报建资料，协助农民建房报建小组工作人员现场勘查和化解用地界线纠纷；镇设立农民建房报建窗口，负责收取村报建员递交的报建申请、报建资料及发放《村庄规划批复》《建设用地批复》《单体设计条件》和《乡村建设规划许可证》，对村民建房事务实行报建员申请、统一窗口收发、建设办国土所联合办公，全程内部流程审批、统一监管。

三是农民建房相关程序。横沥镇农民建房分两阶段实施：第一阶段镇级审核及发放《村庄规划批复》《单体设计条件》，国土所发放《建设用地批复》；第二阶段为区级审核及发放《乡村建设规划许可证》。

资料来源：南沙区横沥镇政府。

（六）加大监督执法力度

1. 健全违法宅基地台账登记制度

各区驻镇（街）城监部门、国土所实行动态巡查，形成违法宅基地用地台账登记制度，对违法宅基地实行巡查、发现、制止、上报工作，做到违法宅基地用地信息日日报、月月报，并且要实现与城监部门的信息互通、资源共享。建议各镇（街）设置一个违法用地、违章建设信息收集、报送人员，形成联合台账登记制度，做到信息畅通、资源共享、便于防控、促进查处。

2. 加强专业查控违法宅基地建设力量

由于职能权限，各部门对违法宅基地用地、违章建设执法都有一定程度的制约，如国土部门无权对违法用地进行拆除。建议各镇（街）成立由国土、城监等部门组成的违法用地建设联合执法小组，提高有效查处率，构建长效查处机制。

3. 加强对辖区违法使用宅基地建房的监管

在各职能部门动态巡查时，各镇（街）可通过车载流动喇叭，大力宣传城市管理、土地管理等政策法规，对严重违法行为，要公开曝光，用典型案例教育村民，让村民知道违法用地的成本极大，营造严厉打击违法建设宅基地的社会氛围。

充分发挥镇村社三级在宅基地管理中的作用，将违法宅基地纳入"两违用地"整治范围进行严格管理。严禁未经依法批准将农用地转为宅基地的行为，禁止农民公寓建设区内的村集体安排单家独户宅基地。

（课题组成员：郭艳华　江彩霞　陈翠兰　邱志军　陈旭佳）

文 化 篇

21世纪海上丝绸之路建设中的广州文化产业走出去研究

一、建设21世纪海上丝绸之路与文化产业走出去

(一) 21世纪海上丝绸之路与文化产业走出去的重要意义

丝绸之路是中国古代同西方各个国家和地区之间的经济、政治、文化交流的交通路线，丝绸之路又分为陆上丝绸之路和海上丝绸之路，从唐代中期以后，海上丝绸之路逐步取代陆上丝绸之路，成为中国对外贸易的主要通道，在宋元时期进一步成为东西方文化经济交流的重要载体。随着中国的崛起，中国在国际上发挥的作用日益增强，习近平总书记分别提出建设"丝绸之路经济带"和"21世纪海上丝绸之路"（简称"一带一路"）的战略构想。这是我国根据全球形势深刻变化，统筹国内国际两个大局做出的重大战略决策，对于构建开放型经济新体制、形成全方位对外开放新格局，都具有重大而深远的意义。

建设"一带一路"战略的重要内容之一就是进一步深化与沿线国家的文化交流，促进区域合作，实现共同发展。加快发展对外文化贸易，推动文化产业走出去，对于继续扩大改革开放、提高对外贸易发展质量，对于提升国家文化软实力、推动中华文化走向世界都有着重要意义。

1. 文化自觉和自信的集中体现

在中华民族伟大复兴的历史进程中，我们要树立高度的文化自觉和自信。随着中国国际影响力的逐步扩大，面对文化全球化提出的重大挑战，我们不仅要勇于"引进来"，以宽容的态度和开放的心态积极引进和吸纳外来文化，同时，更要以充分的文化自觉和自信勇于"走出去"，利用中国文化的吸引力在世界不断增强的机遇，打造一批文化企业的全球知名品牌，推出一批展现中国风格、中国气派的文化精品，也是推进社会主义文化大繁荣大发展的应有之义。

2. 对外开放交流的重要内容

对外开放交流的内容丰富，意义重大。文化商品有着特殊的意义，不仅仅具有经济价值，更展现了文化的精华。实施文化产业走出去，推动更多富有民族风

格、浓缩历史传统、蕴含思想精粹的文化商品走向世界，使更多国家和地区的人民接触到中华文化的精彩，让世界感受到中国的文化属性、文化特征、文化形象和文化力量，增进彼此的互信，使我国在形象上更有亲和力，与经济竞争力和政治影响力相互补充，也更有助于推动对外开放交流的不断深化。

3. 全面深化改革的必然要求

立足于今日中国发展现状和未来发展需求，我们必须推进全面深化改革。文化体制改革是全面深化改革重要内容，其中要点之一就是扩大文化的对外开放。要按照"政府主导、企业主体、民间参与、合作共赢"的要求，从市场的角度切入，用企业的方式运营，建立符合市场规律和国际准则的有效机制，打造具有竞争力的国际性文化企业集团。通过统筹国际国内两个市场两种资源，统筹对外文化交流与贸易，实现社会效益与经济效益的双丰收。文化产业走出去，也是全面深化改革的要求中关于文化改革发展的必然要求。

4. 经济转型升级的有力支撑

文化产业正日益成为国民经济发展的重要产业，文化产业的价值链条长，带动力强，是与整个三次产业发展密切相关的产业。要充分认识文化产业对于转变经济增长方式、推进制造业产业升级等方面的重要意义。大力发展文化产业，积极推动文化产业走出去，尤其是以创造为核心的创意产业，有助于经济增长方式的转变和产业结构的转型升级，改变我国的制造业在国际分工和国际贸易中的不利局面，提升我国在世界经济分工中的地位。

（二）海上丝绸之路与广州作为文化门户的历史地位

广州是中国最早的对外通商口岸，在海路和陆路上都是交通要道。在先秦时期，番禺便已成为海上丝绸之路最早始发港。从秦汉直到现代，不管国家处于开放还是封闭状态，作为对外港口的广州历久不衰，都是对外开放交流的窗口和门户。

1. 从商品贸易看广州作为文化门户

丝绸和瓷器，作为海上丝绸之路贸易中的主要商品，具有高信息量、高吸引力、高附加值等特征，就是古代的文化商品。在这类商品的贸易中，广州发挥着文化门户的重要作用，沟通内外渠道，满足国外客户的需求，让国内的瓷窑进行定制化的生产，著名的外销瓷就是其中的典型。广州作为对外贸易的最大口岸，汇集了众多外商，一些商行开始直接接受外商的订货，许多瓷器的装饰图案依照外商从欧洲带来的样品由中国画工精心摹绘，"纹章瓷"由此在欧洲盛行起来，由此产生的巨大需求也催生了广州出现专门承接欧洲订货业务的门店。洋商可以与广州的商人签订协议，指定瓷器的种类、造型、式样等；商人再将订单发往千里之外的景德镇进行烧制。后来，广州的行商们凭借着销售渠道上的优势，很快介入了生产，他们雇佣工人、培训画工，将景德镇烧制好的白瓷胎运至珠江口，就地进行彩绘和二次加工。

在沟通国外需求与国内生产的过程中，还诞生了广彩这种极具岭南特色、体现广州文化门户功能的特殊商品。作为广州彩瓷初期产品的珐琅彩具有高贵艳丽的特征，深受西方富豪与贵族的喜爱，一些王室贵族甚至派官员专程来广州采购，后来进一步发展为由欧洲商人带来彩瓷的图样由中国制造商按要求制造。广彩艺人继承明代彩瓷的传统特色，再吸收西洋画法的技艺，绘上具有岭南地方特色的图案，逐渐形成独特的岭南艺术风格。广彩瓷器是从中西贸易的外销瓷中，由艺人适应国外王室贵族的需要，逐步发展起来的一种独特的艺术彩绘瓷。它一方面继承了我国传统彩绘艺术的风格，另一方面又吸收了西洋绘画的艺术精华，可以称得上中西文化交流的结晶。

2. 从文化特质看广州作为文化门户

广州是岭南文化的中心地。岭南与中原地区相比有着独特的地理环境，岭南文化同时兼具农业文化和海洋文化的特征，在发展过程中接受了大量来自中原移民的影响，并开展了与海外的交流，因此又不断吸取和融汇了中原文化和西方文化，逐渐形成一些独特的特质。岭南文化这些特质，又进一步为广州发展成为沟通中外的文化门户提供了精神动力，也正与广州作为文化门户的地位相互促进，紧密契合。

岭南自古与中原相距甚远，因海而兴、因商而富，与中原传统的农耕文化有所差异。海上丝绸之路是中外贸易往来之路，其兴盛推动了岭南地区商业的发展。以工商手工业为主体的市民阶层的兴起，海上丝绸之路及其所带来的市场性、开放性也对岭南文化的特质有着重要的影响，促进了以广州为中心的具有鲜明商贸色彩和务实求新的岭南文化特色的形成。海上丝绸之路既是贸易之路，也是岭南文化与中华文化的传播和交流之路，它促进了中国与世界众多文明之间的联系，促进了思想文化的交流，是岭南文化与多民族文化精华交融的纽带。在与世界文化的交流进程中，造就了岭南文化开放包容的特性，广州也成为中华文化与外来文化相互撞击、融合的平台，承担了文化门户的重要功能，更早地以开放的胸襟迎接传统文化的现代转型和中西文化的交流汇通。

在今天建设21世纪海上丝绸之路的背景下，广州应该充分继承与发扬历史传统，加快改革创新，打造文化产业走出去的新门户，为推动中华文化与世界文化的交融与创新做出新的积极贡献。

二、21世纪海上丝绸之路背景下广州文化产业走出去的战略分析

（一）基础优势

广州作为历史上海上丝绸之路的重要始发港，在改革开放的进程中发展成为国家中心城市，文化产业蓬勃发展，在建设21世纪海上丝绸之路的进程中，率先走出海外，推动中华文化的世界传播，有着坚实的基础优势。

1. 对外开放的历史传统优势

广州是中国古代对外贸易和文化交流的海上丝绸之路的重要起点，作为中国最早的对外通商口岸，在东西方经济文化交流过程中发挥了重要作用。广州秦汉时就是繁华都市。三国时期，广州与东南亚开展了频繁的贸易和人员往来；南北朝时，广州凭借发达的海运，逐步发展成为东方的国际贸易中心。唐代开辟深水航线，从广州起航经南海、印度洋沿岸到达红海地区，全长14000公里，这是16世纪前世界上最长的远洋航线，被称为"广州通海夷道"。宋代时，陆上丝路受阻，广州更是重要对外贸易门户。明清海禁期间，广州是当时中国唯一的对外通商港口，十三行成为海上丝绸之路繁荣发展的历史巅峰。鸦片战争以后，广州及珠三角地区最早受到西方资本主义的影响，工业文明由此向全国扩展开来。新中国成立后，广州仍然是对外经贸往来的主要窗口。30余年来，广州继续充当改革开放的前沿阵地。从秦汉直到现代，不管国家是处于开放还是封闭状态，作为对外港口的广州历久不衰，对外开放交流的历史悠久、传统深厚，为在建设21世纪海上丝绸之路中进一步扩大开放、走向世界奠定了良好基础。

2. 文化产业发展的基础雄厚

广州在全国率先开展文化体制改革，积极推动文化产业发展，经过多年努力，形成了较为雄厚的产业基础，文化产业在全国大城市中处于领先地位。按国家统计局文化及相关产业分类（2012）统计口径，2013年全市文化产业增加值为743亿元，比2012年增长17.7%，占GDP的比重约为4.91%，文化产业保持良好发展态势。新闻出版发行、文化专用设备制造、文化创意和设计服务等三大行业优势明显，文化产业从业人员超52万人，涌现出一大批优秀的文化企业、

企业家和产业园区。在文化产业发达的基础上，广州的文化对外贸易也取得长足发展，文化产品进出口均得到稳步增长。2012年，全市文化产品进出口总额为136.1亿美元，比上年增长8.5%，其中出口达到59.59亿美元，比上年增长13.2%；出口额为76.56亿美元，比上年增长5%。广州已成为我国文化对外贸易的重要城市之一。

3. 重点骨干企业实力不断增强

通过整合优质资源打造文化企业集团，广州培育了一批拥有自主知识产权和文化创新能力、主业突出、核心竞争力强的大型文化企业集团，它们已经发展成为文化产业的重要力量。尤其是广州的知名新闻出版品牌多，影响力不断提升。第九届世界品牌实验室发布的2012年《中国500最具价值品牌》排行榜中，前12个平面媒体品牌中有5个在广州，分别是《广州日报》《羊城晚报》《南方日报》《南方都市报》《南方周末》，其中《广州日报》品牌价值126.27亿元，连续19年广告收入位居中国平面媒体第一名。广州珠江钢琴集团成为全球最大的钢琴制造商，粤飞、漫友等新兴动漫企业在全国具有举足轻重的影响。广州的一大批重点文化骨干企业成长起来，龙头引领和支撑功能进一步显现，将成为文化产业走出去的主力军。

4. 海外华侨华人的文化相通

分布在世界各地的华侨华人很多还保留着传统中国的文化根源，与祖国的互动也非常频繁，已经成为中国与华侨华人所在国经贸合作和文化交流的重要桥梁，海外华侨华人也是我国文化产业走出去的重要市场。广东是中国海上贸易和移民出洋最早的地区之一，现有3000多万海外侨胞，占全国的2/3，分布在世界160多个国家和地区。大量的广东籍华侨华人保留着文化上的共通性和认同感，他们讲粤语、吃粤菜、唱粤剧。在海外不少国家华人圈里，粤语至今仍是一门最为通用的语言。广州是侨乡之都，是侨乡城市中经济总量和辐射能力最大的，同时又是众多大城市中侨乡特色最浓、海外侨胞最多的。广州可以充分利用海外华侨华人文化相通的优势，积极推动，成为文化产业走出去的重要桥梁。

（二）存在问题

目前，我国文化产品和服务出口规模与发达国家相比还有较大差距，总体竞争力还较弱，存在巨大的文化贸易逆差。广州文化对外贸易尽管已取得较明显的成绩，但仍处在起步阶段，同样存在着明显的问题。

1. 促进文化产业走出去的宏观体制有待完善

尽管当前文化体制改革已经取得了很大了成效，但是仍然需要进一步全面深化改革，完善促进文化产业走出去的宏观体制。现行文化产业发展政策往往是由宣传、文化广电部门会同财政、经贸、科技、旅游等部门依据职权分别制定的，对各自分管的文化产业领域的发展确实起到了一定的推动作用。但是相关政策之间的融合性与关联性不强，没能实现有效整合，降低了文化产业政策的系统性和执行力。在推动文化产业走出去领域，广州还缺少全面的工作规划和战略，未能深入地融入地方改革开放的总体布局，与推动文化产业发展，带动经济结构转型升级相结合不够。在一些具体政策上还存在着障碍，如文艺院团赴境外演出审批环节多、程序复杂，相关的外汇审批、知识产权保护等法规政策也还不够完善。对文化产品和服务出口单位的外汇和版税优惠、资金补助、税收减免、出口奖励等政策力度还不够大，各种支持文化产业走出去的辅助性服务和平台还比较缺乏，关于文化对外贸易的数据和信息也相对不足。

2. 文化产业国际竞争力不强

文化市场活动的主体是文化企业，如果缺乏进行跨国文化生产和经营的文化大企业，就不可能在全球范围内充分地利用文化资源，形成竞争力。因此，文化产业要走出去就必须要建设一批有能力参与国际竞争的跨国文化公司。尽管广州文化产业已初具规模，但企业业务单一、抗风险能力弱、行业集中度低等问题仍然突出，外向型文化企事业单位总体实力还不够强，文化产品出口企业以中小规模企业为主，"小、散、乱、弱"局面依然存在。企业的自主创新能力不够，尚未形成比较完整的能够适应国际市场的整体策划创新能力及市场拓展能力，具有国际影响力、体现广州原创能力的产品还不够丰富，缺乏可以将丰富文化资源变为畅销文化产品、品牌和名牌的创意者、生产者和资源整合者，出口经营的积极性不高。特别是与北京、上海、深圳等城市相比，从文化出口重点企业来衡量，广州具有国际竞争力的文化企业数量较少，实力也相对较弱。见表1。

3. 适应国际市场文化需求的内容产品相对较少

文化产业走出的核心在于内容。目前，我们文化产品内容存在的问题可以总结为三个方面："偏硬、缺软，偏旧、缺新，偏仿、缺创"。目前，我国文化出口内容大部分是工艺美术品、文教娱乐和体育设备及器材等，属于文化贸易中的"硬件"，文化"软件"即服务类项目的出口还是一个薄弱环节，核心文化产品比率较低，又以图书贸易为主，其他文化内容和服务相对较少。在内容风格上，多局限于传统文化范畴，以戏曲、民乐及杂技等的表演和文物、传统书画及手工

表1 主要城市国家文化出口重点企业数量

年份 城市	2011—2012 年	2013—2014 年
北京	72	60
天津	7	9
上海	39	35
宁波	12	9
深圳	23	20
广州	16	13

艺品等为主,大都是传统积累下来的,展现当代文化风采的现代文化精品比较少,缺少既有中国文化元素和岭南风格,又兼具现代表现形式、时尚感强的经典作品。还有就是原创不足,科技含量低,缺少文化内涵和创意,导致文化产品附加值低,有很多文化产品处于贴牌生产的尴尬境地。如动漫企业虽然承接了不少国外业务,但很多只负责产品的加工环节,核心创意策划和渠道都由海外公司操控,无法实现从代工式的"制造"向拥有自主知识产权的"创造"转变。与其他城市相比,广州能够推向世界的文化产品内容相对缺乏,专门研究针对国际市场的产品不多、开发不够。尤其是在充分发掘自身优势资源、打造重点文化出口项目方面做得还很不充分。例如,在著名的传统工艺品开发上,由佛山开发执行的实用广绣出口项目(佛山市顺德区富德工艺品有限公司)获得了国家文化出口重点项目的支持。广州传媒产业发达,又是著名的侨乡,但是在对海外华侨华人的传播宣传方面却缺少有力的产品,反而《山东侨报》境外发行及外文版发行成为国家文化出口重点项目。

4. 支撑文化产业走出去的平台和渠道相对不足

由于目前我国文化企业的实力普遍相对较弱,独立走出去的难度较大,因此搭建平台和渠道对支撑文化走出去的意义重大。但是,广州在文化产业走出去的重大平台方面相对不足。首先是缺少具有全面影响力的综合性大型平台。目前,深圳、北京、上海、杭州四地的文博会,已是我国文化产业领域最有影响力的平台。甚至义乌文博会都是由文化部、浙江省政府主办。而广州作为著名的会展之都,缺乏文化产业类的大型会展贸易平台。广州2011年举办首届文化创意博览会,后来因为种种原因没有继续举办。其次,尽管广州也有演交会、动漫节等专

表2 主要城市文化出口重点项目

年份 城市	2011—2012 年	2013—2014 年
北京	36	37
天津	1	3
上海	8	12
深圳	5	2
广州	1	3

门性的平台，但是影响力都还比较小，特别是吸引国际市场的能力还比较弱，不能起到充分支撑文化产业走出去的作用。文化产业有效的传播推广渠道不足，国际营销网络不健全，如出版物产品出口目前主要以 8 家图书进出口公司为主，各自为政。目前，境外文化市场的信息很难掌握，国内文化企业自身国际文化市场营销运作经验相对不足，开辟海外市场的能力明显不足。如果缺少对外文化贸易的专业渠道和平台，缺少了解海外文化市场并有能力开拓海外演出、展览市场的策划、营销的专业机构，就会严重影响文化产业走出去的实际效果。

（三）战略机遇

国家提出建设丝绸之路经济带和 21 世纪海上丝绸之路的战略，进一步扩大对外开放，为文化产业的快速发展提供了重要机遇和广阔舞台。

1. 全方面立体化开放平台的搭建

推进"一带一路"建设重大战略决策，对于构建开放型经济新体制、形成全方位对外开放新格局，都具有重大而深远的意义。21 世纪海上丝绸之路，既是对中国历史上丝绸之路对国际经济合作巨大贡献的发掘与弘扬，也是重新塑造国家对外经济合作的贸易新通道。建设 21 世纪海上丝绸之路战略的实施，将大力互联互通，深化与沿线国家交流合作，强化国内支撑，搭建更多政治、经济、文化等全方面、多层次、立体化的开放平台。广州作为外向型开放城市，在转型发展阶段，迫切需要以开放促进改革，以开放加速发展，将进一步激发文化产业发展的动力，营造发展的良好外部环境，对文化产业走出去提供更加优越的环境、更加便利的条件、更加完善的服务和更加多元的渠道。

2. 国家高度重视对外文化贸易的发展

我国对外文化贸易呈现出良好发展势头，规模不断扩大，结构逐步优化，文化领域境外投资步伐不断加快，同时也有许多需要进一步改善和加强的问题。全面深化改革要求提高文化开放水平，培育外向型文化企业，支持文化企业到境外开拓市场。2014年3月，国务院又出台了《关于加快发展对外文化贸易的意见》，明确了推动对外文化贸易工作的指导思想，提出了到2020年我国对外文化贸易的发展目标：从微观看，要培育一批具有国际竞争力的外向型文化企业，形成一批具有核心竞争力的文化产品，打造一批具有国际影响力的文化品牌，搭建若干具有较强辐射力的国际文化交易平台；从宏观看，要使我国核心文化产品和服务贸易逆差状况得以扭转，对外文化贸易额在对外贸易总额中的比重大幅提高，文化产品和服务在国际市场的份额进一步扩大，文化整体实力和竞争力显著提升。从明确支持重点内容、加大财税支持力度、强化金融服务、完善服务保障等四个方面全面系统地提出了支持对外文化贸易发展的政策措施。广州作为全面深化改革的排头兵，正可以把握国家政策的导向，加快改革推动文化产业走出去，实现对外文化贸易的新突破。

3. 文化新业态快速发展的机遇

在文化产业发展的历程中，发达国家凭借在制造、传播、金融等方面的优势形成了垄断地位，在文化全球化的进程中处于强势地位。随着信息与网络等新技术的快速发展，文化传播进入全新的数字媒介时代，传播速度快、容量大、覆盖面广。新技术的应用打破了文化霸权主义，带来了文化传播与交流的平等，发展中国家可以在发达国家垄断的传统传播渠道之外，通过新的技术实现传播的突破。同时，微电影、微文学、微博、微信等新型文化产品以及数字出版、动漫、网络游戏等新兴业态成为文化产业的新增长点。实时互动的特点超越了时空限制，也使得原本处于传统传播范围之外的国家和地区成为可以开拓的市场。文化新业态的特征归纳为高新技术是支撑，内容创新是关键，技术和内容的融合是根本。以广州为基地开发的微信在港澳台以及东南亚等国家和地区的用户迅速扩展便是成功的例子，广州应该充分把握文化新业态蓬勃发展的机遇，推动文化与科技的结合，发展信息技术，开发数字传媒，创新文化产品，占领文化制高点，实现文化产业的创新超越。

4. 国际文化产业价值链条的全球化配置

随着信息技术的兴起，以服务外包、服务贸易以及高端制造业和技术研发环节转移为主要特征的新一轮世界产业结构调整正在兴起，国际文化产业价值链条也正在全球重新配置,这为我国推动文化产业走出去、加快发展面向国际市场的文化产业带来重大机遇,越来越多的影视企业、演艺企业、动漫企业、游戏企业以及出版企业通过"联合制作"参与国际分工,与国际合作伙伴互补短长,共享市场。牢牢把握这一机遇,有利于转变对外贸易增长方式,提高利用外资质量和水平,扩大文化服务产品出口,提升我国在全球文化产业价值链中的地位。

(四)面临挑战

1. 传统对外商贸优势逐渐削弱

广州对外贸易传统优势十分明显。例如,每年春秋两季在广州举办的中国进出口商品交易会(又称广交会),曾经是我国对外商贸的最主要窗口和平台。但是,随着沿边沿海全方位开放格局的形成,国内各地自己建立了更多对外商贸往来平台,同时,电子商务的快速崛起,特色专业展会水平的不断提高,这些贸易平台对广交会的影响越来越显著。跨境电商凭借门槛低、环节少、成本低、周期短等优势,成为拉动传统外贸的新引擎,对广交会以及广州的依赖不断下降。从广交会的历年成交额和采购商数据可以看出,大致在2006年、2007年达到巅峰,随着2008年全球金融危机而出现下滑。尽管全球经济缓慢复苏,成交额也逐步恢复到金融危机前的水平,但是难以再有突破。广交会的案例其实就是广州作为我国对外开放和贸易窗口的一个缩影,在全方位开放格局下,以及各种新技术的应用,广州传统的对外商贸优势正在不断弱化,原来可以凭借的传统商贸优势也在逐渐淡化。见表3。

2. 国内其他城市文化产业蓬勃发展

传统文化产业强市如北京、上海等仍然保持着蓬勃的发展活力,同时,一大批新兴文化强市迅速崛起。例如,曾经缺乏文化底蕴和文化资源的深圳,在文化上实现了跨越发展,2013年,文化创意产业增加值达到1357亿元,占全市GDP比重达9.3%。以腾讯、华强文化科技、雅图、华视传媒为代表的一批创意设计、动漫游戏、新媒体、高端印刷等文化科技型企业呈现良好发展势头。深圳还被联合国教科文组织批准加入全球创意城市网络,并授予"设计之都"称号。深圳成为中国第一个、也是发展中国家第一个入围该网络的城市,全球第六个"设计之都"。中国(深圳)国际文化产业博览交易会是国际展览联盟认证展会(UFI),由国家文化部等部门联合主办的国家级文化产业博览交易展会,在全国乃至国际上都有强大的影响力。国内其他许多城市都把握文化产业发展的新趋势,积极推动文化产业新业态的快速发展,形成了百舸争流的局面。广州文化产

表3 广交会历年成交额与采购商数据

年份	成交额（百万美元）		全年成交额（百万美元）	比上年增减（%）	采购商人数（人）	
	春交会	秋交会			春季	秋季
2014年	31051				188119	
2013年	35540	31690	67230	-2.15	202766	189646
2012年	36030	32680	68710	-8.09	近21万	188145
2011年	36860	37900	74760		207103	209175
2010年	34300				203996	200612
2009年	26230	30470	56700	-18.70	165436	188170
2008年	38230	31550	69780	-5.5	192013	174562
2007年	36390	37450	73840	11.4	206749	189500
2006年	32220	34060	66280	13	190011	192691

业的发展势头良好，但是与标兵相比仍有一定的差距，随着转型升级的压力增强，未来的竞争将会更加激烈。

3. 国际文化产业竞争日益激烈

我们的文化产业在本土还有本土化的优势，在国外面临更加激烈的竞争。文化产业走出去，并不是仅仅与当地的文化产业展开竞争，而是要与强势跨国文化企业竞争。发达国家凭借产业、传播、金融等方面的优势，在文化产业领域也形成了垄断性优势。例如，美国控制了世界75%电视节目和60%广播节目的生产和制作，每年向国外发行的电视节目总量达30万小时。而中国文化产业走出去之前，还不能完全满足国内文化消费市场需求，在这种情况下，要想在国际市场尤其是欧美市场进行推广绝非易事。世界文化竞争格局以及传媒秩序的重构，会进一步增大国际竞争压力，而且贸易摩擦势必会增多，文化产业走出去不可避免地要面对世界文化经济强国的竞争，接受来自国际文化贸易领域的各种竞争，甚至是报复，这对我们的文化产业走出去形成巨大挑战。

4. 国外受众需求的多元化

我国文化贸易出口的地区相对比较集中，主要集中在中国的香港、台湾地区、东南亚，以及美国、加拿大、澳大利亚和欧洲等地的华人社区。尽管近年来我国对外文化交流活动不断增加，但中外文化差异始终存在，很多外国人对中国的了解还相当有限。我们的文化产业走出去，目前还处于起步阶段，在对外文化交流中，缺少对国外市场深入分析，没有充分考虑国外受众的需求以及欣赏习惯和审美情趣，更多侧重于展示我们希望向世界表达的，而忽略了世界希望了解的。不同国家，甚至同一个国家内不同群体之间的需求差异可能都非常大。各个国家和地区社会、经济、文化条件各不相同，不同群体民众的宗教信仰、教育程度、生活方式也存在差异，这些都会影响对外来文化的认知、接受和偏爱程度。因此，需要全面深入地开展受众研究，了解不同国家不同群体的文化需求及其特点，才能做到有的放矢，有针对性地开展文化传播和交流活动，实现文化产业走出去的目标。

三、21世纪海上丝绸之路背景下广州文化产业走出去的总体思路

（一）战略定位

1. 总定位：21世纪海上丝绸之路文化产业走出去新门户

在传统海上丝绸之路的历史上，广州一直是对外开放的重要门户，尤其在文化商品贸易以及精神特质上，广州都是当仁不让的文化门户。建设21世纪海上丝绸之路国家战略的提出，必将掀起加速对外开放、推动中华文化走向世界的高潮。广州作为国家中心城市，文化产业的总规模和发展速度都位居全国前列，应该把握历史机遇，以加快文化体制改革为动力，发挥历史传统优势，结合产业结构转型升级的趋势，进一步延伸文化产业价值链条，在文化交流、文化生产、文化贸易、文化服务等领域，发挥联络中外、互通有无的作用，形成独特优势，成为我国对外文化门户城市，助推中国文化产业走向世界，提升中国文化在世界的影响力。

2. 分定位一：发挥商贸优势，打造文化商品和要素的国际贸易中心

广州有着"千年商都"的美誉，作为对外商港的广州千年不衰。今天，商贸业仍然是广州的支柱产业。文化商品和文化生产要素在全球范围内流动是当今国际文化产业发展的趋势，抽象的文化商品和要素比普通实物商品在交易中需要更多高级和复杂的知识。广州应充分发挥"千年商都"积淀的基础，将传统商品贸易中的优势延伸到文化产业领域，在对外文化贸易中积极抢占有利地位，打造对外文化贸易中心，让全国各地丰富多彩的文化商品，通过广州走向海上丝绸之路沿线各国乃至全世界。同时，在文化商品交易的基础上向文化生产要素拓

展,大力发展专业的文化贸易中介机构,创新交易方式,拓展图书影视内容版权、创意设计理念、形象与造型,乃至文化产权股权等交易对象,打造中外文化要素的交易中心,在文化生产要素的国际化配置中发挥更加积极的作用。

3. 分定位二：沟通内外渠道,打造外向型文化精品策划创作中心

广州目前在传统的主要文化生产领域,如广播影视、舞台表演等并不具有优势。但是,广州可以充分发挥门户作用,沟通国内国外的渠道,充分了解国际市场需求,根据国际需求在国内策划、定制相关的文化商品和服务。在传统海上丝绸之路的重要商品外销瓷的生产中,广州就曾经扮演了这样的角色。在当代文化产品和服务的产业链条不断扩展,并向国际化延伸的趋势下,如何实现有效的对接,还需要中介的积极作用。因此,广州应当充分发挥门户作用,打造外向型文化精品的策划创作中心,积极把握文化产业价值链条的前端,充分掌握国际市场动态,引导国内的相关资源,从而将国外的文化需求和国内的文化生产连接起来,策划创作更多适应国际文化需求的文化精品。

4. 分定位三：增强辐射能力,打造文化服务离岸外包中心

文化服务能力是文化产业的重要内容,在国际分工合作日益紧密的背景下,文化服务外包的趋势也日益明显。日本和欧美一些动漫企业在完成创意和设定后,将动画制作服务外包给中国的动漫企业。广州应当利用建设粤港澳自贸区的机遇,大力承接国际（离岸）服务外包业务,特别是抓住新兴动漫、网络游戏、虚拟现实、特技制作等技术含量相对较高、服务增加值明显的环节作为外包的重点发展方向。一方面,承接发达国家文化服务的转移,另一方面,积极拓展相对优势,针对发展中国家提供技术含量相对较高而价格更具优势的文化服务。在此基础上,不断提升服务辐射能力,扩大服务半径,扩大文化服务外包在服务贸易中的比例,形成新型的文化服务离岸外包中心。

（二）发展思路

1. 继承历史开创未来

广州曾经在海上丝绸之路历史上有着辉煌的地位,发挥过无可比拟的作用。传统必须继承,未来更要创造。在建设21世纪海上丝路的新历史时期,广州不能停留在过去的功劳簿上,等着自己的光辉历史让人挖掘,要看到全方位开放格局中百舸争流千帆竞渡的场面,根据全球文化产业发展的新形势、新变化、新特点,充分结合广州自身的优势,把握战略机遇,全力投入到开创未来的竞争中去。

2. 立足本土拓展腹地

广州一直以来是对外开放的窗口，广州不仅仅是岭南的广州，更是全国的广州。历史上经广州出口的商品来自全国各地，经由广州进口的商品也销往全国。在 21 世纪海上丝路背景下，推动文化产业走出去，并不仅仅是让广州本地的文化企业和产品走出去，更是要助推全国各地的文化企业和产品走出去。在国内一些内陆和边远地区，尽管文化资源非常丰富，但是传播手段、流动方式、贸易平台、专业人才等方面还有很大的局限，使得走出去的能力还有很大不足。广州要立足本土，提升辐射和带动能力，积极拓展腹地，让全国各地的文化企业和产品通过广州能够更容易地走出去，形成中华文化百花齐放、共同走向世界的局面。

3. 内外兼顾出入平衡

文化产业走出去并不是简单地把文化产品卖出去，让文化企业到国外去投资。中国在对外开放的进程中，更加注重走出去与引进来的平衡。广交会自 2007 年 4 月第 101 届起由原来的"中国出口商品交易会"改名为"中国进出口商品交易会"，由单一的出口平台变为进出口双向交易平台。文化的交流更加是双向的，只有学习、吸收和借鉴世界各地更多优秀的文化资源，才能创作出更加精彩的文化作品，才能生产出更多符合其他国家和地区人民实际需要的文化产品。因此，广州作为文化产业走出去的新门户，推动文化产业走出去，要兼顾走出去和引进来之间的平衡，在交流中创新，在融合中创新。

4. 文化为基带动全面

推动文化产业走出去，其意义和目的并不是单纯地加快发展文化产业，而是充分发挥文化产业的优势，带动产业结构升级。因此，要充分发挥文化产业上下游价值链长、辐射面广的特点，以文化产业走出去为杠杆，撬动文化产业的快速发展，也以此推动广州产业结构的转型升级，同时发挥广州中心城市的辐射作用，进而带动周边珠三角地区相关产业集群。在此基础上，促进文化产业与城市发展的联动，促进文化软实力与城市实力的融合，推动广州巩固国家中心城市地位，进一步提升在全国乃至国际的影响力。

四、推动广州文化产业走出去的对策建议

在 21 世纪海上丝绸之路的背景下，广州把握历史机遇，加快文化产业走出去，提升文化影响力和经济辐射力，应该在以下几方面采取有力措施。

（一）全面深化改革，营造支持文化产业走出去的良好氛围

文化体制改革是全面深化改革的重要内容，其中重点之一就是文化的对外开放。必须通过全面深化改革，解放和发展文化生产力，为文化产业走出去营造良好的氛围。

1. 协调文化体制改革与经济体制改革，完善支持文化走出去的体制环境

当前，文化产业走出去还面临着条块分割的问题，文化产品生产和管理主要归文化、广电、新闻出版等部门，但是在对外贸易中还需要外经贸、海关、营销、财税等相关部门的配合与支持。因此，在全面深化改革的背景下，需要将经济体制改革与文化体制改革自觉结合起来，促进多种体制改革的联动，全面优化文化走出去的体制环境。建议在市文化体制改革与文化产业发展领导小组统筹协调下，成立由宣传部牵头，文广新、外经贸、海关等相关部门参与的文化对外贸易工作联席会议，定期交流工作，协调解决文化对外贸易发展中存在的突出问题，为推动文化产业走出去提供组织保障。同时，根据国家和省市关于文化产业发展的总体规划，统筹协调制定促进文化产业走出去的专项规划和实施细则。

2. 出台一批扶持文化产品和服务出口的政策措施，完善支持文化产业走出去的政策环境

在依法治国的总体要求下，作为地方政府，应该根据国家和有关部门支持文化产业走出去的相关政策，特别是已经出台的文化产品和服务对外贸易政策，制定实施细则，抓好落实。积极探索加快地方文化立法的实践，结合广州实际，制定一批与文化产业走出去相关的产业促进、投资融资、财政支持、市场监管等方面的地方性法规和规章。加大政策扶持力度，在促进文化产业发展的宏观措施背景下，出台支持文化产业走出去的具体配套政策，切实加大对文化产业走出去的扶持力度，并适时根据国内外文化产业发展趋势进行补充修订。加强对文化产品和服务的知识产权保护，加快整合现有文化领域行政执法队伍，形成统一高效的文化市场综合执法体系，为文化贸易提供健全的法制环境。

3. 提供良好的公共服务，优化支持文化产业走出去的服务环境

贯彻全面深化改革的决定，深化行政管理体制改革，加强对文化产业走出去工作的指导和服务。按照法制统一、公开透明的原则，规范政府行为，创造公平、公正、公开的市场竞争条件，优化文化产业走出去的外部环境。对优势文化产品出口和重点文化企业提供支持服务，创新通关模式和办法，建立"绿色通道"、简化手续、限时服务、创新管理模式等措施支持文化产业走出去，为文化

企事业单位进行海外市场研究、输出版权、产品和服务出口通关以及投资等活动提供便利。健全完善文化产品和服务对外贸易统计分析体系等文化信息服务工作，编制文化产业对外贸易和投资指南，为政府科学决策提供准确依据，为文化企业做好市场营销和推广提供信息。

(二) 增强文化企业实力，培育文化产业走出去的主体

文化产业走出去的主体是企业，要根据市场规律，推动文化市场主体多元化，形成以国有大中型文化企业为主体、多种所有制文化企业共同参与、各方面力量积极配合的文化产业走出去工作格局，增强国际化的拓展能力，着力培育外向型文化品牌和文化企业。

1. 培育具有较强竞争力的文化企业作为走出去的主力军

国有文化企业是广州文化产业的主力军，一大批企业也具有较强的竞争实力，并开始拓展国际市场。要鼓励有实力的文化企业适时加快产业融合，以资产为纽带加快资源整合，围绕做强做大目标，通过多元融资、资产重组、产权交易等方式，进行跨行业、跨所有制兼并重组，在出版发行、舞台表演、电影电视、动漫网游、工艺美术等行业培育一批经济实力强、经营模式新、科技含量高、产业辐射广的外向型骨干文化企业和企业集团。在广州新华出版发行集团、广州影视传媒有限公司改革成果的基础上，加大资本运作力度，推进上市准备工作，为尽快上市创造条件。借鉴中外演艺集团运作的先进经验，探索推进组建广州市文化演艺集团有限责任公司。加大扶持力度，鼓励更多的企业和产品申报国家《文化产品和服务出口指导目录》《国家文化出口重点企业目录》和《国家文化出口重点项目目录》，推动设立文化产品和服务出口专项资金，对入选企业和项目给予一定的配套资助。完善文化产品和服务出口表彰奖励制度，设立市级重点文化出口企业和项目的认定和奖励，跟踪和培育一批重点企业和重点项目。

2. 积极鼓励民营文化企业做强做大走出去

文化创意产业领域大量的民营企业具有生机和活力，要加快文化体制改革，降低市场准入门槛，进一步开放文化领域投资，为民营文化企业发展创造良好的环境，让民营文化企业"进得来、活得下、走得出"。由主管部门共同编制，定期发布《广州市文化产业投资指导目录》和《文化项目投资指引》，向社会传达政府关于开放文化产业投资领域的最新政策动向，要发挥珠三角地区民间资本活跃的优势，吸引和推动各种社会资本进入文化产业领域，鼓励和支持组建国有、集体、民营资本等参股的混合所有制文化企业。积极消除体制机制障碍，探索开

放文化产品和服务出口资格，鼓励和支持符合条件的非公有制文化企业依法出口经营，从事书籍报刊、工艺美术商品、音像制品、演出剧目等文化产品和服务的出口业务，鼓励有条件的非公有制文化企业与国有文化企业共同积极开展跨国经营，并与国外当地文化企业开展合资合作，打造一批方向正确、管理规范、机制灵活的非公有制文化产品和服务出口企业的市场领先者。

3. 大力发展文化市场中介组织，为推动文化走出去提供完善的服务支持体系

专业化中介机构如版权保护、文化经纪、广告宣传、代理、信息咨询等，是文化生产与市场的纽带。除了大型文化产业集团，绝大多数文化企业是小型、专业、精干的单位，不可能具有全方位的能力，在面对不同文化背景、法律环境、风俗习惯的海外受众时，要走出去将面临很多困难。广州要发挥商都优势，大力培育扶持具有本土特色和竞争力的文化中介组织，如文化类经纪机构和营销机构的发展。同时积极吸引国外文化经纪和营销机构进驻，鼓励本土中介企业选择知名度高、实力强的境外文化中介机构进行合作，采取不同形式开展国际文化中介组织的创建、合作和经营，以带动、提高现有文化中介机构的整体实力，有条件的在境外直接从事对外文化输出活动。与中介机构合作提供公共的中介信息和服务，建设对外文化贸易公共信息数据库，收集整理各国文化贸易的主管部门、重点企业、中介机构以及市场需求情况，方便文化企业获取相关信息，为开展文化贸易提供便利。

（三）创作适销对路的文化精品，丰富文化产业走出去的内容

文化产品的内容是竞争力的核心，要引导和支持文化企业打造外向型文化产品，不断提升文化的原创能力，推进文化内容形式和方法手段的创新，增强时代感和吸引力。

1. 鼓励创作既充分展现中国和岭南特色，又结合国际市场需求的文化精品

文化产业走出去的关键是要开发出大批既代表中国文化特色，又为国际文化市场所欢迎的优秀产品，要引导文化企事业单位创作弘扬中华优秀文化、展示当代中国和岭南形象，又适应海外受众的文化精品。发挥传统优势，重点培育非物质文化遗产、岭南音乐、岭南书画、粤剧、三雕一彩一绣等民间工艺等适于对外文化交流的优势门类，打造岭南工艺品牌。建立具有岭南特色的艺术门类创作生产基地，加强现代文化产品开发，加大对优秀传统文化资源的挖掘、包装、整合与推广，创作具有鲜明中华风采和岭南特色的影视剧、舞台演出、出版物、造型艺术、动漫游戏产品。以重大文化项目带动发展，培育和开发具有自主知识产权、有国际竞争力的文化出口企业和项目，创作生产更多具有岭南风格的原创性文化产品，推出高水准、面向国际市场的商业展演项目。

2. 不断增强文化创新能力，在继承优秀传统文化的基础上打造具有时代特色的文化精品

要处理好传统与现代、继承与创新的关系，积极扶持创作一批既蕴含传统岭南文化元素，又跟得上时代的创新作品。充分发挥岭南文化开放包容、创新务实的特点，增强时尚与传统的相互融合，在时尚中继承传统，在传统中融入时尚，为岭南特色文化产品在海外广泛传播奠定基础。把握文化新业态兴起的趋势，大力推动文化产品的主题内容、表现形式、传播渠道的创新，在题材、内容、风格和载体等方面进行不断尝试。加强出口文化产品和服务的技术创新，鼓励和支持文化企业增加对面向国际市场出口文化产品和服务的投入，更多地运用现代技术增强文化产品和服务的表现力和吸引力。了解国际文化市场发展趋势，不断吸收世界各国优秀文化资源，充分发掘现代社会生活崭新元素，让岭南风格的文化产品和服务为更多国家受众认可和接受。

3. 开创定制改型的专项加工业务，推动文化生产的加工贸易

由于各国社会文化环境的差异，面向海外市场的文化产品、服务即便内容相同，也需要适应消费对象的表达方式。开发国外文化市场并不是将现成的文化产品原样照搬或者简单翻译。输出文化产品和文化服务充分考虑跨文化交流中的障碍因素以及当地人文因素和特质，针对特定的海外目标市场进行定制或改造。因此要注重相关产业链的培育和打造，积极发挥代理公司和中介机构的作用，加强文化产品和服务的定制改型和专项加工。尤其是可发挥加工贸易的优势，打造文化产业的加工贸易基地，一方面吸引国外剧组、文化企业等来穗从事文化产品的后期制作等文化生产活动；另一方面，积极协助国外文化企业将中间生产环节转移到国内，发展市场在外的接单生产业务。

（四）坚持"借船"与"造船"并举，建设多元化的走出去渠道

在国际文化贸易中，渠道和平台的多样性对贸易的流量有着重大的影响，多样化的渠道和平台是走出去能力的重要体现。既要充分利用好国际主流媒体渠道，同时也要加强国内兄弟城市之间的协作，还要积极打造广州特色和品牌的自主渠道，努力打通国内文化产品与外国市场之间的通道。

1. 积极抢占国际主流传播渠道，支持参加国际知名展会和活动

支持并组织广州以及珠三角地区外向型文化企业到海外参加国际文化展会及文化活动，如参加各种演艺交易会、艺术节、艺术博览会、双年展、图书展、电影电视节、动漫游戏节等，积极开展商贸推介，把口碑评价高、市场效益高的文化产品和服务推向国际市场。为具有国际市场潜力的优秀文化产品和项目参与重大国际文化活动、开展国际营销提供便利，支持文化企业进一步扩大其国际影响力。对各个节展和活动要留存相关信息，并根据类型、特点做出评价和指引，以便让国内企业更好地进行选择。

2. 加强与国内其他城市合作，积极利用中央和其他地区的渠道

中央主要媒体是海外关注中国发展的重要渠道，国家级的对外文化活动更是我国对外传播的主要平台。要鼓励本地文化企业充分利用这些平台，通过各种合作方式让中央重要媒体增加关于广州文化发展的报道，在国家级对外文化活动中增加广州文化项目和内容。支持并鼓励文化企业参加国家重点支持、在各个兄弟城市举办的文化展会，如中国（深圳）国际文化产业博览交易会、中国北京国际文化创意产业博览会等，借助已有平台推动文化对外贸易。同时，学习中央和兄弟城市举办展会、建设渠道的先进经验，促进我市自有渠道的改进和提升。

3. 打造以广州为基地、具有一定国际影响力的自主渠道

积极整合全市资源，统筹规划对外交流的重点项目和活动，倾力打造以广州为基地的有岭南特色、有国际影响的渠道品牌。对现有渠道和平台，要不断总结和提升，积极寻求广州作为文化产业走出去门户与国际文化市场的交流和贸易接口。寻求驻外机构的协助，积极搭建对外文化贸易平台，通过国际合作、委托代理、发展出口基地和境外直接投资等多种形式，积极拓展多元、自主的文化贸易和企业走出去渠道，为企业进入国际市场铺设道路。

（五）完善重大基础平台建设，打造文化产业对外贸易基地

扶持建立对外文化贸易基地，鼓励在境外逐步建立文化产品的营销网点，逐步形成多渠道、多层次国际市场营销网络，培育对外文化贸易优势行业。

1. 加快文化产品和要素国际交易平台建设，不断扩大知名度和影响力

充分发挥利用好广州"千年商都"的品牌和商贸业发达的优势，加快建设文化产品和要素的交易平台。广州的文化会展商贸的影响与广州文化产业的发展现状以及广州在国家城市中的地位严重不匹配，需要进一步整合相关资源，利用会展产业优势，推出自己的文化创意产业博览会，可在原有"艺博会"基础上

进一步扩大规模，增加展馆面积，加大招商力度，打造广州"文博会"的品牌。加大力度整合广州现有的各类文化节庆活动，如中国音乐金钟奖、中国（广州）国际纪录片节、中国（广州）优秀舞台艺术演出交易会、中国国际漫画节、广州艺术节、羊城国际粤剧节等，采取国际化、市场化、社会化办节模式，促进文商结合，将节庆活动的交易平台功能充分发挥出来，不断增强商业效益，并在此基础上不断扩大影响力和知名度，形成文化产品交易平台的制度化机制，将广州打造为国际知名的文化产品和要素新商都。

2. 建设申报国家对外文化贸易基地，形成文化走出去的集约优势

2011年，文化部将设立在上海外高桥保税区内的上海国际文化服务贸易平台命名为国家对外文化贸易平台，这是全国首个国家级对外文化贸易基地。文化部关于促进中国文化产品和服务"走出去"总体规划中提出，可根据需要有选择地在重点口岸建立文化部对外文化贸易出口基地和服务平台。广州可以学习上海经验，打造对外文化贸易基地，同时积极向文化部申报国家级平台。根据广州实际，可在现有的战略发展平台中，以北京路文化核心区、南沙新区、天河智慧城等平台为基础，打造文化对外贸易基地。争取获得文化部的授牌，再以分园的形式，将基地的服务功能延伸到各个园区。根据各自的基础，发挥各自优势，形成错位竞争，将园区打造成为文化产业走出去的技术集成平台和产品、服务交易集散地。扩大对外文化贸易基地的影响，吸引多种所有制形式的文化企业进园集聚发展，鼓励企业开发针对国际市场的文化产品和服务，形成文化出口集聚园区，逐步发挥集聚优势。充分发挥基地的桥梁作用，尤其是吸引国内外从事文化产品进出口业务的企业、文化采购商、文化中介公司、文化投资商等借助对外文化贸易基地与文化企业开展合资与合作，提供完善的配套服务，搭建海外知名文化企业与国内文化企业进行战略合作的桥梁。

3. 完善版权贸易基地服务平台，强化版权贸易服务的辐射功能

在广电新闻出版总局授予国家版权贸易基地的基础上，进一步加大国际文化产权、版权和物权的交易，打造广州支撑文化产业走出去的重要服务平台，吸引一批国内知名的文化出版商和原创性文化企业入驻基地，积极拓展交易基地的展示功能、交易功能和保税服务功能，鼓励版权贸易基地入驻企业同国内外知名出版商合作编制重点版权产品交易目录。充分利用信息技术条件，积极推动文化产权和版权网络推广和交易，形成统一规范的网络交易流程。利用基地举办有利于推动版权产业发展和版权贸易的各类综合和专业性会议、展览、培训等活动，不断扩大基地的知名度和影响力。

（六）开展国际市场需求研究，开发定制化的营销服务

在海上丝绸之路的历史中，广州曾经根据外商的需求定制产品，成为沟通国际需求与国内生产的中介，现在更要大力开展国际文化市场研究和咨询业务，积极发展文化中介与营销企业，针对不同文化市场需求特点提供定制化服务。

1. 深入研究"海丝"沿线国家经济社会文化条件，构建文化需求的公共信息数据库

要深入分析当今世界文化消费市场的总体趋势，充分研究不同国家和地区受众的文化偏好、审美情趣、消费习惯，深入研究文化贸易主要对象国家和地区，特别是海上丝绸之路沿线国家和地区，欧、美、澳洲华侨华人较为集中的主要城市的文化需求特征。在掌握和了解国际市场文化需求的基础上，认真研究受众，细分市场，建立国际文化需求的数据库，并跟踪调查和分析反馈信息，根据受众需要，为国内文化企业策划产品和服务，力争提供定制化的文化产品和服务，努力打造适销对路的项目和产品。根据目标市场的需求特征，灵活运用多样化的传播和推广策略，为文化对外贸易提供有效的支持服务。

2. 区分目标市场，实施差异化的市场战略

要树立现代营销观念，区分不同市场特征，选择重点目标市场，制定相应的市场战略。按照先易后难与重点突破并举的原则，根据不同国家地区文化需求的差异，实行有重点、有差异的文化产业走出去策略。先易后难原则就是根据地缘远近、中国文化资源的传播与推广程度、华侨华人分布等因素对地理区域进行划分，首先重点开发华人华侨聚集人数较多的国家和地区，如东南亚，以及较多华侨华人居住的欧、美、澳洲重点城市，然后再逐步推广到其他国家和城市。在国际文化市场中，东南亚地区与中国的地理位置接近，文化特性相似，华侨华人众多，对相关文化产品的需求较大，应当作为广州文化产业走出去的重点突破地区。

3. 加大市场营销推广，建立国际市场的营销网络

面对陌生的国际市场，市场营销的目的就是要使企业的生产与消费者的需求之间实现最优匹配，让双方的利益得到最大限度满足。文化产业要实现规模化地走出去，最终要建立起自己在目标市场的营销网络。因此，鼓励各类文化企业到海外逐步建立营销渠道，可以采取合作或共建的模式。充分发挥媒体产业优势，鼓励支持主流媒体与境外媒体建立长期稳定的交流合作机制，通过合作栏目、节目，共享信息资源，与文化企业合作开展文化活动等多种方式，建立多媒体、跨平台、覆盖不同地区的传播媒体网络。

（七）强化与港澳合作，形成文化产业走出去合力

广州与港澳地区的文化根源相通，经济合作密切，同时港澳地区国际化程度较高，港澳文化创意产业也极具特色。广州可以加强与港澳地区的合作，充分利用国际化平台的资源，共同形成文化产业走出去的合力。

1. 积极引入港澳文化创意企业，推动传统企业转型升级

广州以及珠三角地区一直以来是港澳地区对内地投资的重点区域，产业互补性很强。大量港资企业面临着转型升级的重任，在"内地与香港更紧密经贸关系安排"系列协定的推动下，两地经济合作的深度和广度都在不断提升，而共同的文化基础也使得两地文化创意产业未来交流合作的空间巨大。广州可以在原来与港澳经济密切合作的基础上，加强文化创意产业领域的合作力度，借助港澳文化创意产业在国际上的知名度和影响力，在文创园区内开辟港澳专区，引进更多技术水平高、创意新颖的文化创意企业。同时充分发挥广州中心城市的辐射作用，特别是结合珠三角地区港资企业密集的特点，利用文化创意带动周边港资传统产业的转型升级。

2. 借助港澳地区国际化的优势，形成文化产业走出去的跳板

国内很多城市都在利用全球化背景下全面开放的格局，大力开展对外合作。广州也可以利用同文同种的优势，组织本地优秀的文创企业与港澳方面合作开发市场，为进一步走向国外积累经验。在完成内部整合的基础上，充分利用粤港澳大平台，形成文化产业走出去的跳板，推动与东盟以及海上丝路沿线国家的合作，进一步提升广州作为文化产业走出去新门户的枢纽作用。

3. 把握粤港澳自由贸易区建设机遇，推动文化加工贸易发展

广东正在计划利用毗邻港澳、对外开放程度高的优势，以原有南沙、前海、横琴等区域为基础，积极申报面向港澳合作的粤港澳自贸区。港澳地区国际化程度较高，与东盟等"海丝"沿线国家联系密切，广州可以充分利用其国际化平台的优势，把握建设粤港澳自由贸易区的机遇，进一步整合三地资源，在三地之间互相带动，从自由贸易区的功能与特征出发，充分利用自由贸易区推动文化贸易。尤其是利用珠三角地区加工贸易发达的优势和特点，积极发展文化产业的加工贸易，吸引海上丝路沿线国家的文化资源和资本，积极开发针对海上丝路沿线国家的文化商品。

（课题组成员：柳立子　伍庆　陶乃韩）

做好广州海上丝路文物保护，
促进21世纪海上丝路建设
——以广州"海丝"六大史迹点为中心的考察报告

广州自公元前214年（秦始皇三十三年）建城之始，即具有强大的经济功能，历来以拓展海洋商贸著称，成为我国最早和最重要的港口城市，对古代海上丝绸之路的开辟与拓展做出了重大贡献。在这一历史进程中，广州积淀了十分丰硕的"海丝"史迹文物，这些珍贵的文物，充分见证了海上丝路是一条沟通东西方文明、促进沿线国家和地区和平友好、相互尊重、合作共赢的重要通道。当前我国提出推进21世纪海上丝绸之路的建设，就是在新的形势下，继承和发扬古代海上丝路的优良传统，构建新型的国际关系，拓展睦邻友好、深化战略互信、扩大互利共赢。从历史传承关系来看，广州凭着传统优势，仍将起着别的城市无法取代的重要作用。因此，深入开展古代海上丝路研究，切实做好广州"海丝"文物的保护与利用，对于促进21世纪海上丝路的建设，无疑具有重要的理论意义和现实意义。

一、建设21世纪海上丝绸之路的重大战略决策

2013年11月，中共十八届三中全会审议通过《中共中央关于全面深化改革若干重大问题的决定》，提出"推进丝绸之路经济带、海上丝绸之路建设，形成全方位开放新格局"的重大战略决策。

（1）从国家层面看，它是我国在当今世界复杂多变的新形势下，提出全方位开放的重大战略布局，旨在国际深化战略互信，构建我国进一步改革发展以及和平稳定的外部环境，加强国际合作，拓展发展空间，实现睦邻安邦及友好交往，聚焦经济发展，不断增强我国在国际市场上的竞争力，实现互利共赢、共同发展的战略目标。

（2）从广东与广州方面看，中央提出的推进21世纪海上丝绸之路建设，实为广东省进行全面深化改革、加快产业转型升级、提高开放的层次与水平、增强国际与区域综合竞争力提供了难得的历史机遇。对于进一步发挥广州市在历史上

"凭海而立，因海而兴"的传统优势，实施海洋战略，积极拓展海洋经济（其中包括海洋石油、海洋化工、海洋渔业、海洋物流以及海洋旅游等产业），加快海洋强省的建设，以及在中国-东盟自由贸易区升级发挥主力省作用等方面，均具有重大的战略意义。

二、建设 21 世纪海上丝绸之路的历史传承与发挥"海丝"文化软实力的重要作用

（一）古今海上丝绸之路的历史传承

古代海上丝绸之路，绵延近两千年，它自我国东南沿海港口城市起航，穿越南中国海，进入印度洋与波斯湾，再经东非、北非而远及欧洲。历史已经充分证明，古代海上丝绸之路，既是中国与丝路沿线各国和地区密切经贸往来的重要通道，也是东西方文明与文化相互交流融合、和平友好、共同发展之路。当前我国提出建设 21 世纪海上丝绸之路的战略构想，既继承和发扬古代中国与丝路沿线各国和平友好、相互尊重、合作共赢的优良传统与理念，其意义更为深远。这条新的海上丝路，沿着古代海上丝路的航道轨迹，首先连通"东盟"十国（印度尼西亚、马来西亚、菲律宾、新加坡、泰国、文莱、越南、老挝、缅甸和柬埔寨），进而及于南亚的印度、巴基斯坦及斯里兰卡，再西向西亚与北非，终点仍是欧洲大陆，从而成为一条构建新型国际关系、加强友好合作、拓宽经济商贸领域，以及保障国家安全的重要通道。国家主席习近平于 2013 年 10 月 3 日在印度尼西亚国会发表讲话，就提出了共同建设 21 世纪海上丝绸之路的战略构想。他在 2014 年 9 月 16 日对斯里兰卡进行国事访问时更明确地说："中斯友好的战略合作伙伴关系站在新的起点，面临广阔发展机遇。我期待着与斯里兰卡领导人共叙友谊、共谱合作，规划中斯关系蓝图，……让中斯友谊之船，在 21 世纪海上丝绸之路上乘风破浪、扬帆远航。"由此可见，古今海上丝路是一脉相承，其历史传承关系是十分鲜明的。

（二）充分发挥"海丝"文化软实力的作用

从海上丝绸之路古今传承的角度进行考察，深挖广州"海丝"文化的软实力，深入研究如何进一步做好广州海上丝绸之路史迹文物的保护与利用，打好"文化牌"与"国际牌"，扩大其影响力，应是一个具有重大现实意义的课题。

事实上，任何一种历史文化或文化遗存，其中自然包括"海丝"文化在内，其蕴含的历史价值和现实作用，都须经由当今人们以新时代的理念和价值观，对它进行有效地激活与宣扬，才能充分体现它固有的历史价值，以及在现实生活中所具有的无限活力。在这里不妨举一个激活"海丝"文化的成功例证。瑞典在2006年组织了"哥德堡Ⅲ"号仿古船到广州进行历史性回访，这显然不是单纯的怀旧，而是对"海丝"文化的成功激活与拓新。这次活动最明显的成效，就是直接将几乎陷于脏、乱、差"城中村"状态的黄埔古港古村激活了，使这里珍贵的"海丝"文化遗存获得了有效的保护与开发利用，黄埔古港作为"粤海第一关"的历史风貌才得以展现。目前，黄埔古港古村每年均吸引大量中外游客，已成为广州向世界展示其"海丝"文化的重要窗口。

三、独特的区位优势造就广州海上丝路的重要地位

（一）得天独厚的自然环境优势

广州的区位，北靠广阔的内陆，南滨浩瀚的南海，与东南亚各国隔海相望，扼南海交通之要冲。古代广州港口航道，又具有水位深、流量大的优越条件，通海便捷。同时，广州又处于珠江水系的中心，有利于中外商品的集散，因而早在秦汉时期就已成为我国重要的河港和海港。

（二）源远流长的历史优势与经济优势

广州早在公元前214年城建之始，就具有强大的经济功能，尤以拓展海外商贸著称，这从南越王墓出土的文物就已获得了充分见证。至唐宋时期，政府在广州设置我国第一个管理海外商贸的官职与机构——市舶使与市舶司，以及清代乾隆年间实施广州一口通商，更说明广州在我国外贸史上的重要地位。故广州享有"千年商都"之美誉绝非偶然。纵观两千多年的历史，广州在海上丝绸之路的主港地位，除了在南宋末年至元朝期间，由于政治地缘关系被福建泉州港取代外，一直处于我国对外贸易第一大港的地位，成为中国历史上最古老、历代相沿、唯一不衰的港口城市，这在世界港口史上也是十分罕见的。

（三）广州海上丝路开辟与拓展的历史轨迹

秦汉时期，广州已开始有海上交通的史迹。西汉武帝时期，由官方组织的贸

易使团,从广州起航,经徐闻、合浦出海,这标志着海上丝绸之路的开辟。东汉时期,从广州西航的中国商人及使者,在印度、斯里兰卡同埃及、罗马商人进行了直接贸易,及至公元166年,罗马人成功地直航番禺(广州),这标志着横贯欧亚非三大洲的海上丝绸之路已经形成。

从唐代开始,海上商贸已成为我国对外贸易的重点。在航线上也突破了原有的东向与南向分割的格局,实现了以广州港为枢纽的海上丝路全衔接。在南宋末年至元朝年间,广州的主港地位因政治地缘关系一度为泉州港取代,但广州仍拥有经常性的6条远洋航线,因而在明清时期,广州便恢复了海上丝路的主港地位。其航线也迅速拓展,已从南海、印度洋、太平洋拓展到大西洋,从广州港起航,不仅可以直抵欧洲,而且还可以通达美洲。如1739—1743年,北欧国家瑞典商船"哥德堡"号,就曾先后3次远航抵达广州黄埔古港。1784年2月22日,美国商船"中国皇后"号从纽约港扬帆起航,横渡大西洋,经停佛得角群岛,绕过好望角,跨越印度洋,于同年8月28日抵达广州黄埔古港码头,实现了中美的直接通航。这些都标志着海上丝绸之路已进入了环球通航的时代,广州港在国际上的影响与声誉更加显著了。

四、广州海上丝路史迹文化的珍贵价值与保护取得的成效

(一)丰硕的广州"海丝"史迹文化及其类别

广州是海上丝绸之路的发祥地和重要枢纽,在长达两千多年的发展历程中,积淀了十分丰硕的"海丝"史迹文化,其中已被列为国家重点文物保护单位有光孝寺等11处;省级的有清真先贤古墓等8处;市级的有黄埔古港、古村等12处,还有一些重要遗址尚未被列入。

广州"海丝"史迹不仅数量多,而且分布范围广,在类别上更呈现出多样性。根据其特点大致可分为五大类别:①含有海外文化因素的考古遗存类,如南越国宫署遗址、西汉南越王墓、南汉二陵等;②宗教文化史迹类,其中主要有光孝寺、六榕寺与花塔、西来初地与华林寺、怀圣寺与光塔、清真先贤古墓、濠畔街清真寺、小东营清真寺、回教坟场、圣心大教堂等;③古代海外通商港口、码头史迹类,其中主要有南海神庙及明清古码头、黄埔古港与古村、粤海关旧址等;④港口航道地标性史迹类,有琶洲塔、赤岗塔、莲花塔等;⑤外商聚居、活

动场所及墓葬史迹类,如潘家大院、海幢寺、沙面建筑群、波斯楼、外国人公墓、巴斯教徒墓地等。这五大类型的"海丝"史迹,从不同方面共同见证广州在古代海上丝路的重要地位,以及所起的重要作用。

(二)对已被列入"世界文化遗产申报预备名单"的广州"海丝"六大史迹点的考察

如上所述,广州"海丝"史迹类型丰富、数量众多,本项目仅以"南越国宫署遗址""西汉南越王墓""光孝寺""怀圣寺与光塔""清真先贤古墓""南海神庙及明清古码头"等已被国家列入"世界文化遗产申报预备名单"的遗址,作为广州"海丝"六大史迹点进行综合考察,对这些史迹文物所具有的历史价值及保护与利用的现状,做出客观的分析与说明。

1. 南越国宫署遗址

该遗址地处广州历史城区的中心,即当今越秀区中山四路以北、北京路以东。经多年进行科学的考古发掘,该遗址的文化层厚达 5～6 米,包含秦汉直至民国共 13 个历史时期的文化遗存,其中最重要的有秦代造船遗址、南越国王宫御苑、南汉国宫殿苑等。该遗址所具有的历史价值,首先是充分见证了广州作为岭南地区政治、经济、文化中心,以及广州城区两千多年发展变迁的历史轨迹,可以说是广州城的"根"。其出土文物,如唐代胡人印章、南汉时期的伊斯兰陶器和玻璃器等均含有海外文化因素。而南越国王宫御苑的石构水池和曲流石渠,均大量使用石材构件,显示出与同时期我国中原地区截然不同的建筑风格,反映了早在西汉时期南越国就与海外地区有着密切的联系。目前该遗址保护良好,在 1996 年已被列为国家重点文物保护单位。为了更好地利用与开发这份珍贵的文化资源,已在遗址范围建成南越王宫博物馆,免费对外开放。

2. 西汉南越王墓

该墓位于广州市解放北路象岗山上,乃南越国王第二代君王赵眜的陵墓。从 1983 年开始进行科学的考古发掘,证明该墓是迄今岭南地区发现的规模最大、随葬品最丰富的汉代石室彩画墓。墓室分前后两部分,共有七室。

从墓内出土文物多达 1000 多件(套),其中有一批是直接来自海外或具有海外文化风格的遗物,包括原支非洲象牙、产自西亚的乳香、可能来自阿拉伯地区的银盒等,其历史价值在于充分见证了广州早在西汉初年即与海外商贸有密切交往。该墓目前保护良好,并就原址修建了西汉南越王博物馆,既保护了陵墓,又通过展示文物扩大影响。该墓于 1996 年被列为国家重点文物保护单位。

3. 光孝寺

光孝寺位于广州越秀区光孝路,以历史悠久、规模宏伟被誉为岭南佛教丛林之冠。寺内建筑众多,其中大雄宝殿为东晋隆安五年(401年)罽宾国(今克什米尔)法师昙摩耶舍始建,为岭南最雄伟巍峨大殿,在中国佛教建筑史上具有很高的价值。寺内之东西铁塔,是我国现在最古老的大型铁塔,它既是南汉政权崇佛的物证,也是南汉时期高超的铸铁技术与佛教艺术的结晶。自东晋至唐代,中外高僧云集该寺译经,其中惠能是真正将佛教中国化的代表人物,因而该寺被誉为"南禅圣地"。目前该寺保护良好,在1961年已被列为国家重点文物保护单位。

4. 怀圣寺与光塔

怀圣寺与光塔位于今越秀区光塔路,是我国现存年代最早、最具特色的伊斯兰教建筑之一。为纪念伊斯兰教创始人"至圣"穆罕默德,故名"怀圣寺"。它是唐宋以来到广州进行商贸和定居的阿拉伯商人最重要的宗教活动场所,也是伊斯兰教传入我国后最早建立的清真寺之一。又因寺内建有一座光身柱形塔,故又名"光塔寺"。

怀圣寺坐北向南,面积达2966平方米,主要建筑有看月楼、礼拜殿和藏经阁等,每年均有来自世界各地的伊斯兰教徒前来朝拜。寺内光塔高达30余米,在唐宋年间就是珠江岸边的一座灯塔,成为出入广州港口的商船的航标。怀圣寺与光塔,既见证了广州"海丝"商贸的盛况,也见证了伊斯兰教通过海上丝路传入中国的重要路线,目前该寺与塔保护良好,在1996年被列为国家重点文物保护单位。

5. 清真先贤古墓

该墓位于今解放北路桂花岗(兰圃西面),相传是唐初来华传播伊斯兰教的阿拉伯先贤宛葛素的陵墓。墓园为庭院建筑,面积约2200平方米,由外陵与内陵组成,外陵为礼拜殿,内陵为墓地,是广州著名的伊斯兰教古迹。园内主道两旁安葬着唐代到清代数十位穆斯林名人,主道尽头是一座方墓圆顶的典型阿拉伯建筑,墓室正中便是宛葛素的墓地。

该古墓具有很高的历史价值,其一是它保存了不同时期中国伊斯兰教的丧葬建筑艺术;其二是它至今保存有从元代至民国时期的许多石刻墓铭,是研究伊斯兰从海上丝路传入中国的重要史料;其三,该古墓从最初的宛葛素墓地发展为历代穆斯林先贤墓园,现存有12方先贤墓碑,被各国奉为"小圣地",从清代开始,每年均有许多来自中亚、西亚的穆斯林专程到广州朝拜。现墓道南口立有石牌坊，刻有如下对联："远涉重洋，莅临东土，先哲毕生传圣教；阐扬经训，理通西域，穆民万世仰高风。"这也充分说明，广州海上丝路也是一条不同宗教文化相互交流的重要通道。目前该古墓保护良好，于1962年被列为广东省重点文物保护单位。

6. 南海神庙及明清古码头

该庙位于今黄埔区庙头村，扶胥之口、波罗江畔，是当年广州出海必经之孔道。它始建于隋文帝开皇十四年（596年），距今已有1400多年的历史，它既是我国古代皇室祭祀海神的重要场所，也是唐宋时期到广州进行商贸的外国货船停泊之所，是我国四间海神庙中唯一保存完整的官方庙宇。现庙内存藏有各类重要的历史文物藏品1500余件（套），其中有历代皇帝御祭石碑30余方，以及南海神玉印等珍贵文物。其史迹充分见证了广州乃海上丝路的重要枢纽，也为千百年来有关民间崇拜海神提供了物证与依据。2005年，在神庙"海不扬波"石牌坊南面，通过考古发掘，发现了明清古码头遗址，其中明代码头遗址位于神庙西南"浴日亭"所在的章丘山脚南面，全长125米，由官道和小桥、接官亭、埠头构成，目前采取回填保护的措施。清代码头位于"海不扬波"石牌坊南面，码头与通道已揭露南北长20余米，现已对外开放展示，这两处码头遗址的发现，证明了南海神庙的历史岸线，从而极大地提升了南海神庙的"海丝"文化价值。目前，神庙及古码头保护良好，已于2013年被列为国家重点文物保护单位。

以上六大史迹点的内在逻辑：其一是这六大史迹文化已被列入国家申报世界文化遗产的预备名单，证明广州在海上丝路"申遗"工作取得了重要的阶段性成果。其二是这六大史迹点，在不同的历史时期、从不同的角度共同展示了广州在古代海上丝路的开辟与拓展中的重要地位与作用。

（三）保护工作取得成效的主要措施

1. 及时制定有效的保护规划，充分发挥文物保护法制、法规的威力

最典型的是对南越国宫署遗址实施严格的法制保护。该遗址地处广州老城区中轴线上，紧靠今北京路步行街，人口稠密、交通繁忙，文物最易遭受破坏。该遗址自1995年被发现后，市政府对此高度重视，立即采取了一系列果断措施，包括停建遗址周边范围内多项工程，不惜斥巨资迁移儿童公园，迅速成立具有权威性的专责保护机构，具体划定了保护红线和市政建设的控制地带，对一切危害遗址安全的违规建设，严格追究其民事责任或刑事责任，从而使遗址获得了充分的法规保障，终使这座深藏于地下两千多年的瑰丽宫苑得以再现于世，成为一个历史文物保护与开发成效十分显著的范例。

2. 根据广州的自然条件，采取先进的科学手段，对不同类型的"海丝"文物进行有效保护

如对南越国宫署遗址等史迹，都事先制订了周密的科学考古发掘计划，充分使用最先进的电子测量仪，进行数字化处理，并以数码摄录与传统光学摄录相结合，获取更全面的考古资料，从而为遗址长远的保护与开发，奠立牢固的基础。

又如对南海神庙在对文物的日常保护方面也做了大量工作。为避免珍贵的明代红砂石狮子和清代白石狮子继续风化、爆裂，在采用了先进的纳米技术进行修补维护后，又加装了钢化玻璃罩予以保护。对于怀圣寺内的光塔，则进行详细的科学测量，获取准确的数据，制订维修计划，对塔身裂缝进行了灌浆加固。

由于广州地处亚热带，常年高温多雨，湿度大，多发性的自然灾害，如台风、暴雨、地下水侵蚀，以及现代化城市空气污染相当严重等，都容易对文物产生损害，但广州"海丝"六大史迹都采取了针对性的预防措施。特别是针对露天遗址易受雨水侵蚀、阳光辐射及风化等弊端，西汉南越王墓与南越国宫署遗址，都在原址上加盖建成博物馆，既有效保护了文物，又可向广大中外宾客展示出土的珍贵文物，实属两利之举。同时，对遗址的不同点的温度、湿度、空气质量进行科学监测，掌握足够的技术数据，及时了解遗址木、石、砖等构件的变化情况，采用经过严格测试确定的可塑性材料进行加固、脱水、防腐、防风化保护，因而防灾灭灾的效果显著。

3. 对广州"海丝"史迹遗址的周边环境进行有效整治

其中最突出的例证是清真先贤古墓，它自1978年7月被列为广东省首批重点文物保护单位后，有关部门即多次拨给专款，对园区内外环境进行了颇有成效的整治，将陵园前的南北墓道贯通，并开通北门与环市西路连通，使墓园内外交通方便通畅；又在周边广植树木，全面绿化。目前，整个墓园绿树成荫，环境整洁清幽，身临其境，令人肃然起敬。此举深受国内外穆斯林的赞许。据不完全统计，目前穆斯林在广州开办的商贸机构多达1100余家，对广州的经济发展和对外贸易均产生积极影响。

此外，有关部门对西汉南越王墓周边环境的整治工作也相当重视。2010年，在有关部门的配合下，拆迁了墓园正门前东西两侧的两栋大楼，局部恢复了陵墓所在地象岗山的历史风貌。

4. 对广州"海丝"史迹遗址进行了合理的开发

在这方面最突出的例证是南海神庙。自 2005 年开始，广州市文化广电新闻出版局与黄埔区政府一起，借助波罗诞庙会，精心打造广州民俗文化节。当年便成功地在南海神庙举办了首届"广州民俗文化节暨千年庙会波罗诞"的盛大活动，恢复了"万众同欢"的文艺巡游表演。诞期三天，参与人数多达 30 万人次。这一宣扬广州海洋文化的民间盛会，具有极其强大的群众参与性与亲民性，从而成为展示广州城市魅力与海洋文化的重要窗口。

五、对进一步做好广州海上丝路文物保护与利用的对策建议

广州"海丝"史迹文化，是一份最能体现广州历史文化特色的宝贵财富，也是促进 21 世纪海上丝路建设的重要战略资源。通过这次对广州"海丝"六大史迹点的考察调研，我们对进一步做好广州"海丝"文物的保护与利用提出下列六项对策与建议。

（一）必须致力于构建一个以政府为主导的良好社会环境

在我国当前进行城市化、现代化的热潮中，能真正实现对历史文物保护，政府的作用与影响都极为关键[1]，在文物保护与城市建设发展的问题上，应始终把文物保护放在首位，也就是在保护的前提下进行开发建设，并由此制定相应的方针、政策和措施，特别是要坚决贯彻国务院颁发的文物保护"五纳入"，即各级政府及各部门，均应将文物保护纳入经济和社会发展计划，纳入城乡建设规划，纳入财政预算，纳入体制改革，纳入各级领导责任制。[2] 从而将各级政府保护文物的责任进一步具体化并具有可操作性。

（二）必须建立和完善文物保护的协调机制，确保文物保护与开发顺利进行

由于文物保护与开发的涉及面十分广泛，它与发展改革、公安、民政、司法、财政、国土、建设、文化、海关、税务、环保、工商、农林、旅游、宗教以

---

[1] 参见曹国庆等《中国城市进程中的文物保护》，载于《南方文物》2004 年第 4 期。
[2] 见《国务院关于加强和改善文物工作的通知》（1997－3－30）第一条。

及文管部门都密切相关。为此，建议建立具有权威性且权责相当的文物管理委员会或督导委员会，定期举行文物保护与开发的协调会议，或对某些重大项目进行审议。该机构负责统筹全局、统一决策、分层管理、严格检查与监管。在管理体制上彻底解决以往存在的"条块分割""各自为政"等弊端。

事实上，许多世界文化名城如罗马、巴黎、雅典、威尼斯等，对历史文化资源的保护与开发，大多由政府高层统筹全局，制定总体规划，使文管工作规范化和法制化，规划一经确定便严格监管，任何部门、任何官员均无权改变或破坏，否则即追究其行政责任、民事责任，乃至刑事责任。因而这些世界文化名城，无不以其独特多彩的历史文化享誉全球、历久不衰，这些宝贵经验很值得我们借鉴。

（三）合理地赋予文管部门应有权力，加大对破坏文物的执法力度

由于文管部门长期存在权力不足，因而文管工作常常陷于被动，不能将问题解决于事前，往往是在问题发生之后，才由文管部门做某些"补救"工作，甚至是根本无法"补救"。大量事实已经证明，只有让文管部门在文管工作中具有足够的权力，才能确保文物保护与开发获得良性发展。

与此同时，文管部门自身亦应加强责任感和建立问责制，真正做到权责相当。在工作中也要适应市场经济建设和城市化建设的发展要求，在坚持"保护为主，抢救第一"的文物工作方针指导下，积极与相关部门协调，做到主动配合、提前介入、有理有度、争取两利[1]，并依据文物保护的法制法规，加大对破坏文物的执法力度，杜绝有法不依、执法不严的情况再现。

（四）加大对"海丝"文物保护的宣传力度，积极举办多种形式的群众性活动

在这方面，广州已有成功的经验，如密切结合传统的民俗节庆活动，在南海神庙举办"广州民俗文化节暨千年庙会波罗诞"的盛大活动，恢复了"万人同欢"的文艺巡游，参与人数多达数十万人次，从而广结人脉，积聚人气，具有极其强大的群众参与性和亲民性。可惜这类宣介活动实在偏少，而且品种单一，借助各类媒体宣介"海丝"文化，力度也不足。其实，要打响"海丝"文化品

---

[1] 参见曹国庆等《中国城市进程中的文物保护》，载于《南方文物》2004 年第 4 期。

牌，还有许多方式可以借助，如举办有关"海丝"的论坛、讲座，积极扶持"海丝"文艺创作及创意产业发展，鼓励开发含有"海丝"文化元素的旅游产品，精心打造一批"海丝"旅游示范基地，等等，这些都应该充分地加以运用，改变过去宣传推介乏力的困境。

同时，要做好"海丝"文物保护，还要充分了解和利用舆情。在当今社会，各类媒体的地位与作用日益重要，在对历史文物保护方面，媒体能有效发挥"社会公器"的作用，常能及时、准确地对社会上各种有损历史文物的行为进行曝光；也能通过正面宣传，促进各级政府、各职能部门以及广大市民保护文物意识的提升。而文管部门亦可从媒体舆论中发现问题，及时调整保护方法和管理策略，不断提高文物保护的管理水平。

（五）"海丝"九市加强协作，争取早日"申遗"成功，共同促进21世纪海上丝路建设

鉴于国家已经确定，将我国古代海上丝路沿线的广州、泉州、南京、漳州、北海、扬州、福州、蓬莱、宁波等9个港口城市，联合申报世界文化遗产，并已纳入申报的预备名单，这就表明我国以"海上丝绸之路"项目的"申遗"，已进入了攻坚阶段，作为主港的广州，在对"海丝"文物保护与开发方面，固然应该首先做好本地区的工作，但总体的发展战略要求，则绝不应局限于本地区，而应拓宽思路，开阔视野，着眼全局，主动与其他八市加强联系，密切协作，争取早日"申遗"成功，共同促进21世纪海上丝路的建设。

事实上，其他八市在对"海丝"史迹保护与开发，以及对"海丝"文化宣传推介等方面，都有很多成功经验，值得我们汲取与借鉴。如福建泉州，早在20世纪80年代就开始启动"海丝"文化项目的建设；1991年就建成了"泉州海外交通史博物馆"，对宣传推介"海丝"文化起到了很好作用；1992年即着手策划"海丝"项目的"申遗"，不断加强海丝文化的对外交流，从而受到海内外的广泛关注。又如宁波的"海上丝绸之路文化节"，已经连续举办了10届。这些节庆活动大多具有国际性，档次相当高，规模很大，内容非常丰富，其影响力也越来越大。因此"海丝"九市进一步加强协作，相互借鉴彼此的成功经验，共同将中国的"海丝"文化品牌做强做大，不断扩大它在国际上的影响，必将有助于海上新丝路战略的实施。

贵的资料，美国方面对此高度重视，趁着"中国皇后号"首航中国广州230周年纪念，为了向中美贸易历史致敬，美国马萨塞州政府与参众两院，一致通过将2014年8月28日这一天定为"广州日"。这是该州给予外国城市的一种最高礼遇，而这一决定亦非单纯怀旧，而是加强国际友好协作的拓新，对建设海上新丝路也必将产生重大影响。

又如联合国教科文组织发起的"丝绸之路综合研究"，由多国专家组成的考察队，沿海上丝路进行综合考察，并抵达我国。这项活动的直接效果，就是极大地推动我国尤其是广州和泉州的"申遗热"，从而有效地促进了"海丝"文物的保护与开发。这些加强国际协作的成功经验很值得我们借鉴。

（作者：关汉华）

（六）主动加强与海上丝路沿线国家和地区的联系与协作，打好"海丝"文化的国际牌

海上丝绸之路本来就是一条跨越太平洋、印度洋、大西洋，联结亚洲、非洲、欧洲、南北美洲的重要海上通道，它沿途经过众多国家和地区的港口城市，从而具有很强的国际性。因此，广州"海丝"文化的利用与开发，就不应局限于本地区，而应该具有国际视野，主动加强与海上丝路沿线国家和地区的联系与协作，除政府间进行和平友好的外交活动外，还应鼓励和支持有关部门，特别是学术界和旅游界"走出去"或"请进来"，打好广州"海丝"文化的国际牌，积极开展以民间交流、文化交流、学术交流以及旅游国际合作等多种形式的活动。在这方面，广州具备了许多有利条件。如广州已经与东盟国家的泰国曼谷市、菲律宾马尼拉市、印度尼西亚泗水市、越南胡志明市、越南平阳省、柬埔寨金边市以及斯里兰卡汉班托塔区结成友好城市或国际友好合作交流城市。2014年9月17日，在国家主席习近平对印度进行国事访问期间，于印度名城古吉拉特邦，在中国国家主席习近平与印度总理莫迪的亲自见证下，由广东省副省长徐少华与古吉拉特邦首席秘书辛哈共同签署友好省邦关系协议；由广州市市长陈建华与艾哈万达巴德市首席政官唐纳拉桑共同签署缔结友好城市关系协议。到目前为止，我省及所辖城市已经与全世界55个国家的150个地区建立了友好城市关系。这众多的国际友好城市，已经成为广州加强对外开放与友好合作、共同推进新海上丝路建设的重要平台。为此，广州应该继续实施积极的国际友好拓展战略，主动与海上丝路沿线国家和地区在经济商贸、文化、教育、科技、旅游等领域加强协作，共同推进海上新丝路建设。

其实，有关"海丝"加强国际协作方面，国外比我们更为积极主动，并收到非常好的效果。如前面已经提到北欧国家瑞典在2006年组织了"哥德堡Ⅲ"号仿古船到广州进行历史性回访，就不是单纯的怀旧，而是在"海丝"建设方面的拓新，也是加强国际协作的一个成功典范。它最明显、最直接的效果，就是将已沦为"城中村"的黄埔古港和古村，完全激活过来，恢复了广州海丝古港及"粤海第一关"的历史风貌。

又如美国商船"中国皇后号"，在公元1784年2月22日由纽约港起航，渡大西洋，绕过好望角，于同年8月28日抵达广州黄埔古港，从而开启了中直接商贸的序幕；广州"十三行"亦由此驰誉于美国市场，"十三行"的巨其经销的商品，亦由此带富了一代美国商人。这应是广州"海丝"文化一